权威·前沿·原创

皮书系列为
"十二五""十三五""十四五"时期国家重点出版物出版专项规划项目

BLUE BOOK

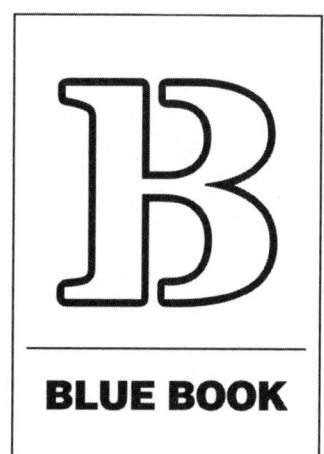

智库成果出版与传播平台

北京律师蓝皮书
BLUE BOOK OF BEIJING LAWYERS

北京律师发展报告 No.6（2022）
ANNUAL REPORT OF BEIJING LAWYERS No.6 (2022)

主　　编／王清友
执行主编／程　滔　冉井富

社会科学文献出版社
SOCIAL SCIENCES ACADEMIC PRESS (CHINA)

图书在版编目(CIP)数据

北京律师发展报告.No.6,2022/王清友主编;程滔,冉井富执行主编.--北京:社会科学文献出版社,2023.5
　(北京律师蓝皮书)
　ISBN 978-7-5228-1683-8

　Ⅰ.①北… Ⅱ.①王…②程…③冉… Ⅲ.①律师业务-研究报告-北京-2022 Ⅳ.①D926.5

中国国家版本馆CIP数据核字(2023)第060606号

北京律师蓝皮书
北京律师发展报告No.6（2022）

| 主　　　编 / 王清友
| 执行主编 / 程　滔　冉井富

| 出 版 人 / 王利民
| 组稿编辑 / 刘骁军
| 责任编辑 / 易　卉
| 文稿编辑 / 郭锡超
| 责任印制 / 王京美

| 出　　版 / 社会科学文献出版社·集刊分社（010）59367161
地址：北京市北三环中路甲29号院华龙大厦　邮编：100029
网址：www.ssap.com.cn
| 发　　行 / 社会科学文献出版社（010）59367028
| 印　　装 / 三河市东方印刷有限公司
| 规　　格 / 开　本：787mm×1092mm　1/16
印　张：19.5　字　数：289千字
| 版　　次 / 2023年5月第1版　2023年5月第1次印刷
| 书　　号 / ISBN 978-7-5228-1683-8
| 定　　价 / 168.00元

读者服务电话：4008918866

▲ 版权所有 翻印必究

北京律师蓝皮书编委会

主 任 委 员　王清友
副主任委员　徐志锋
委　　　员　王卫东　陈　强　李　凯　孙卫宏
　　　　　　杨汉卿　孟　冰　任鸿雁　杜慧力
　　　　　　李　佳

撰稿人/执笔人简介

程　滔　中国政法大学法学院教授，法学博士，主要研究律师学、法律职业伦理、司法制度。

冉井富　中国社会科学院法学研究所副研究员，法学博士，主要研究法社会学、法律职业和司法制度。

周　琰　司法部法治调研局研究员，法学博士，主要研究全面依法治国的理论与对策。

孙志峰　北京卓纬律师事务所执业律师，合伙人，主要研究律师实务和知识产权。

摘 要

《北京律师发展报告 No.6（2022）》包含三个方面的内容。第一，一篇总报告——《2020~2022年北京律师行业发展状况》，从律师队伍、律师机构、律师业务收入、律师业务办理、履行社会责任、行业管理与行业保障等六个方面分析和总结北京律师行业2020~2022年发展总体情况。第二，四篇分报告：《北京市青年律师发展调研报告》从北京青年律师（40岁及以下的律师）的总体情况、基本情况、业务发展、工作压力、培养体系、参加公益活动、面临的问题以及意见与建议等方面分析和阐释北京青年律师群体的生存与发展；《北京律师事务所"走出去"调研与分析》对北京律所"走出去"的现状概览、发展规划、途径和方式、地理布局的影响因素、经营管理、特别经验、困难和挑战、政策建言等方面进行调研与访谈，以更好地规划开展律师工作，并指引青年律师的成长；《新冠疫情对北京律师行业的影响及应对》通过调研的数据分析疫情对北京中小律师事务所（30人以下）业务发展、收入等方面的影响，并提出律师事务所和律师协会如何应对疫情防控措施的手段与建议；《北京律师行业宣传成就与经验》展现了北京市律师协会在宣传方面取得的成就与经验。第三，大事记，客观记录了2020~2022年北京律师行业发生的重大事件。

关键词： 北京律师行业　北京律师行业宣传　北京律师事务所"走出去"　北京青年律师　北京律师大事记

总　序

改革开放以来，我国律师制度日趋完善，律师队伍日益壮大，律师业务日渐宽广。迄至今日，一个运行有序的律师制度已然成为我国社会主义司法制度的重要组成部分，成为有中国特色的制度文明和政治文明的重要内容；一支专业精干的律师队伍已然活跃在社会生活的各个领域，成为推动国家经济社会发展和法治进步的重要力量；律师提供的各类型法律服务已然成为社会公平正义的重要保障，是国家治理体系和治理能力现代化的重要体现。

然而，对于这样一支队伍，对于这样一个行业，人们还缺乏全面客观的了解。人们心目中的律师形象，人们所想象的律师工作，与律师的实际活动相比，与律师在社会生活中发挥的实际作用相比，还有一定的出入。这种出入，对于不同的人来说：可能是陌生，可能是误会，可能是以偏概全，可能是资讯陈旧，也可能是评价标准不符合法治要义，等等。这种出入，从国家和社会的角度说，不利于培育正确的社会主义法治理念，不利于符合中国国情的律师制度的改革和完善，进而不利于国家法治建设事业的推进，不利于国家政治、经济、文化活动的顺利开展；从社会组织和个人的角度说，不利于积累关于法律服务的知识，不利于恰当地聘请律师维护权利和实现利益，不利于有效地借助法律服务成就各自的事业；从行业的角度说，不利于律师个人形成正确的职业定位，不利于律师机构制定合理的职业发展规划，不利于律师管理部门正确制定和实施有关的制度、政策和措施。有鉴于此，我们决定以行业发展蓝皮书的形式，推出这套系列的、连续出版的《北京律师

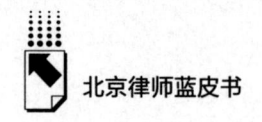

发展报告》，以期增进社会各界对律师行业发展状况的了解，提高对律师社会功能及职业使命的认知，从而促进先进的法治理念的培育，促进律师法律服务作用的发挥。

《北京律师发展报告》以蓝皮书的体例，重点介绍北京律师的发展情况，是一本地区性、行业性发展报告。尽管重点介绍北京律师，但是本书有时也涉及全国律师行业的发展状况。这是因为，一方面，我国是单一制国家，基本的律师制度是全国统一的，律师制度建立和改革的进程也是全国一盘棋，在这种情况下，有时需要考察全国的情况，才能更好地说明北京的律师发展状况；另一方面，虽然基本制度是全国统一的，但是北京作为首都，其政治、经济、文化的发展，其法治理念的进步和市场资讯的聚集，在全国都处于领先地位，这使得北京律师的发展，包括规模方面和业务方面，都处于领先地位，在这种情况下，为了分析和说明北京律师发展的突出成就，需要对比考察全国律师发展的平均水平和其他地区的发展水平。此外，为了说明北京律师在某些方面的发展成就或阶段特征，本书还会适当提到或介绍国外律师发展的某些制度设置或指标数据，以资佐证。尽管如此，展示北京律师的发展状况仍是本书的中心任务，介绍和考察其他地区、其他国家的律师状况，目的仍在于更充分有效地说明北京律师发展的水平和特色。

律师行业发展反映在许多方面，经验素材无比丰富，《北京律师发展报告》采取点、线、面相结合的原则确定考察的范围和叙述的特色。具体言之，本书各卷在内容上包括三个部分：总报告、分报告和大事记。三个部分分别代表了北京律师行业发展的面、线、点，分别提供特殊的知识和信息，从多个角度、以多种方式增进人们对北京律师行业发展的了解。

总报告部分旨在全面地、概观地介绍和分析北京律师行业年度发展的基本情况，其特点如下：（1）概观性。本部分所展示的，是北京律师发展整体的、宏观的发展状况，为了实现这一目标，本部分对大量经验材料进行了整理和浓缩，力图以指标、图表、标志性事例，展示北京律师发展的宏观图景。（2）直观性。本部分尽量利用指标技术和图表技术，将北京律师发展的成就、问题、趋势直观地展示出来，使之一目了然，方便读者阅读和了解。(3) 定量为主，定性为辅。本部分尽可能通过量化的指标数据，展示北京律师的发展状况，与此同时，也有一定比例的制度分析或事件说明。定性分析的必要性在于，有时统计指标的内涵和意义需要借助定性分析揭示，有时考察对象本身更适合定性描述，比如重点事件分析。(4) 客观性。本部分立足于经验材料，尽可能客观地展示北京律师的发展状况，尽可能让统计数据、现实事例自己"说话"。当然，客观是相对而言的，指标的设置、结构的安排、事件的取舍等，在一定程度上都体现了我们对律师制度的理解和认识，因而具有一定的理论性和主观性。(5) 连续性。除了所涉年份不同外，本书各卷的总报告具有基本相同的结构和内容，保持基本稳定的风格和特色，因此，各卷总报告对北京律师行业发展基本情况的考察前后衔接，形成一个系列，连续反映北京律师行业的发展历程。

本丛书各卷包括分报告3~6篇，具体内容为对北京律师行业发展某个方面的深入研究，以专题分析、深度考察为特色。各卷分报告的题目按照一定的理论框架进行选择，并兼顾现实针对性。在理论框架上，分报告的题目分属律师队伍、律师机构、律师业务、律师收入、律师执业活动、律师公益活动、律师行业管理等七个领域。这七个领域涵盖了律师行业发展的基本内容，各卷分报告的题目在这些领域中确定，并尽可能均衡分布，借以保证本书各卷分报告在体系和结构上的统一性。与此同时，在各个领域中如何确定具体的题目，又考虑了现实针对性，以确保每个题目都是当下北京律师行业发展中的重大问题或焦点问题。总之，本丛书各卷的分报告既体现了框架上和体例上的统一性、连续性，又体现了各卷在各年度的现实性和针对性。

大事记是对北京律师行业在一定时期内的重要活动所做的客观而简明的记录，这些记录是北京律师行业发展的若干个"点"，这些"点"串起来，以另一种方式体现了北京律师行业发展的特殊历程。丛书第一卷（2011卷）中，大事记的记录不限于年度发生的活动，还包括自新中国成立至2009年发生的重大事件。第二卷（2013卷）以后，大事记仅记录年度重要活动。我们按照体现北京律师行业发展的意义的大小筛选各事件，并尽量保证全面和客观。然而，从结果上看，北京市律师协会的各项自律活动在大事记中占有较大的比重，这是因为，一方面，在"两结合"的管理体制中，北京市律师协会的行业自律工作越来越积极主动，越来越富有成效；另一方面，北京市律师协会各项工作的档案记录十分及时和完整，为大事记的选择和编纂提供了极大的便利。

本丛书是课题组分工负责、紧密协作的结果。课题组成员来自三个方面：一是从事学术研究的法学、社会学、管理学专家，他们利用专业的理论和先进的方法制定律师行业发展报告的研究方案和写作框架，承担子课题，撰写研究报告；二是资深律师，他们以对律师行业实际的深刻理解和生动感受参与蓝皮书各卷的议题选择、问题研讨、书稿修订等工作；三是律师行业管理人员，他们根据行业管理的经验和职责负责审定研究方案和写作框架、组织或协助课题调研、组织研讨会议、提供数据和资料、审核研究报告、联系出版等多方面的事务。得益于这种人员构成，丛书融合了理论研究、执业经验和管理实践三方面的知识和视角。不同的知识和视角相互印证和补充，力求准确反映北京律师发展状况。对于这些反映不同知识和视角的作品，经过主编统稿审订后，全书统一了体例和风格，整合了结构和内容，协调了主要的立场和观点，规范了名词和概念的使用。在一些章节中，存在一些概括观点或评论，可能不够平和，可能不够成熟，可能不够公允，但是出于对作者观点的尊重，出于对探索性思考的鼓励，我们在统稿时部分予以了保留。然而，这些概括观点或评论仅供参考，它们不代表律师协会或主编人员的看法。

本丛书由社会科学文献出版社编辑出版。社会科学文献出版社是中国皮书的发源地和集大成者，本书的出版计划和体例选择，最初源于社会科学文献出版社已出版的系列皮书的启发。在本丛书的创建过程中，社会科学文献出版社原社长谢寿光在丛书的内容定位、写作方向等方面给予了诸多意见，刘骁军主任对丛书各卷的结构安排、写作特色等方面，提出了有益的建议。这些意见和建议对本书的顺利编写，对本书的特色和品质的提升，均有重要意义。

总序

　　本系列丛书的出版既是一个不断进行研究和写作的过程，也是一个不断改进和提升品质的过程。对于丛书各卷中存在的问题和不足，我们敬请读者诸君提出批评指正的意见，以促进我们对丛书后续版本的改进和提高。

北京市律师协会

二〇二二年十二月

本卷前言

本书是北京律师蓝皮书系列丛书的第六卷,旨在分析和说明北京律师行业2020~2022年发展状况。本书在框架上和叙事体例上充分体现了丛书的统一性和连续性,同时又在具体内容上体现了对2020~2022年北京律师行业发展实际的针对性。

按照丛书既定的体例,本书在框架上划分为三个部分:一篇总报告《2020~2022年北京律师行业发展状况》,全面而概要地分析和说明北京律师行业2020~2022年发展总体情况;四篇分报告,分别为《北京市青年律师发展调研报告》《北京律师事务所"走出去"调研与分析》《新冠疫情对北京律师行业的影响及应对》《北京律师行业宣传成就与经验》,深入考察北京律师行业相应领域的发展情况;一篇大事记,客观地记录2020~2022年北京律师行业发生的重大事件。

从具体内容上看,总报告从律师队伍、律师机构、律师业务收入、律师业务办理、履行社会责任、行业管理与行业保障等六个方面对北京律师行业在2020~2022年的发展状况做出了分析考察。第一,在律师队伍方面,主要考察了北京律师总人数及各类型律师人数的变化,分析了北京律师队伍的构成特点和变化原因。第二,在律师机构方面,主要对北京各类律师机构的数量变化及构成特点、北京律师机构的规模状况等指标进行分析和说明。第三,在律师业务收入方面,主要对北京律师业务收入总额、律师人均业务收入、律师业务收入占地区生产总值的比例、律师行业纳税额等指标进行分析和说明。第四,在律师业务办理方面,主要对北京律师业务数量及构成、特殊类型律师业务数量及变化进行分析和说明。第五，在履行社会责任方面，主要对北京律师参加公益法律服务活动、完善公共法律服务体制机制、承担公共法律服务、支持中西部欠发达地区律师行业发展、参政议政等方面的情况予以考察和说明。第六，在行业管理与行业保障方面，主要对北京律师行业主管部门在保障律师权益、开展律师培训、提升涉外法律服务能力、荣誉与表彰、行业宣传、规范行业秩序、行业管理智能化、应对新冠疫情、党建工作等方面的工作和成效予以考察和说明。综合上述六个方面的考察，报告最主要的发现可总结为七个方面：（1）行业发展受新冠疫情影响严重；（2）积极防控新冠疫情体现了首都律师的责任担当；（3）律所规模两极分化趋势更加突出；（4）刑事案件辩护业务数量增长较快；（5）律师执业智能化程度提速；（6）权利保障与执业规范并重；（7）行业管理创新举措多。对于北京律师行业未来的发展，报告提出五点展望：（1）行业发展的各项指标将恢复增长；（2）大型律所规模将继续扩大；（3）刑事业务和新兴业务将成为中小型律所发展契机；（4）智能化方式将成为主要执业方式；（5）律师队伍将更加年轻化。

  青年律师是律师队伍的重要组成部分，因为青年律师是律师行业的未来和希望，是律师业务办理的有生力量，是知识增长和体制创新的重要动力。然而，青年律师也是需要格外予以关注的群体，因为青年律师的生存和发展需要扶持，青年律师的职业精神需要引领，青年律师的业务技能需要指导。截至2022年6月，北京青年律师（40岁及以下的律师）共有23300人，占律师总数的53.5%。为进一步了解北京市青年律师群体的执业状况，引领律师行业管理部门和律师事务所做好青年律师发展工作，鼓励和支持青年律师改善职业发展规划，北京市律师协会开展了青年律师执业情况调研，并以此为基础撰写了分报告《北京市青年律师发展调研报告》，报告发现：青年律师中从事诉讼业务的占比略高，大部分都能够独立办案，普遍存在案源压力大、行业竞争激烈、受疫情影响律所业务量减少及个人业务量和收入下降、经常加班、健康状况欠佳等情形；青年律师积极参加律所或律师协会的培训，线上工作平台较为普及；青年律师较少参与所在律所决策，人脉、实务锻炼机会、社交能力不足等是制约青年律师成长的主要因素；青年律师能够积极履行社会责任，参加过各类公益活动的比例超过八成。报告提出，对于青年律师群体在执业方面、培养和发展方面所存在的问题，广大律所和行业主管部门应采取相应的措施予以克服。

自20世纪90年代开始，北京律所陆续"走出去"，在境外开展法律服务。2016年底，司法部等四部门联合印发《关于发展涉外法律服务业的意见》，北京律所"走出去"的步伐加快。截至2020年10月，北京已有73%的律所实现了"走出去"，以直投分所、律所合作、加入国际律师组织等各种形式开展国际化运营。为进一步了解北京律所国际化运营的现状，发掘北京市律所"走出去"的成功案例，分析北京律所跨境发展的各类困难，梳理国家和本市有关律所"走出去"的相关政策，探索促进北京涉外法律业务发展、增强北京律所国际竞争力的政策措施和经营策略，北京市律师协会发起了北京律所"走出去"调研项目。项目对北京律所"走出去"的模式选择、地理布局、未来规划、经营管理、业务内容、困难和挑战、政策建言等方面进行了在线调研和深度访谈，整理和分析了与律所"走出去"相关的制度和政策，查阅和整理了重点国家和地区的法律服务规定，搜集和汇集了国际律师组织的名称、特色和加入条件，最后形成了分报告《北京律师事务所"走出去"调研与分析》。报告的基本内容包括北京律所"走出去"的现状概览、北京律所对"走出去"的发展规划、北京律所"走出去"的途径和方式、北京律所"走出去"地理布局的影响因素、北京律所对境外业务的经营管理、北京律所"走出去"的特别经验、北京律所"走出去"的困难和挑战、北京律所对"走出去"的政策建言、关于支持北京律所"走出去"的政策建议等方面。

自2020年初以来，新冠疫情持续冲击着全国乃至全球的各行各业，律师行业首当其冲。对于新冠疫情对北京律师行业的冲击、北京律师行业抗击疫情的努力与成效，分报告《新冠疫情对北京律师行业的影响及应对》进行了全面的考察，并以此为基础，总结了律师行业应对疫情的措施，提出了支持律师行业发展、调整有关制度和政策的建议。疫情发生以来，北京律师行业及时采取了应对措施。一方面，行业管理部门迅速动员和组织广大律师和律所支持社会各界抗击疫情，为社会各界的疫情防控提供专业法律服务，赢得广泛的赞誉；另一方面，行业主管部门全力服务广大律师和律所，支持律师行业在疫情环境中求生存谋发展，取得了突出的成效。针对疫情下的社会活动的特点和疫情持续存在的态势，报告对中小型律所如何求生存谋发展提出建议，包括团队建设、财务管理和业务开展三个方面；报告对律师协会应对疫情、支持律师行业发展提出建议，包括加快律师事务所税制改革、扩大政策扶持范围、成立公益基金会、减免会费、倡导远程办公等五个方面。报告认为，疫情的影响总体上是负面的，但是也在客观上催生了一些新型律师业务，加速了网络法律服务、虚拟法律服务等新事物的诞生与发展。

分报告《北京律师行业宣传成就与经验》从八个方面阐述了行业宣传的工作与成就，包括：（1）适应新媒体发展，打造行业宣传阵地；（2）坚持政治引领，策划重点宣传；（3）加速媒体融合，打造亮点活动；（4）聚焦重点工作，开展专项宣传；（5）发挥行业职能作用，提升普法宣传成效；（6）树推先进典型，弘扬行业正能量；（7）注重品牌建设，策划暖心推送；（8）讲好律师故事，赢得各界关注与认可。一方面，通过立先进及树品牌等对律师进行宣传教育；另一方面，利用互联网新媒体等多种方式，发送行业动态，宣传重要活动，提高社会对北京市律师行业的关注度与认知度。

对于北京律师行业2020~2022年发生的重大事件，则集中整理为《2020~2022年北京律师大事记》。所谓"重大"，是就对律师行业发展的影响而言。重大事件以发生时间为序，按照发生的年份和月份进行分类整理，以便于检索。大事记共整理2020年重大事件记录113则、2021年重大事件记录113则、2022年重大事件记录112则，共计338则。

本书是课题组分工负责、紧密协作的结果。课题组成员包括王清友、徐志锋、李凯、王卫东、程滔、冉井富、周琰、孙志峰、孙卫宏、杨汉卿、孟冰、任鸿雁、杜慧力、李佳、李宇迪等人。全书分工撰稿完成后，程滔、李凯等从不同的角度对全书进行了统稿审订。对于本书的编写，北京市律师协会秘书处承担了大量的组织和保障工作,在会议召开、资料提供、安排调研、联系出版等方面发挥了重要作用。

本书各章节的撰稿人和审稿人中,既有专门从事法学、社会科学研究的理论工作者,也有长期从事律师工作的实务专家,还有律师行业自律管理岗位的工作人员。得益于这种人员构成,本书充分融合了理论研究、执业经验和管理实践三方面的知识和视角。不同的知识和视角相互印证和补充,力求准确反映北京律师发展状况。对于这些反映不同知识和视角的作品,经过主编统稿审订后,全书统一了体例和风格,整合了结构和内容,协调了主要的立场和观点,规范了名词和概念的使用。

在出版过程,社会科学文献出版社刘骁军主任、郭锡超编辑、刘靖悦编辑矫正了书中一些文字错误,优化了一些叙述和表达,总体提高了本书的品质,在此谨致谢忱!

由于水平有限,在资料和数据获取方面存在困难,加上时间仓促,本书的不足乃至错误在所难免,敬请读者提出批评指正,并在分报告的题目选择、叙述风格和体例等方面,留下宝贵的评论和意见。

北京市律师协会
二〇二二年十二月

目 录

Ⅰ 总报告

B.1 2020~2022年北京律师行业发展状况 ……… 程 滔 冉井富 / 001

Ⅱ 分报告

B.2 北京市青年律师发展调研报告
　　…………………… 北京市律师协会青年律师工作委员会（联谊会）/ 080
B.3 北京律师事务所"走出去"调研与分析
　　…………………………………… 程 滔 冉井富 孙志峰 / 120
B.4 新冠疫情对北京律师行业的影响及应对 ………………… 周 琰 / 173
B.5 北京律师行业宣传成就与经验 ……… 穆 宇 田国红 李 凯 / 194

Ⅲ 大事记

B.6 2020~2022年北京律师大事记 …………………………………… / 222

总 报 告

General Report

B.1 2020~2022年北京律师行业发展状况

程滔　冉井富

摘　要： 2020~2022年，新冠疫情对各行各业的发展造成了严重冲击，律师行业也难以幸免。在此背景下，一方面，律师行业为社会各界的新冠疫情防控工作提供专业的法律服务；另一方面，行业上下采取各种可行的对策，努力降低新冠疫情对执业活动的影响，谋求行业的生存与发展。2020~2022年北京律师行业的发展变化主要呈现以下几方面特点：一是律师业务数量、律师业务收入保持平稳；二是智能化、信息化技术在司法活动、律师执业活动和律师行业管理中得到广泛运用；三是律师人数迅速增长，2022年北京律师总数已达46971人，2021年与2022年律师人数均持续增长；四是大型律所的规模显著扩大，特殊的普通合伙所数量大幅增加；五是刑事辩护及代理业务的增长迅速，新兴法律业务出现；六是广大律师和律所对公益法律服务保持高度的热情，并充分利用各种智能化、信息化技术开展公益法律

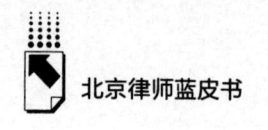

服务。

关键词： 律师队伍　律师机构　律师业务　行业管理　行业保障　公益法律服务　公共法律服务　参政议政

前　言

2020~2022年，全球经济、政治和文化活动遭受到新冠疫情的冲击，律师行业也在所难免。在过去三年里，北京律师行业响应国家和政府的号召，和衷共济，众志成城，共同应对新冠疫情对全社会和本行业的冲击。一方面，北京律师行业管理部门动员和组织广大律师和律师事务所服务社会，为社会各界的新冠疫情防控工作提供专业的法律服务；另一方面，行业上下采取各种可行的对策，努力降低新冠疫情对执业活动的影响，谋求行业的生存与发展。综合考虑国家政治、经济、文化和法治环境的变化，以及律师行业管理政策的调整与创新，本报告将从以下六个方面分析2020~2022年北京市律师行业的发展状况。

第一，律师队伍。具体从两个角度进行考察：一是执业律师的数量变化，二是律师的类别构成。第二，律师机构。具体从三个角度进行考察：一是律所的数量变化，二是律所的组织形式，三是律所的规模变化。第三，律师业务收入。具体从四个角度进行考察：一是律师业务收入总额的变化，二是律师人均业务收入的变化，三是律师业务收入占地区生产总值的比重变化，四是律师行业纳税额的变化。第四，律师业务办理。这方面主要考察法律顾问、民事诉讼业务、行政诉讼业务、刑事诉讼业务、非诉讼法律事务等业务类型的数量变化、收入变化和收入占比变化。第五，履行社会责任。这方面具体考察律师的三类活动，即公益法律服务、公共法律服务和参政议政。第六，行业管理与行业保障。这方面主要考察司法行政机关和律师的自律性组织——律师协会在规范行业秩序、促进行业发展方面所做的工作。

本报告使用了大量的统计资料和案例材料,这些材料部分来源于司法行政机关的统计报表,部分来源于律师协会的档案材料,部分来源于有关部门的官方网站,还有部分来源于公开的出版物。我们力求使用最新的统计资料,但是由于统计工作存在一定的周期,在报告撰写截止时,一些很有意义的统计数据仍未获得。这在一定程度上影响了本报告考察的完整性和时效性。

对于前文所述的六个方面,本报告将分六个专题进行呈现。在此基础上,报告第七部分对北京律师行业年度发展情况进行总结,对北京律师行业的发展前景做出展望。对于北京律师行业的年度发展变化,总结和展望部分提供了更为概要、更为宏观的描述。本报告对北京律师行业的展望具有一定的主观性,加之行业的发展本身存在一定的不确定性,仅供读者参考。

一 律师队伍

(一)律师人数持续增长

2012~2022年,北京律师人数持续增长,2021年达到42163人(见图1),北京律师人数破四万大关。2020年北京律师人数年增长率为7.0%,2021年达到12.9%,2022年增速略有下降,为11.4%。2012年以来,北京律师人数年增长率在2021年首次达到两位数。

2020年北京律师人数虽保持增长态势,但增速只有7.0%,有所放缓,主要原因是受到2020年突袭而至的新冠疫情的影响。2021年,虽然新冠疫情仍在持续,但是有所缓和,加上2020年推迟的执业申请需求在本年度实现,所以增速不仅恢复,甚至超过了新冠疫情发生前的水平。这说明疫情并未影响北京律师队伍规模的扩大,2021~2022年北京律师数量快速增长,截至2022年,律师人数近4.7万人。

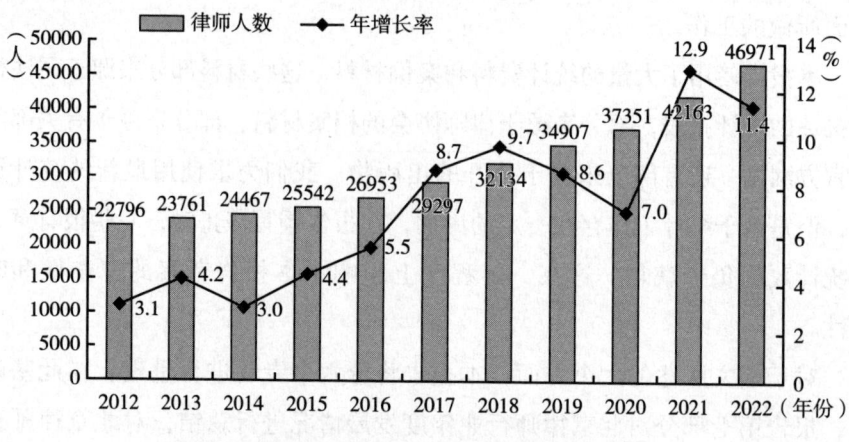

图1　2012~2022年北京律师人数及年增长率

资料来源：2012~2020年数据来自历年《北京统计年鉴》，2021~2022年数据来自北京市司法局实地调研。以下涉及北京律师人数的数据均来源于此，不再一一注明。

（二）北京律师人数增速较快

2012年以来，北京律师人数增长速度一直低于全国平均水平，也低于广东、江苏、上海等一些律师大省（市），然而，在2021年，北京律师人数增速高于全国平均水平，首次超过全国年增长率。

如表1和图2、图3所示，在2021年，全国律师人数年增长率为9.9%，低于北京同期的12.9%。由于增速较快，北京律师人数占全国的比重略有增加。截至2022年底，北京律师人数占全国律师人数的7.2%，相较2021年仅下降0.1个百分点。

表1　2012~2022年全国与北京律师人数及年增长率对比

单位：人，%

年份	全国		北京		
	律师人数	年增长率	律师人数	年增长率	占比
2012	232384	8.1	22796	3.1	9.8
2013	248623	7.0	23761	4.2	9.6
2014	271452	9.2	24467	3.0	9.0
2015	297175	9.5	25542	4.4	8.6

续表

年份	全国		北京		
	律师人数	年增长率	律师人数	年增长率	占比
2016	325540	9.5	26953	5.5	8.3
2017	357193	9.7	29297	8.7	8.2
2018	423758	18.6	32134	9.7	7.6
2019	473036	11.6	34907	8.6	7.4
2020	522510	10.5	37351	7.0	7.1
2021	574042	9.9	42163	12.9	7.3
2022	650000	13.2	46971	11.4	7.2

资料来源：（1）全国2012~2021年的律师人数来自《中国统计年鉴2018》《中国统计年鉴2022》；（2）全国2022年的数据尚未公开，由司法部工作人员提供。

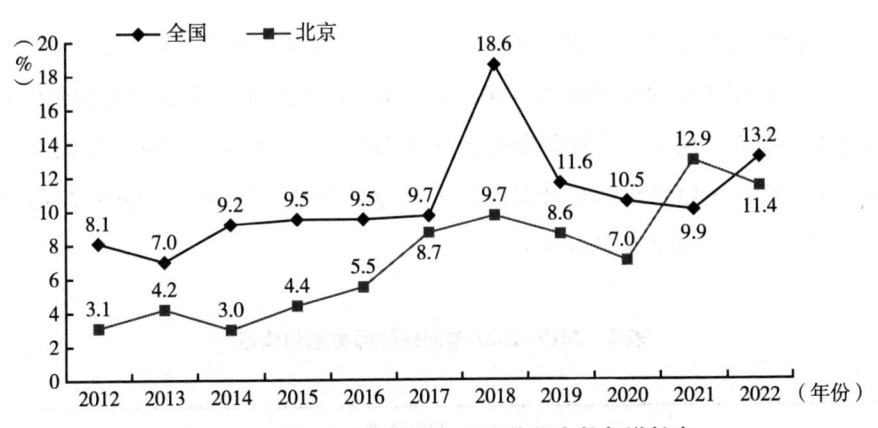

图2 2012~2022年全国与北京律师人数年增长率

图3 2012~2022年北京律师人数占比

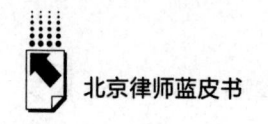

（三）专职律师比例略有下降

当前，我国执业律师划分为专职律师、兼职律师、公司律师、公职律师、军队律师等几种类型。在这些类型中，专职律师占绝大多数，也是律师从事法律服务工作的主要形式；其他类型的律师则是律师队伍的重要补充，他们在特定范围内，或者以特定的形式提供法律服务。

截至2022年，北京共有各类律师46971人，其中专职律师（包括派驻律师）41644人，占88.7%；兼职律师943人，占2.0%；公职律师2142人，占4.6%；公司律师2242人，占4.8%。其中法律援助律师包含在公职律师中。

在律师的构成中，专职律师仍是主体，占比近90%。但是近三年，专职律师、兼职律师的比例略有下降，相应地，公职律师与公司律师的比例有所增加。如表2所示，专职律师的占比从2019年的91.4%下降到2022年的88.7%，兼职律师的比例有升有降，公职律师与公司律师的比例从2019年的5.6%上升到2022年的9.4%。

表2 2019~2022年北京律师类别的构成

单位：人，%

		律师类别				合计
		专职律师（包括派驻律师）	兼职律师	公职律师	公司律师	
2019年	人数	31898	1051	1334	624	34907
	占比	91.4	3.0	3.8	1.8	100.0
2020年	人数	33728	992	1682	949	37351
	占比	90.3	2.7	4.5	2.5	100.0
2021年	人数	37590	1420	1922	1231	42163
	占比	89.2	3.4	4.5	2.9	100.0
2022年	人数	41644	943	2142	2242	46971
	占比	88.7	2.0	4.6	4.8	100.0

（四）年轻律师比例显著增加

如表3和表4所示，2021~2022年29岁及以下律师人数迅速增长，2021年的人数比2020年增长了近3倍，2022年同比增长14.7%。2020~2022年，30~49岁律师人数先减少后增加。50岁及以上的律师人数略有增加，2022年占律师总数的20.5%。

表3　2020~2022年北京律师各年龄段人数

单位：人

年份	29岁及以下	30~49岁	50~64岁	65岁及以上	合计
2020	3261	26760	6330	1000	37351
2021	9771	23185	7603	1604	42163
2022	11205	26149	8037	1580	46971

表4　2020~2022年北京律师各年龄段占比

单位：%

年份	29岁及以下	30~49岁	50~64岁	65岁及以上	合计
2020	8.7	71.6	16.9	2.7	100.0
2021	23.2	55.0	18.0	3.8	100.0
2022	23.9	55.7	17.1	3.4	100.0

（五）高学历律师比例逐年提高

2019~2022年，北京律师队伍中博士研究生占比整体呈上升趋势。如表5和表6所示，博士研究生学历律师占比提升显著，2019年占比为4.7%，2020年提升至5.9%，2021年进一步提升至7.8%，2022年占比略有下降，为7.6%。硕士研究生占比在2020年有较大幅度的提升，从2019年的36.4%提升至40.3%，2021年进一步提升至40.7%，2022年占比有所下降，为36.7%。2022年，本科生占比同比略有提高。

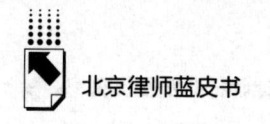

表5 2019~2022年北京律师学历构成（人数）

单位：人

年份	博士研究生	硕士研究生	本科	专科及以下	合计
2019	1658	12716	20031	502	34907
2020	2203	15065	19632	451	37351
2021	3276	17175	20952	760	42163
2022	3578	17250	25144	999	46971

表6 2019~2022年北京律师学历构成（占比）

单位：%

年份	博士研究生	硕士研究生	本科	专科及以下	合计
2019	4.7	36.4	57.4	1.4	100.0
2020	5.9	40.3	52.6	1.2	100.0
2021	7.8	40.7	49.7	1.8	100.0
2022	7.6	36.7	53.5	2.1	100.0

（六）非法律专业律师比例回升

从专业构成角度来看，2018年以来，在北京律师队伍中非法律专业律师占比呈现先降后升的趋势。非法律专业律师占比从2018年的15.7%下降到2019年的9.3%，2021年上升到18.1%，2022年小幅上升到20.0%。在本科学历的律师中，2018年非法律专业占比为16.7%，2019年下降至7.2%，2022年大幅上升至23.1%。

2018年司法部颁布了《国家统一法律职业资格考试实施办法》，该文件规定非法律专业应届生不得报考法律职业资格考试，2019年非法律专业报考人数下滑。但是非法律专业毕业生如果从事法律工作满三年仍可报考，因此2021年非法律专业律师人数大幅回升，且占比超过2018年（见表7和表8）。

表7　2018~2022年北京本科及以上学历律师的专业构成（人数）

单位：人

年份	博士研究生		硕士研究生		本科		合计	
	法律专业	非法律专业	法律专业	非法律专业	法律专业	非法律专业	法律专业	非法律专业
2018	799	200	10662	1721	14798	2968	26259	4889
2019	1356	302	11260	1456	18593	1438	31209	3196
2020	1947	256	13700	1365	17499	2133	33146	3754
2021	2599	677	14411	2764	16908	4044	33918	7485
2022	2775	803	14676	2574	19332	5812	36783	9189

表8　2018~2022年北京本科及以上学历律师的专业构成（占比）

单位：%

年份	博士研究生		硕士研究生		本科		合计	
	法律专业	非法律专业	法律专业	非法律专业	法律专业	非法律专业	法律专业	非法律专业
2018	80.0	20.0	86.1	13.9	83.3	16.7	84.3	15.7
2019	81.8	18.2	88.5	11.5	92.8	7.2	90.7	9.3
2020	88.4	11.6	90.9	9.1	89.1	10.9	89.8	10.2
2021	79.3	20.7	83.9	16.1	80.7	19.3	81.9	18.1
2022	77.6	22.4	85.1	14.9	76.9	23.1	80.0	20.0

（七）涉外业务人才数量波动

在律师行业当前的统计数据中，"在境外接受过教育并获得学位的律师人数""赴境外培训的律师人数""聘请境外法律顾问人数"等指标可以在一定程度上反映律师行业涉外业务服务能力。从以上三个指标来看，2020年以来，由于新冠疫情的影响，北京律师队伍中的涉外业务人才增长受到限制，进而导致涉外服务能力受到一定削弱。

具体来看，如表9所示，2020年北京"在境外接受过教育并获得学位的律师"有1769人；该指标在2021年降为1196人，相应地，所占比例也从4.7%降为2.8%；2022年略有增加，为1447人，但没有超过2019年的人数。

表9 2017~2022年北京涉外法律服务人员数量及占比

单位：人，%

年份	在境外接受过教育并获得学位的律师		赴境外培训的律师		聘请境外法律顾问		律师人数合计
	人数	占比	人数	占比	人数	占比	
2017	1481	5.1	349	1.2	—	—	29297
2018	1481	4.6	425	1.3	75	0.2	32134
2019	1676	4.8	216	0.6	56	0.2	34907
2020	1769	4.7	54	0.1	47	0.1	37351
2021	1196	2.8	169	0.4	19	0.0	42163
2022	1447	3.1	225	0.5	17	0.0	46971

2019年以来"赴境外培训的律师"人数和占比先降后升。2019年"赴境外培训的律师"有216人，占比为0.6%；2020年，人数下降至54人，占比仅为0.1%；2021年，"赴境外培训的律师"人数有所回升，为169人；2022年人数进一步上升至225人。

2018年以来，北京律所聘请境外法律顾问人数逐年减少。具体来看，2018~2019年，北京律所共聘请境外法律顾问131人，而2020~2022年，合计聘请境外法律顾问83人，下降趋势十分明显。

横向对比来看，北京律师涉外服务人才数量依然存在领先优势。如图4所示，2021年北京在境外接受过教育并获得学位的律师占比为3.1%，全国平均水平为1.4%。

（八）"两公"律师人数快速增长

2020~2022年，北京"两公"律师延续了2017年以来的变化趋势，继

2020~2022年北京律师行业发展状况

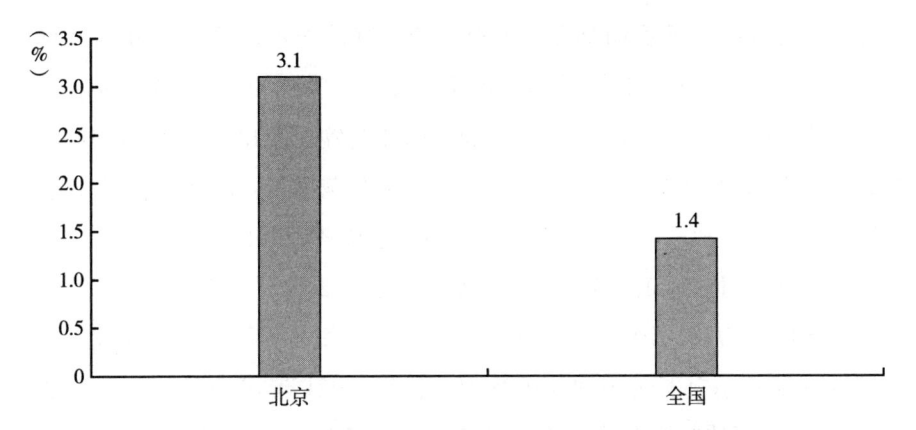

图4　2021年全国和北京在境外接受过教育并获得学位的律师占比

资料来源：全国2021年在境外接受过教育并获得学位的律师所占比例的数据来源于司法部官网发布的《2021年度律师、基层法律服务工作统计分析》，参见http://www.moj.gov.cn/pub/sfbgw/zwxxgk/fdzdgknr/fdzdgknrtjxx/202208/t20220815_461680.html，最后访问日期：2022年11月2日。

续保持较快速度的增长，2022年"两公"律师已超过4000人。

首先是公职律师人数继续快速增长。如图5所示，公职律师人数在2017年有大幅度的增加。2016年6月中共中央办公厅、国务院办公厅印发《关于推行法律顾问制度和公职律师制度的意见》，该意见的出台是贯彻落实党的十八大和十八届三中、四中、五中全会精神和习近平总书记重要指示

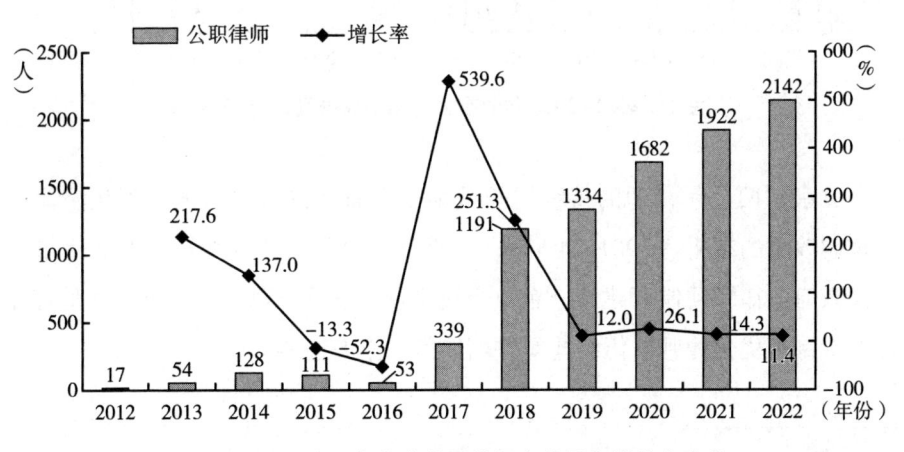

图5　2012~2022年北京公职律师人数及年增长率变化

精神的重要举措，是贯彻落实"四个全面"战略布局的重要内容，目的是发挥律师在依法行政、依法治国中的重要作用。2018年司法部又颁布《公职律师管理办法》，2020~2022年公职律师蓬勃发展，2022年达到2142人。2021年《法律援助法》颁布以及刑事辩护全覆盖推行，因法律援助中心的律师属于公职律师，从今后的发展趋势看，公职律师队伍还需要扩充。

其次是公司律师人数保持较高的增速。如图6所示，2020~2022年公司律师人数持续增长，2020年增速为52.1%，2022年增速甚至达到82.1%。2018年司法部颁布了《公司律师管理办法》，2021年司法部办公厅颁布了《关于加强公司律师参与企业合规管理工作的通知》，这些政策文件的发布有助于公司律师的发展。

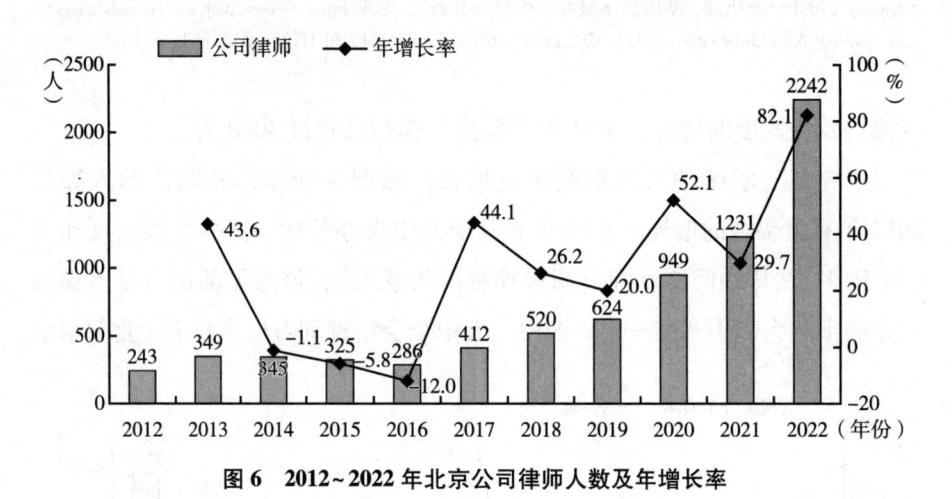

图6 2012~2022年北京公司律师人数及年增长率

北京"两公"律师的持续增长是国家全面推进依法治国和深化法律服务体制改革的结果。① 2017年以来，"两公"律师的持续增长表明北京市在加强政府法律顾问制度建设、企业合规建设，完善公职律师和公司律师管理体制机制，优化律师队伍结构等方面取得了重大进展。

---

① 王清友主编《北京律师蓝皮书：北京律师发展报告No.5（2020）》，社会科学文献出版社，2021。

二　律师机构

（一）律师事务所的数量增长

2020~2022年，随着律师人数的迅猛增长，律师事务所的数量也在增加，2021年比2020年多了200多家，2022年比2021年多了近190家，如表10所示。

表10　2020~2022年北京律师事务所的数量与构成

单位：家，%

年份	律所总数	本地所组织形式构成			
		合伙所		个人所	
		数量	占比	数量	占比
2020	2887	1693	58.6	1073	37.2
2021	3108	1759	56.6	1214	39.1
2022	3297	1816	55.1	1327	40.2

（二）合伙所、个人所的数量增长

《律师法》制定和实施以来，合伙所一直是我国律师机构最主要的组织形式，但是近年来，个人所的数量一直在快速增长，个人所成为律所组织形式的重要补充。2020~2022年两种律所的数量变化呈现如下特点。

第一，合伙所数量持续增加。2012~2022年十年间，除2018年的数量下降以外，即使在疫情三年，合伙所的数量也一直在增加，即从2020年的1693家增长至2022年的1816家，这与整个律师人数的增长密切相关（见图7）。

第二，个人所数量在平稳增长，从10年前的282家增至2022年的1327家，增加了1000多家。2021年、2022年都比上一年增加100多家。

虽然个人所增速较快，占比也达到了四成多，但是个人所大多规模较小，所以90%以上的律师依然在合伙所执业，合伙所仍然是北京律师行业当前最主要的律所组织形式。

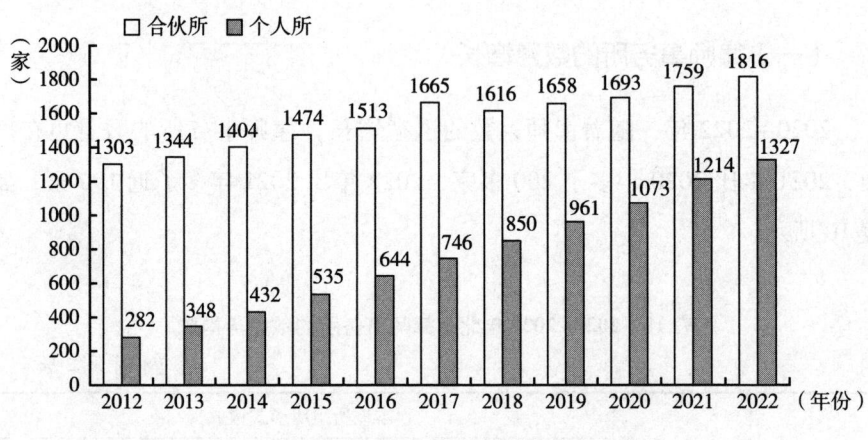

图7 2012~2022年北京合伙所和个人所数量

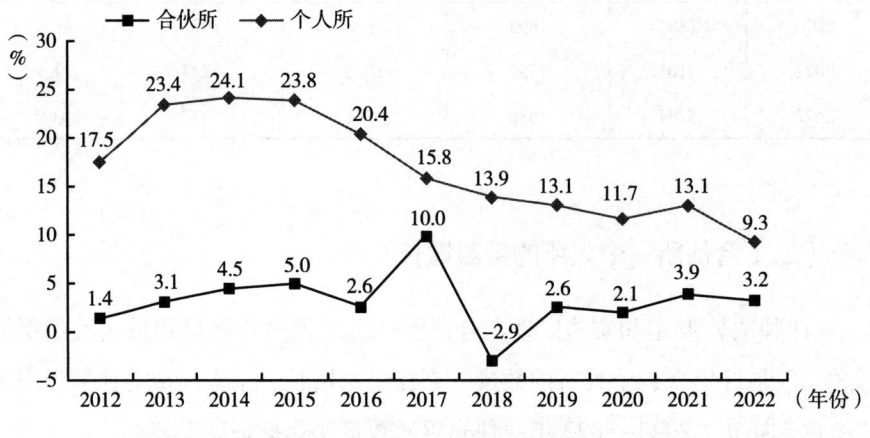

图8 2012~2022年北京个人所和合伙所数量年增长率

（三）特殊的普通合伙所数量大幅增加

对于律师行业来说，特殊的普通合伙所既有优势，也有局限。优势在于，特殊的民事责任可以降低合伙律师的执业责任风险。局限在于，合伙所的设立门槛较高，将多数律师阻拦在外。

根据司法部《律师事务所管理办法》（2016年9月修订）的规定，设立特殊的普通合伙所需要满足"有二十名以上合伙人作为设立人""人民币一千万元以上的资产"两个条件。《北京市律师事务所管理办法实施细则》（京司发〔2017〕82号，以下简称《细则》）提出了更严格的条件，要求"人民币二千万元以上的资产"。这种严格的要求使得特殊的普通合伙所多年来设立数量一直没有超过两位数。截至2020年，这种律所只有42家。

2021年4月，北京市司法局为优化营商环境，促进律师行业发展，对《细则》进行了全面修订。修订后的《细则》将特殊的普通合伙所设立资产由2000万元以上调整为1000万元以上，从而大幅降低了设立门槛。《细则》于2021年6月1日正式实施，带来了立竿见影的变化。如图9所示，从2012年至2022年，特殊的普通合伙律师事务所呈增长趋势，2022年比2020年增长了45.2%。

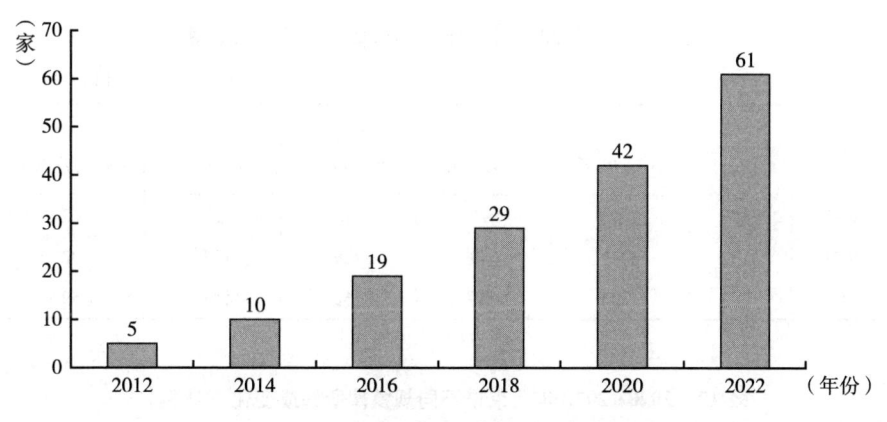

图9　2012~2022年北京特殊的普通合伙所数量

（四）中型所和大型所数量增长较快

为了便于描述律所的规模分布，本报告按照司法行政部门每年在统计报表中的分类，根据执业律师的人数，将10人以下的律所称为"微型所"，将10（含）~30人的律所称为"小型所"，将30（含）~50人的律所称为

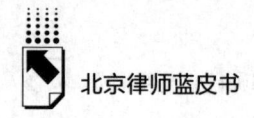

"中小型所",将50(含)~100人的律所称为"中大型所",将100人及以上的律所称为"大型所"。近年来,北京律所的规模变化具有如下特点。

第一,30人及以上规模的律所数量总体上呈先增加后减少的趋势。如表11和表12所示,2020~2021年30(含)~50人的中小型所数量增加了89家,但是2021~2022年减少了67家;2020~2022年50(含)~100人的中大型所呈增长态势,2021年增加26家,2022年增加40家;2020~2022年100人及以上的大型所数量有增有减,2021年增加了20家,2022年减少了23家。

第二,2020~2022年,微型所数量逐年增加。如表11和表12所示,2021年比2020年新增112家,2022年比2021年增加238家。

第三,小型所总体呈数量减少、占比下降趋势。如表11和表12所示,2021年比2020年减少了26家,2022年比2021年仅增加1家,占比从2020年的23.4%下降至2022年的19.7%。

表11 2020~2022年北京市不同规模律所构成(数量)

单位:家

年份	律所总数	微型所 (10人以下)	小型所 (10~30人)	中小型所 (30~50人)	中大型所 (50~100人)	大型所 (100人及以上)
2020	2887	1933	675	140	77	62
2021	3108	2045	649	229	103	82
2022	3297	2283	650	162	143	59

表12 2020~2022年北京市不同规模律所构成变化(比例)

单位:%

年份	律所总数	微型所 (10人以下)	小型所 (10~30人)	中小型所 (30~50人)	中大型所 (50~100人)	大型所 (100人及以上)
2020	100.0	67.0	23.4	4.8	2.7	2.1
2021	100.0	65.8	20.9	7.4	3.3	2.6
2022	100.0	69.2	19.7	4.9	4.3	1.8

（五）律所平均规模小于全国平均水平

律所的平均规模是指整个律师行业中平均每家律所的执业律师人数，具体由当年的律师总数除以律所总数计算得出。总体来看，近年来北京律所平均规模的变化呈现如下特点。

如表13和图10所示，从2012至2022年的11年间，全国律所的平均规模呈上升趋势，而北京则是有升有降，2012年到2017年呈下降趋势，2018年到2022年又呈上升趋势，2022年平均规模为14.2人/家，超过了2012年的13.6人/家。2022年全国律所的平均规模为17.1人/家，大于北京14.2人/家的平均规模。在2020年全国律师人数最多的8个省（市）中，北京律所的平均规模最小。如图11所示，在律师人数最多的8个省（市）中，律所平均规模最大的是上海，达到18.5人/家，余下依次是河南（17.7人/家）、浙江（16.7人/家）、四川（16.3人/家）、江苏（16.3人/家）、广东（15.5人/家）、山东（13.7人/家）、北京（12.9人/家）。

表13　2012~2022年北京律所平均规模与全国平均水平的对比

年份	北京			全国		
	律所（家）	律师（人）	平均规模（人/家）	律所（家）	律师（人）	平均规模（人/家）
2012	1672	22796	13.6	19361	232384	12.0
2013	1782	23761	13.3	20609	248623	12.1
2014	1926	24467	12.7	22166	271452	12.2
2015	2100	25542	12.2	24425	297175	12.2
2016	2252	26953	12.0	26150	325540	12.4
2017	2513	29297	11.7	28382	357193	12.6
2018	2570	32134	12.5	30647	423758	13.8
2019	2732	34907	12.8	32621	473036	14.5

续表

年份	北京			全国		
	律所（家）	律师（人）	平均规模（人/家）	律所（家）	律师（人）	平均规模（人/家）
2020	2887	37351	12.9	34441	522510	15.2
2021	3108	42163	13.6	36504	574042	15.7
2022	3297	46971	14.2	38000	650000	17.1

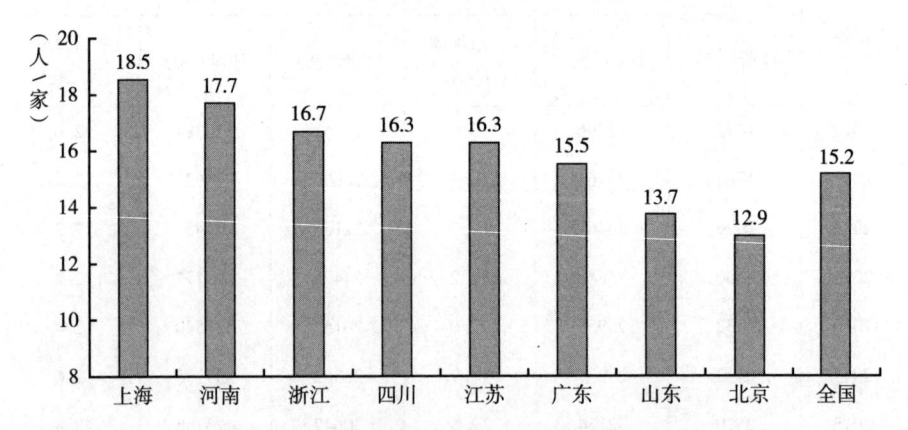

图10　2012~2022年北京和全国律所平均规模

图11　2020年北京和部分地区律所的平均规模

资料来源：北京和全国以外的数据来自各地的统计年鉴。

（六）大型律所规模继续扩大

大型律所的数量和规模是反映律师行业运营方式和发展状况的重要指标。百人所在我国早已"不足为奇"，做大与做强的趋势在继续，因此不少律所选择走上规模化的道路。本报告根据北京市司法局和北京市律师协会联合发布的律师执业年度考核公告统计出当年的律师总数，100人及以上的大型所情况如表14所示。表15则是2022年北京大型所的律师人数及组织形式情况。

综合表14、表15和图12，2012~2022年北京100人及以上的大型所的发展情况具有如下四个特点。

第一，大型所数量呈增长趋势。2012年，北京100人及以上的大型所仅有25家，2015年增至30家，2019年增至40家，2022年增至56家。

第二，大多数大型所选择特殊的普通合伙组织形式。如表15所示，在2022年的56家大型所中，有40家为特殊的普通合伙，占比为71.4%，另外13家律所是普通合伙形式，还有3家属于外地律所的分所。

第三，大型所中的执业律师人数占当年公告中的律师总数的比例总体呈增长趋势。如表14所示，2012年大型所中的律师人数占公告中律师总数的19.9%；2015年，占比增至22.9%；2019年，占比进一步增至30.1%；2021年与2022年占比均为37.5%。2022年北京有超过1/3的律师在占比1.8%的56家大型所中执业。

第四，大型所的平均规模呈扩大趋势。如表14所示，2012年25家大型所的平均规模是172.9人/家，2015年30家大型所的平均规模是184.5人/家，2019年40家大型所的平均规模则是233.4人/家，而2022年56家大型所的平均规模更是高达266.1人/家。由此可见，大型所不仅数量呈增加趋势，平均规模也呈扩大趋势。

北京律师行业大型所规模的扩大还可以通过规模前十律所的平均规模来说明。如图12所示，2012年，北京规模前十的律所的平均规模是

243.4人/家，2015年规模增至283.8人/家，2019年增至478.6人/家，2022年增至644.4人/家。对比起来看，规模顶尖律所的规模扩大速度明显更快。

表14 2012~2022年北京大型所（100人及以上）情况

年份	北京律师总数(人)	数量(家)	律师人数(人)	占比(%)	平均规模(人/家)
2012	21746	25	4323	19.9	172.9
2015	24127	30	5535	22.9	184.5
2019	31069	40	9337	30.1	233.4
2021	36094	52	13539	37.5	260.4
2022	39691	56	14902	37.5	266.1

注：由于来源不同，此处"律师总数"数据与其他处不一致。
资料来源：北京律师执业年度考核公告。

表15 2022年北京大型所（100人及以上）名单

律所名称	律师人数(人)	组织形式
北京市京师律师事务所	1292	特殊的普通合伙
北京市盈科律师事务所	911	普通合伙
北京大成律师事务所	752	特殊的普通合伙
北京德恒律师事务所	624	特殊的普通合伙
北京市中闻律师事务所	586	特殊的普通合伙
北京市中伦律师事务所	538	特殊的普通合伙
北京市炜衡律师事务所	475	特殊的普通合伙
北京中银律师事务所	439	特殊的普通合伙
北京市金杜律师事务所	424	特殊的普通合伙
北京天驰君泰律师事务所	403	普通合伙
北京市两高律师事务所	394	特殊的普通合伙
北京市康达律师事务所	355	特殊的普通合伙
北京恒都律师事务所	307	特殊的普通合伙
北京浩天律师事务所	300	特殊的普通合伙

续表

律所名称	律师人数（人）	组织形式
北京德和衡律师事务所	261	特殊的普通合伙
北京市隆安律师事务所	258	特殊的普通合伙
北京市京都律师事务所	256	特殊的普通合伙
北京海润天睿律师事务所	254	特殊的普通合伙
北京市君合律师事务所	252	特殊的普通合伙
国浩律师（北京）事务所	252	特殊的普通合伙
北京市鑫诺律师事务所	220	特殊的普通合伙
北京市竞天公诚律师事务所	218	特殊的普通合伙
北京金诚同达律师事务所	217	特殊的普通合伙
北京市天元律师事务所	211	特殊的普通合伙
北京冠领律师事务所	192	普通合伙
北京市兰台律师事务所	190	特殊的普通合伙
北京市中伦文德律师事务所	185	普通合伙
北京市环球律师事务所	183	特殊的普通合伙
北京市通商律师事务所	183	特殊的普通合伙
北京市安理律师事务所	170	特殊的普通合伙
泰和泰（北京）律师事务所	164	分所
北京市东卫律师事务所	162	普通合伙
北京嘉维律师事务所	161	特殊的普通合伙
北京观韬中茂律师事务所	159	特殊的普通合伙
北京市尚公律师事务所	158	特殊的普通合伙
北京市中盾律师事务所	158	特殊的普通合伙
北京市汉坤律师事务所	157	特殊的普通合伙
北京市华泰律师事务所	157	普通合伙
北京市一法律师事务所	152	普通合伙
北京瀛和律师事务所	151	特殊的普通合伙
北京市北斗鼎铭律师事务所	147	普通合伙
北京天达共和律师事务所	144	特殊的普通合伙

续表

律所名称	律师人数(人)	组织形式
上海市方达(北京)律师事务所	144	分所
北京市中咨律师事务所	142	特殊的普通合伙
北京市百瑞律师事务所	140	特殊的普通合伙
北京乾成律师事务所	129	特殊的普通合伙
北京市君泽君律师事务所	125	特殊的普通合伙
北京京平律师事务所	124	普通合伙
北京市道可特律师事务所	123	普通合伙
上海市锦天城(北京)律师事务所	122	分所
北京市惠诚律师事务所	119	普通合伙
北京市德鸿律师事务所	117	普通合伙
北京市长安律师事务所	115	特殊的普通合伙
北京在明律师事务所	115	普通合伙
北京市金台律师事务所	114	特殊的普通合伙
北京市万商天勤律师事务所	101	特殊的普通合伙

资料来源：北京律所执业年度考核公告。

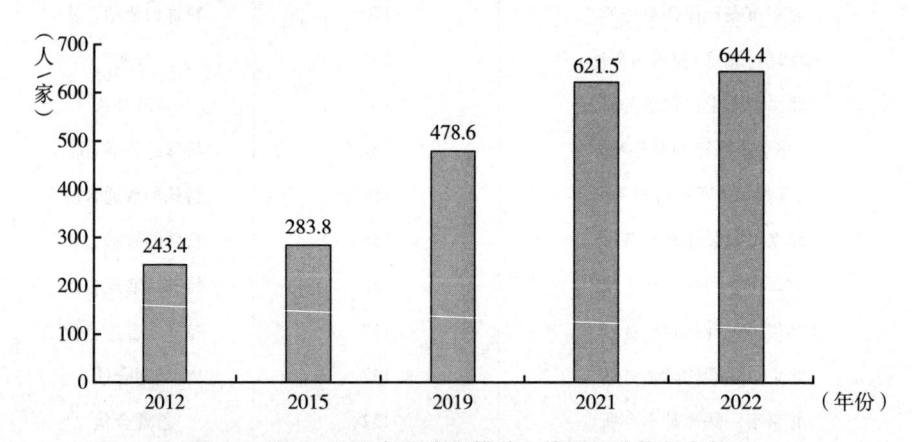

图 12　2012~2022 年北京规模前十律所平均律师人数

年份	2012	2015	2019	2021	2022
人数(人/家)	243.4	283.8	478.6	621.5	644.4

资料来源：北京律所执业年度考核公告。

（七）北京律所境外分支机构数量继续回升

北京律所境外分支机构的数量在2018年大幅下滑之后，于2019年开始回升。如表16所示，2020年北京律所境外分支机构小幅增至74家，2021年进一步增至91家，但是2022年境外分支机构数量有所下降，降至78家。

表16 2017~2022年北京律所境外分支机构数量

单位：家

年份	美国	欧洲	亚洲	其他地区	合计
2017	37	39	19	49	144
2018	12	8	14	12	46
2019	17	13	21	22	73
2020	17	16	33	8	74
2021	21	39	24	7	91
2022	16	18	7	37	78

从不同地区来看，2021年美国、欧洲的北京律所境外分支机构数量均有所增加，其中在美国的分支机构从2020年的17家增至2021年的21家，在欧洲的分支机构从2020年的16家增至2021年的39家。2022年在美国和欧洲的分支机构分别减少至16家和18家，在亚洲的分支机构减少至7家。

（八）境外律所驻京代表处数量和业务有所下降

2020年以来，境外律所驻京代表处的数量有增有减。如表17所示，2021年，美国律所驻京代表处数量从2020年的42家锐减为10家，但是2022年回升至44家；2020~2021年香港律所驻京代表处数量从11家降至10家，2022年又进一步增长至12家；2020~2021年其他地区律所驻京代表处的数量从35家增至54家，2022年又减少至37家。

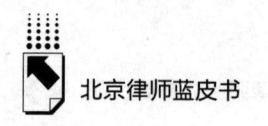

表 17　2017~2022 年境外律所驻京代表处数量

单位：家

年份	美国	香港	其他地区	合计
2017	50	16	39	105
2018	45	14	35	94
2019	42	12	37	91
2020	42	11	35	88
2021	10	10	54	74
2022	44	12	37	93

三　律师业务收入

（一）北京律师业务收入总额基本上呈上升趋势

如图 13 所示，2012~2022 十年间律师业务收入总额基本呈现上升态势，即使在 2020~2022 疫情三年间，2020 和 2021 年都有增长。2021 年增长率达 22.8%，这得益于三个方面：一是新冠疫情防控局面有所好转，各类社会活

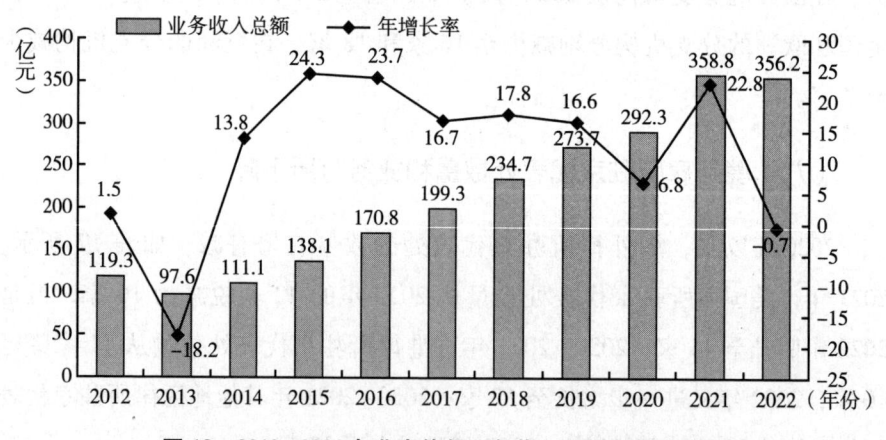

图 13　2012~2022 年北京律师业务收入总额及年增长率

动逐步有序恢复；二是律师队伍人数有所增长；三是相关部门采取了一些有助于律师行业发展的措施，律师群体自己也采取切实有效的方法应对危机。2022年略有下滑，一方面是新冠疫情直接影响了法律服务的开展，进而也影响了法律服务的需求；另一方面，新冠疫情广泛地制约了社会经济、政治和文化活动，减少了各类社会活动的数量，进而减少了法律服务的需求。

（二）北京律师人均业务收入有升有降

如图14所示，2020年疫情开始第一年北京律师人均收入比上一年度略有下降，但是2021年迅速回升，尽管2022年再次降至75.8万元，但是也高于2018年以前的北京律师平均收入。

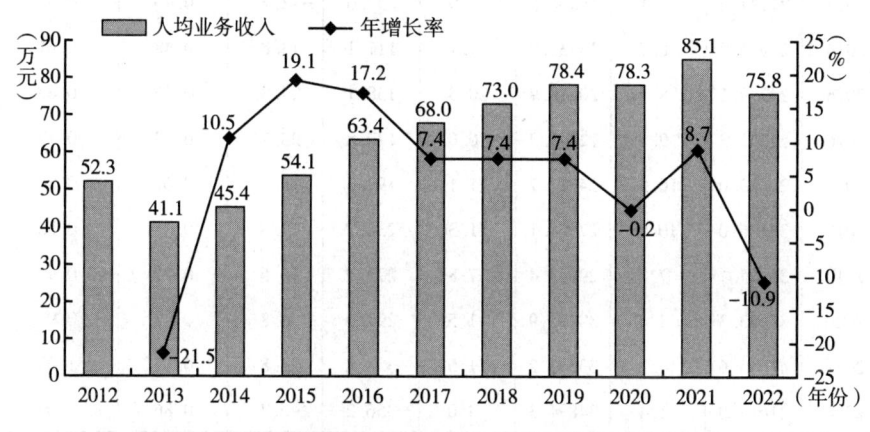

图14　2012~2022年北京律师人均业务收入及年增长率

（三）律师业务收入占地区生产总值和第三产业产值的比重总体处于平稳增长的趋势

律师行业属于第三产业，律师业务收入是地区生产总值的组成部分，律师业务收入占地区生产总值的比重，以及不同行业人均产值的对比是反映律师行业发展状况的重要指标。

如表18和图15所示，地区的总产值与第三产业产值从2012~2022年十年间都处于增长趋势，尽管疫情三年增长率比往年低。北京律师业务收入总额，占地区生产总值比例、占第三产业产值比例同样是上升的趋势。

表18　2012~2022年北京律师业务收入总额在地区生产总值
和第三产业产值中所占比例变化

单位：亿元，%

年份	地区生产总值		第三产业产值		北京律师业务收入总额			
	总额	年增长率	总额	年增长率	总额	年增长率	占地区生产总值比例	占第三产业产值比例
2012	19024.7	10.7	15020.3	11.3	119.3	1.5	0.63	0.79
2013	21134.6	11.1	16806.5	11.9	97.6	-18.2	0.46	0.58
2014	22926.0	8.5	18333.9	9.1	111.1	13.8	0.48	0.61
2015	24779.1	8.1	20218.9	10.3	138.1	24.3	0.56	0.68
2016	27041.2	9.1	22245.9	10.0	170.8	23.7	0.63	0.77
2017	29883.0	10.5	24711.7	11.1	199.3	16.7	0.67	0.81
2018	33106.0	10.8	27508.1	11.3	234.7	17.8	0.71	0.85
2019	35445.1	7.1	29663.4	7.8	273.7	16.6	0.77	0.92
2020	35943.3	1.4	30095.9	1.5	292.3	6.8	0.81	0.97
2021	41045.6	14.2	33545.2	11.5	358.8	22.8	0.87	1.07
2022	41611.0	1.4	34894.3	4.0	356.2	-0.7	0.86	1.02

资料来源：国家统计局。

（四）纳税额持续增长

如图16所示，2020~2022年北京律师行业纳税总额逐年增加，尤以2021年增长最为显著，在减税降费大背景下，全市律师事务所税源回流明显。2017年北京律师行业纳税总额为28.3亿元，2018年为33.0亿元，同比增长16.6%；2019年为34.7亿元，同比增长5.2%；2020年为36.3亿

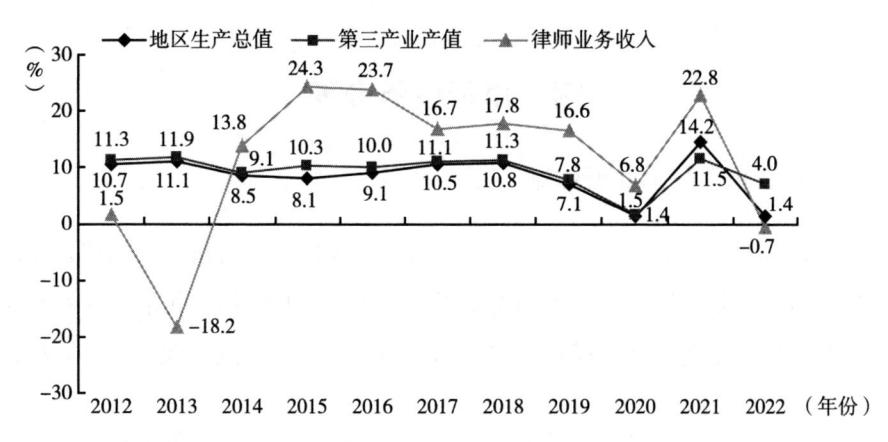

图 15　2012~2022 年北京地区生产总值、第三产业产值与律师业务收入总额年增长率

资料来源：国家统计局。

元，同比增长 4.6%；2021 年为 44.0 亿元，同比增长 21.2%；2022 年为 47.4 亿元，同比增长 7.7%。

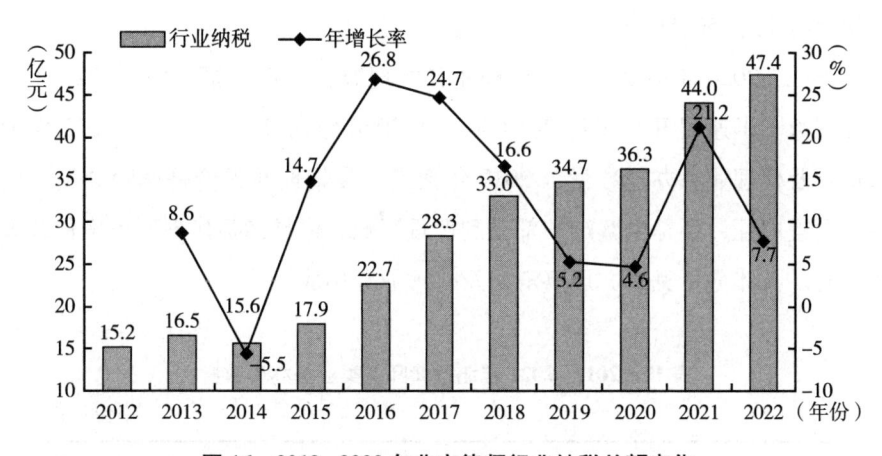

图 16　2012~2022 年北京律师行业纳税总额变化

总之，近五年来年度纳税总额逐年增加，2018 年北京市律师事务所纳税总额突破 30 亿元，2021 年突破 40 亿元。2020~2022 年的疫情三年纳税总额并没有下降，2021 年比 2020 年增加 7.7 亿元，2022 年比 2021 年增加了 3.4 亿元。

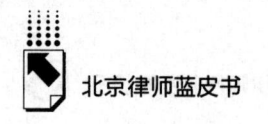

四 律师业务办理

（一）北京律师业务数量

担任法律顾问、民事诉讼代理、刑事辩护及代理、行政诉讼代理、非诉讼法律事务等是我国律师业务的主要类型。2020~2022年，北京律师各类业务的开展情况受到疫情不同程度的影响，归纳为以下两点（见表19和表20与图17至图21）。

第一，2020年北京各类型律师业务办理数量均出现大幅下滑。2021年疫情进入常态化防控阶段，除了担任法律顾问业务，其他业务的办理数量都在回升。2022年在民事诉讼代理等业务办理数量下降的情形下，法律顾问业务增长了9.7%。2020~2022年，行政诉讼代理业务虽然也是有降有升，但是2021年业务办理数量出现大幅增长，比2018年增长了1万多件，比2020年增长了50.5%。

第二，2020年刑事辩护及代理业务办理数量出现大幅下滑，2021年业务办理数量迅速回升并超过2019年，比2020年增长了52.0%。2022年刑事辩护及代理业务办理数量与2019年接近。疫情期间无论是律师会见、阅卷、调查取证，还是出庭辩护都受到严重影响，但是律师代理刑事案件却大幅上升。具体分析见下文刑事辩护及代理业务构成。

表19 2013~2022年北京律师各类业务办理数量

单位：件

业务类型	2013年	2014年	2015年	2016年	2017年	2018年	2019年	2020年	2021年	2022年
担任法律顾问	21713	22872	25366	30358	35015	33131	43436	36732	30278	33217
民事诉讼代理	98630	90115	94880	93990	106391	142176	175792	144306	164134	142721
刑事辩护及代理	28062	25144	26976	26162	29089	17705	21557	16481	25043	21994
行政诉讼代理	4815	4384	6614	6852	11977	18701	21527	19017	28625	27956
非诉讼法律事务	72530	86884	89638	90046	117637	166195	184534	145471	188676	133671

表20 2013~2022年北京律师各类业务办理数量的年增长率

单位：%

业务类型	2013年	2014年	2015年	2016年	2017年	2018年	2019年	2020年	2021年	2022年
担任法律顾问	-0.9	5.3	10.9	19.7	15.3	-5.4	31.1	-15.4	-17.6	9.7
民事诉讼代理	48.7	-8.6	4.8	-0.5	13.2	33.6	23.6	-17.9	13.7	-13.0
刑事辩护及代理	54.4	-10.4	7.3	-3.0	11.2	-39.1	21.8	-23.5	52.0	-12.2
行政诉讼代理	19.4	-9.0	50.9	3.6	74.8	52.0	18.3	-11.7	50.5	-2.3
非诉讼法律事务	-1.1	19.8	3.2	0.5	30.6	41.3	11.0	-21.2	29.7	-29.2

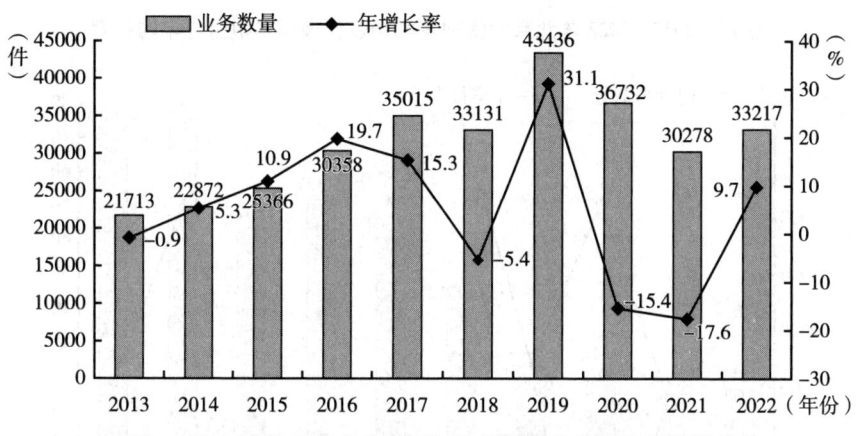

图17 2013~2022年北京律师担任法律顾问业务数量与年增长率

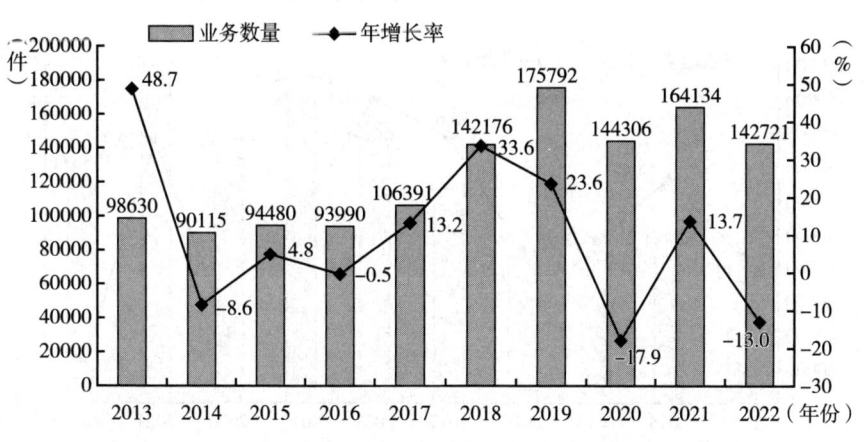

图18 2013~2022年北京律师民事诉讼代理业务数量与年增长率

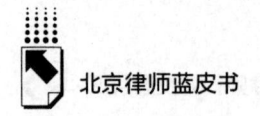

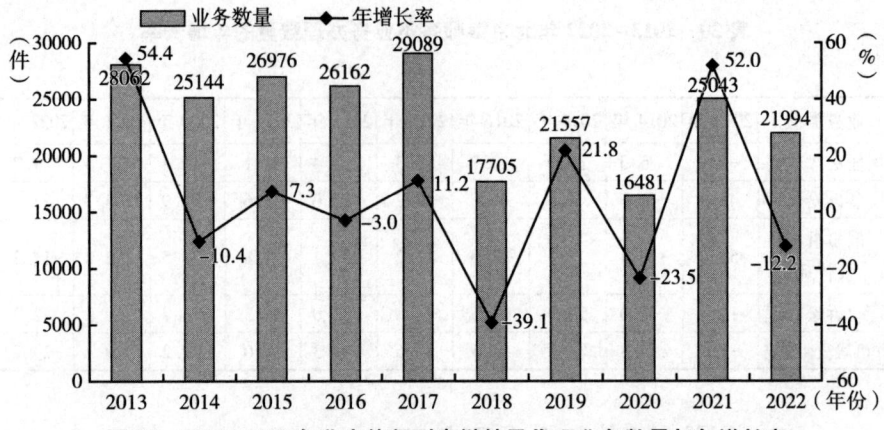

图 19　2013~2022年北京律师刑事辩护及代理业务数量与年增长率

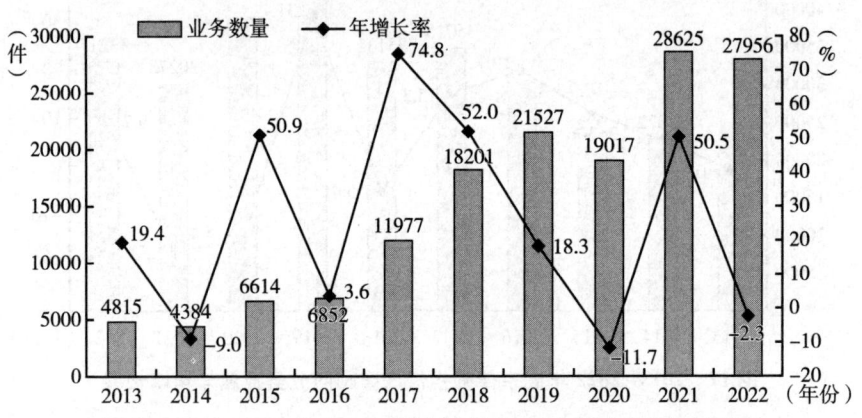

图 20　2013~2022年北京律师行政诉讼代理业务数量与年增长率

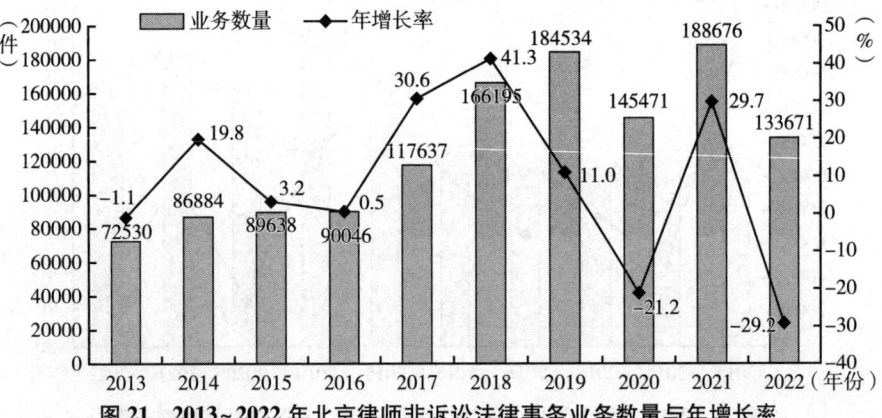

图 21　2013~2022年北京律师非诉讼法律事务业务数量与年增长率

（二）案件收费金额构成

律师办理业务体现在案件数量和案件规格两个方面，后者可以通过案件收费来衡量，即越复杂、越专业、耗时越长的案件，收费越高。北京律师业务案件收费金额及占比情况如表21、表22和表23所示。综合表21至表23中的数据，北京律师案件收费金额具有如下特点。

第一，各年度相同收费金额段的案件数量占比较为接近。2017~2022年，相同收费金额段的案件占比虽然存在一定差异，但是差异较小，总体上十分接近。

第二，不同金额段的业务数量分布呈金字塔形。以2022年为例，收费1万元以下的案件数量最多，略超1/3，构成金字塔的塔底；收费1万（含）~5万元的案件数量次之，超过1/4；收费5万（含）~10万元的案件数量位列第三；收费10万（含）~50万元的案件占比超过10%；收费50万（含）~100万元的案件占1.7%；收费100万元（含）以上的案件只占1%，处于金字塔的顶端。

第三，2020~2022年北京律师案件收费金额呈现的新变化是，2020年收费金额在1万（含）~10万元的案件数量呈现下降趋势，其他案件均呈上升趋势，特别是收费金额在1万元以下的案件增加了16万多件。2021年除了100万元（含）以上的大额收费案件数量有所减少，其他额度的案件数量都在增加，特别是5万元以下收费案件，增加了14万多件。2022年5万元以下收费的案件锐减，其中1万元以下小额收费案件减少了近32万件，50万（含）~100万元收费的案件从57690件减少至6602件。由此可见新冠疫情对律师行业收费影响非常大，特别是2022年。

表21　2017~2022年北京律师业务案件收费金额构成（数量）

单位：件

案件收费金额	2017年	2018年	2019年	2020年	2021年	2022年
1万元以下	97005	170843	198632	359541	456343	136598

续表

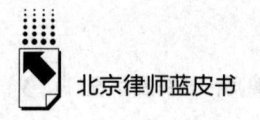

案件收费金额	2017年	2018年	2019年	2020年	2021年	2022年
1万(含)~5万元	75663	123076	128756	115839	160180	112401
5万(含)~10万元	46365	68204	125623	113737	136867	82446
10万(含)~50万元	30890	62231	42563	65453	91283	53779
50万(含)~100万元	6506	8588	15235	53543	57690	6602
100万元(含)以上	2714	4557	5202	7523	6755	3950
合计	259143	437499	516011	715636	909118	395776

表22 2017~2022年北京律师业务案件收费金额构成（占比）

单位：%

案件收费金额	2017年	2018年	2019年	2020年	2021年	2022年
1万元以下	37.4	39.0	38.5	50.2	50.2	34.5
1万(含)~5万元	29.2	28.1	25.0	16.2	17.6	28.4
5万(含)~10万元	17.9	15.6	24.3	15.9	15.1	20.8
10万(含)~50万元	11.9	14.2	8.2	9.1	10.0	13.6
50万(含)~100万元	2.5	2.0	3.0	7.5	6.3	1.7
100万元(含)以上	1.0	1.0	1.0	1.1	0.7	1.0
合计	100.0	100.0	100.0	100.0	100.0	100.0

表23 2017~2022年北京律师业务案件收费金额构成（累计占比）

单位：%

案件收费金额	2017年	2018年	2019年	2020年	2021年	2022年
1万元以下	37.4	39.0	38.5	50.2	50.2	34.5
1万(含)~5万元	66.6	67.2	63.5	66.4	67.8	62.9
5万(含)~10万元	84.5	82.8	87.8	82.3	82.9	83.7
10万(含)~50万元	96.4	97.0	96.0	91.4	92.9	97.3
50万(含)~100万元	99.0	99.0	99.0	98.9	99.2	99.0
100万元(含)以上	100.0	100.0	100.0	100.0	100.0	100.0

（三）刑事辩护及代理业务构成

2020~2022年北京刑事辩护及代理业务数量有升有降。2021年北京刑事辩护及代理业务有25043件，比2019年多了3486件，2022年的业务数量与2019年基本持平。其中刑事案件代理业务的数量与整体变化趋势一致，2020年比2019年减少了3000多件，2021年回升至6654件，2022年刑事案件代理业务数量有所下降，为5877件。2020~2022年刑事案件代理占刑事辩护及代理业务总量的比重略高于1/4。

2020年与2022年的刑事案件辩护数量均有所下滑。2021年和2022年刑事案件辩护业务数量都超过了2019年，2021年比2019年多了4628件。2021年当事人自行委托辩护业务数量大幅增长，是2020年的近2倍；2019~2022年，依申请刑事法律援助案件均为2000多件，法定通知辩护的案件均为1000多件，扩大通知辩护的案件为300~600件。

从表24与表25可以看出，当事人自行委托辩护是刑事案件辩护业务的主要组成部分。2019~2022年，提供法律援助（包括依申请刑事法律援助、法庭通知辩护、扩大通知辩护等）律师进行辩护的案件占刑事辩护及代理业务的21.7%、24.2%、19.6%、17.7%。2017年我国推行刑事辩护全覆盖，2022年1月《法律援助法》实施，但提供法律援助案件占比有所下降。

表24　2019~2022年北京律师刑事辩护及代理业务构成（数量）

单位：件

年份	刑事案件代理	刑事案件辩护	刑事案件辩护构成					合计
			当事人自行委托辩护	依申请刑事法律援助	法定通知辩护	扩大通知辩护	其他	
2019	7796	13761	6640	2570	1674	433	2444	21557
2020	4508	11973	6078	2225	1408	357	1905	16481
2021	6654	18389	12071	2990	1397	521	1410	25043
2022	5877	16117	10757	2484	1058	362	1456	21994

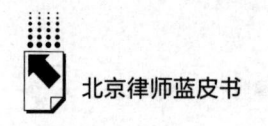

表25　2019～2022年北京律师刑事辩护及代理业务构成（占比）

单位：%

年份	刑事案件代理	刑事案件辩护	刑事案件辩护构成					合计
			当事人自行委托辩护	依申请的刑事法律援助	法定通知辩护	扩大通知辩护	其他	
2019	36.2	63.8	30.8	11.9	7.8	2.0	11.3	100.0
2020	27.4	72.6	36.9	13.5	8.5	2.2	11.6	100.0
2021	26.6	73.4	48.2	11.9	5.6	2.1	5.6	100.0
2022	26.7	73.3	48.9	11.3	4.8	1.6	6.6	100.0

（四）民事诉讼代理业务构成

从表26和表27中可以看出，2020～2022年，北京律师民事诉讼代理业务数量呈现先上升后下降的趋势。2020年，北京律师民事诉讼从2019年的175792件下降到144306件，2021年业务数量回升至164134件。其中，公司案件、知识产权案件占比分别从2019年的22.2%、18.6%下降到2022年的9.8%、8.7%，而婚姻家庭纠纷案件、金融银行案件、证券纠纷案件、建设工程与房地产案件业务数量总体呈现上升趋势。2020～2022年，保险纠纷案件、海事海商案件、劳动争议案件、破产与重组案件占比较稳定。除此之外，2019年和2020年，医疗纠纷案件业务数量占比在1%左右，2021年和2022年占比增加到2%左右；2019年和2020年其他案件业务数量占比在20%以上，2021年和2022年占比上升到30%以上。

（五）非诉讼法律事务业务构成

2019～2022年北京律师非诉讼法律事务业务构成情况呈现如下特点（见表28和表29）。

第一，2019～2022年北京非诉讼法律事务业务数量有升有降，整体呈下降趋势，2020年比2019年少了近4万件；2021年有所回升，比2019年还多了4000多件；2022年又减少5万多件。

表26 2019~2022年北京律师民事诉讼代理业务构成（数量）

单位：件

年份	婚姻家庭纠纷案件	公司案件	金融银行案件	证券纠纷案件	保险纠纷案件	海事海商案件	建设工程与房地产案件	劳动争议案件	知识产权案件	破产与重组案件	医疗纠纷案件	其他	合计
2019	15216	39046	13179	1582	5706	334	10817	13295	32715	875	2232	40795	175792
2020	17073	29906	15784	1767	4933	342	9369	13745	10480	1128	1782	37997	144306
2021	19834	17297	15151	3211	5368	329	12892	15674	16286	1491	3334	53267	164134
2022	18793	13974	13867	2990	4704	375	11184	13299	12349	1482	3023	46681	142721

表27 2019~2022年北京律师民事诉讼代理业务构成（占比）

单位：%

年份	婚姻家庭纠纷案件	公司案件	金融银行案件	证券纠纷案件	保险纠纷案件	海事海商案件	建设工程与房地产案件	劳动争议案件	知识产权案件	破产与重组案件	医疗纠纷案件	其他	合计
2019	8.7	22.2	7.5	0.9	3.2	0.2	6.2	7.6	18.6	0.5	1.3	23.2	100.0
2020	11.8	20.7	10.9	1.2	3.4	0.2	6.5	9.5	7.3	0.8	1.2	26.3	100.0
2021	12.1	10.5	9.2	2.0	3.3	0.2	7.9	9.5	9.9	0.9	2.0	32.5	100.0
2022	13.2	9.8	9.7	2.1	3.3	0.3	7.8	9.3	8.7	1.0	2.1	32.7	100.0

表28 2019~2022年北京律师非诉讼法律事务业务构成（数量）

单位：件

年份	公司法	金融银行	证券	保险	反垄断	建设工程与房地产	知识产权	税法	劳动法	海事海商	环境资源与能源	破产与重组	其他	合计
2019	26397	10570	6150	1579	1177	4755	106758	526	3524	123	859	1750	20366	184534
2020	20091	24433	6383	1133	777	2682	62968	360	3159	716	689	1566	20514	145471
2021	19511	25801	8634	1427	823	3178	97020	384	3028	637	789	2087	25357	188676
2022	23852	9871	7787	1581	888	3339	51338	409	3258	664	766	1638	28280	133671

表29 2019~2022年北京律师非诉讼法律事务业务构成（占比）

单位：%

年份	公司法	金融银行	证券	保险	反垄断	建设工程与房地产	知识产权	税法	劳动法	海事海商	环境资源与能源	破产与重组	其他	合计
2019	14.3	5.7	3.3	0.9	0.6	2.6	57.9	0.3	1.9	0.1	0.5	0.9	11.0	100.0
2020	13.8	16.8	4.4	0.8	0.5	1.8	43.3	0.2	2.2	0.5	0.5	1.1	14.1	100.0
2021	10.3	13.7	4.6	0.8	0.4	1.7	51.4	0.2	1.6	0.3	0.4	1.1	13.4	100.0
2022	17.8	7.4	5.8	1.2	0.7	2.5	38.4	0.3	2.4	0.5	0.6	1.2	21.2	100.0

第二，知识产权业务数量较多。在非诉类法律事务业务中，知识产权业务数量最多。在疫情影响下知识产权业务占比呈现下降趋势，从2019年的57.9%下降到2022年的38.4%，虽然2021年略有回升，但是没有超过2019年的占比。

第三，律师代理非诉讼案件占比在1%左右及低于1%的案件为：保险、反垄断、税法、海事海商、环境资源与能源、破产与重组。虽然律师代理这几类案件数量不多，但是从占比看，除税法类案件，2022年较2019年都有增加。

（六）担任法律顾问业务构成

2019~2022年北京律师担任党政机关、人民团体法律顾问，企业法律顾问，事业单位法律顾问情况如表30和表31所示。北京律师担任法律顾问业务数量从2019年的43436件下降到2022年的33217件，减少了1万多件。2020~2021年受疫情影响北京律师担任法律顾问业务数量持续下降，2022年虽略有回升，但数量上远不及2019年。

表30 2019~2022年北京律师担任法律顾问业务构成（数量）

单位：件

年份	担任党政机关、人民团体法律顾问	担任企业法律顾问	担任事业单位法律顾问	其他	合计
2019	3321	32561	3598	3956	43436
2020	2814	28244	2899	2775	36732
2021	2615	22452	2911	2300	30278
2022	2637	25059	2831	2690	33217

表31 2019~2022年北京律师担任法律顾问业务构成（占比）

单位：%

年份	担任党政机关、人民团体法律顾问	担任企业法律顾问	担任事业单位法律顾问	其他	合计
2019	7.6	75.0	8.3	9.1	100.0
2020	7.7	76.9	7.9	7.6	100.0
2021	8.6	74.2	9.6	7.6	100.0
2022	7.9	75.4	8.5	8.1	100.0

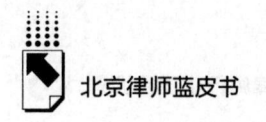

（七）仲裁案件构成

律师代理仲裁业务包括劳动争议仲裁、国内商事仲裁、国际商事仲裁及其他仲裁业务，其中劳动争议仲裁业务占比在60%左右。从表32和表33可以看出，2020年北京律师仲裁业务数量下降明显，2021年业务数量大幅回升，甚至超过2019年。从2019年与2022年的数字来看，律师代理劳动争议仲裁和国内商事仲裁升降幅度不大，但是国际商事仲裁升降幅度较大，2021年比2019年增长了39.5%，2022年又比2021年减少了42.0%。

表32 2019~2022年北京律师仲裁业务构成（数量）

单位：件

年份	劳动争议仲裁	国内商事仲裁	国际商事仲裁	其他	合计
2019	13948	5623	1998	991	22560
2020	11313	5339	1441	1	18094
2021	13998	6663	2788	313	23762
2022	13700	5266	1617	3006	23589

表33 2019~2022年北京律师仲裁业务构成（占比）

单位：%

年份	劳动争议仲裁	国内商事仲裁	国际商事仲裁	其他	合计
2019	61.8	24.9	8.9	4.4	100.0
2020	62.5	29.5	8.0	0	100.0
2021	58.9	28.0	11.7	1.3	100.0
2022	58.1	22.3	6.9	12.7	100.0

（八）公职律师业务办理情况

受疫情影响，2019~2022年北京公职律师业务数量几乎减少了一半。从表34和表35中可以看出，其从2019年的51054件下降到2022年的25529件。除了普法宣传业务有大幅度增长，法律顾问的其他业务都下降明显。

表34　2019~2022年北京公职律师业务办理数量

单位：件

业务类型	2019年	2020年	2021年	2022年
为所在单位讨论决定重大事项提供法律意见	1910	1381	1260	850
参与法律法规规章起草、党内法规草案和规范性文件送审稿的起草、论证	730	1203	511	365
起草、修改、审核重要的法律文件或者合同，参与合作项目的洽谈、对外招标、政府采购等事务	5691	3671	3365	3107
参与信访接待、矛盾调处、涉法涉诉案件化解、突发事件处置、政府信息公开、国家赔偿等工作	14823	13381	11494	4791
参与行政处罚审核、行政裁决、行政复议、行政诉讼等工作	11046	2347	3816	4618
落实"谁执法谁普法"的普法责任制，开展普法宣传教育	1571	1090	2224	9808
办理民事案件的诉讼和调解、仲裁等法律事务	9638	1173	2950	963
所在单位委托或者指派的其他法律事务	5645	357	905	1027
合计	51054	24603	26525	25529

注：统计报表中各年度部分业务类型的名称略有不同，但统计范围基本一致，所以本表经过技术处理后忽略该差异。

表35　2020~2022年北京公职律师业务办理数量年增长率

单位：%

业务类型	2020年	2021年	2022年
为所在单位讨论决定重大事项提供法律意见	-27.7	-8.8	-32.5
参与法律法规规章起草、党内法规草案和规范性文件送审稿的起草、论证	64.8	-57.5	-28.6
起草、修改、审核重要的法律文件或者合同，参与合作项目的洽谈、对外招标、政府采购等事务	-35.5	-8.3	-7.7
参与信访接待、矛盾调处、涉法涉诉案件化解、突发事件处置、政府信息公开、国家赔偿等工作	-9.7	-14.1	-58.3
参与行政处罚审核、行政裁决、行政复议、行政诉讼等工作	-78.8	62.6	21.0
落实"谁执法谁普法"的普法责任制，开展普法宣传教育	-30.6	104.0	341.0
办理民事案件的诉讼和调解、仲裁等法律事务	-87.8	151.5	-67.4
所在单位委托或者指派的其他法律事务	-93.7	153.5	13.5
合计	-51.8	7.8	-3.8

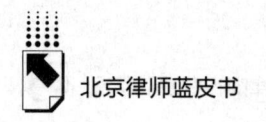

（九）公司律师业务办理情况

公司律师业务也在锐减，从表36和表37可以看出，2022年虽然业务量较上年有所上升，但是比起2019年的业务量，减少了一半还要多。

表36　2019~2022年北京公司律师业务办理数量

单位：件

业务类型	2019年	2020年	2021年	2022年
为企业改制重组、并购上市、产权转让、破产重整等重大经营决策提供法律意见	2752	803	819	720
参与企业章程、董事会运行规则等企业重要规章制度的制定、修改	2686	979	865	1335
参与企业对外谈判、磋商，起草、审核企业对外签署的合同、协议、法律文书	108321	27629	24169	51684
组织开展合规管理、风险管理、知识产权管理、法治宣传教育培训、法律咨询等工作	3955	3092	3339	1340
办理各类诉讼和调解、仲裁等法律事务	2005	1115	1085	686
所在单位委托或者指派的其他法律事务	3362	1188	2570	1568
合计	123081	34806	32847	57333

表37　2020~2022年北京公司律师业务办理数量年增长率

单位：%

业务类型	2020年	2021年	2022年
为企业改制重组、并购上市、产权转让、破产重整等重大经营决策提供法律意见	-70.8	2.0	-12.1
参与企业章程、董事会运行规则等企业重要规章制度的制定、修改	-63.6	-11.6	54.3
参与企业对外谈判、磋商，起草、审核企业对外签署的合同、协议、法律文书	-74.5	-12.5	113.8
组织开展合规管理、风险管理、知识产权管理、法治宣传教育培训、法律咨询等工作	-21.8	8.0	-59.9
办理各类诉讼和调解、仲裁等法律事务	-44.4	-2.7	-36.8
所在单位委托或者指派的其他法律事务	-64.7	116.3	-39.0
合计	-71.7	-5.6	74.5

（十）涉外法律服务数量

2020~2022年，北京律所涉外法律服务的数量下滑，特别是2021年业务量下降一半多，虽然2022年数量有所上升，但是也比2019年的75042件少了近3万件。随着境外法律服务量的减少，收入随之锐减，2021年北京律师涉外法律服务收入比2020年减少76.8%。2022年收入增长较多，比2021年增加4倍多，且超过2019年。

表38　2019~2022年北京律所涉外法律服务业务办理情况

单位：件，万元

年份	涉外法律服务业务数量						收入
	跨境投资并购	知识产权	两反一保	在境外参与诉讼、仲裁	其他	合计	
2019	2090	68634	655	454	3209	75042	388325
2020	1948	59064	749	619	3765	66145	370270
2021	270	28379	55	37	557	29298	85942
2022	1970	37540	838	501	4768	45617	456847

表39　2019~2022年北京律所涉外法律服务业务数量及收入年增长率

单位：%

年份	涉外法律服务业务数量						收入
	跨境投资并购	知识产权	两反一保	在境外参与诉讼、仲裁	其他	合计	
2020	-6.8	-13.9	14.4	36.3	17.3	-11.9	-4.6
2021	-86.1	-52.0	-92.7	-94.0	-85.2	-55.7	-76.8
2022	629.6	32.3	1423.6	1254.1	756.0	55.7	431.6

（十一）北京律所驻外机构业务办理情况

2020~2022年北京律所驻外机构业务量大幅下滑，从表40可以看出，2020年业务量较2019年减少一半多，虽然2022年业务量有所回升，但是比2019年少了近1万件。2020年收入减少,2021年收入大幅增加,增速达到183.1%,2022年收入又大幅减少。

表40　2019~2022年北京律所境外分支机构业务办理情况

年份	业务量(件)	业务量增速(%)	收入(万元)	收入增速(%)
2019	45346	—	194911	—
2020	18604	-59.0	120474	-38.2
2021	20812	11.9	341042	183.1
2022	35794	72.0	175129	-48.6

五　履行社会责任

(一)积极参加公益法律服务活动

2020~2022年,虽然服务行业受到新冠疫情的巨大冲击,但是北京律师行业仍然秉持关爱社会、热心公益的精神,继续以各种形式参与公益法律服务活动。

第一,在新冠疫情形势下,2020~2022年志愿律师出场以及接待现场咨询人数大幅减少,但是接听咨询电话的次数大幅增加,特别是12348热线平台律师解答法律咨询,2020年接听电话50多万次,2022年超过100万次(见表41)。

表41　2020~2022年北京市12348热线平台、北京律协公益法律服务中心服务情况

年份	12348法律咨询热线平台律师解答咨询(人次)	公益中心志愿律师出场(人次)	公益中心接待现场咨询(人次)
2020	526891	514	193
2021	936773	248	6
2022	1004627	204	—

资料来源:北京市律师协会。

第二，北京市律师协会组织女律师宣讲法律。2019~2022年，北京市律师协会女律师工作委员会继续举办"'巾帼维权·送法到家'女律师以案释法"宣讲活动，但是受到新冠疫情影响，部分活动采取线上宣讲的形式。据北京市律师协会统计，2020年女律师宣讲法律活动场次大幅下降，仅为14场，但采用线上的方式，累计受众达24000人次；2022年女律师宣讲法律活动场次增加到99场，累计受众约10000人次（见表42）。

表42 2019~2022年北京女律师宣讲法律服务情况

单位：场，人次

年份	女律师宣讲法律活动	累计受众
2019	148	约8000
2020	14	约24000
2021	74	约10000
2022	99	约10000

资料来源：北京市律师协会。

第三，制作和播放电视栏目《律师来了》。2020~2022年，北京市律师协会和中央广播电视总台社会与法频道联合制作电视栏目《律师来了》。2021年9月15日，《律师来了》栏目录制的《数据安全法亮点解读》十集系列短视频在央视频平台与学习强国平台上线，北京市律师协会微信公众号也陆续推出十集系列短视频。

第四，帮助民营企业预防和化解法律风险。北京律师积极以公益法律服务的形式为民营企业开展"法治体检"，为民营企业预防和化解法律风险献计献策。例如，2020年3月，北京市律师协会民营企业法治体检律师专家组与北京商务服务业联合会合作，通过"互助汇"平台，以在线直播的形式向企业宣讲法律知识和相关政策。2021年6月，北京市司法局、北京市律师协会组织律师专家组前往普天实业创新园，开展北京市"民营企业法治体检"服务周活动。2021年8月，北京市律师协会举办智库刑事合规专家组成立会，会上介绍了民营企业当前面临的刑事法律风险，并从企业风险防控及促进市场经济良好发展两个维度说明了刑事合规的重要性及意义。2021年11月，北京市律师协会组织律师参加"遵法守法·携手筑梦"服务农民工公益法律服务行动协调会，会议就开展线上线下法制宣传活动、开展劳动用工"法治体检"活动、推进劳动争议多元预防化解等工作进行交流。对2020年版《新冠疫情下企业复工复产法律指引》进行更新优化，发布了2022年版《新冠疫情下企业复工复产法律指南》。

第五，为社会弱势群体提供免费法律服务。2020~2022年，面对严峻的新冠疫情，北京律师继续履行社会责任，为社会弱势群体提供一定数量的免费法律服务。如表43所示，虽然2019~2021年北京律师为社会弱势群体提供的免费法律服务数量有所减少，但是2022年免费法律服务数量大幅上升，比2019年增加1.7万多件。

表43 北京律师为社会弱势群体提供免费法律服务情况

单位：件

年份	老年人	妇女	未成年人	农民工	残疾人	其他	合计
2019	23312	18719	8688	18564	5266	7222	81771
2020	17014	14162	2268	12852	3014	6778	56088
2021	15803	13102	2413	11490	3737	9148	55693
2022	18358	20733	3508	24601	3031	28626	98857

2022年8月，北京市律师协会与北京市残疾人服务示范中心签署战略合作协议，共同开展公益法律服务，进一步完善北京市残疾人服务示范中心法律服务体系，使北京市残疾人服务示范中心形成良好的法治服务秩序，从而更好地维护残疾人合法权益，引导残疾人运用法治思维和方式解决问题，促进了残疾人服务的法治化、公平化、人性化，对残疾人事业发展和残疾人权益保障工作具有十分重要的意义。

2022年12月，由北京市律师协会推出的"普法安全月"活动在百度App、百度知道、希壤等平台正式上线。北京律师围绕《反电信网络诈骗法》《未成年人保护法》录制系列主题普法视频，开展"普法安全月"宣传活动。

第六，为北京冬奥会冬残奥会保驾护航。2022年2月4日至22日冬奥会在北京和张家口举办，北京市律师协会成立冬奥会公益法律服务团，设立公共服务邮箱、咨询电话，安排服务团、工作小组成员24小时轮班值守，为参加北京冬奥会且需要公益法律服务的各国各地区运动员提供法律咨询、体育争议解决代理服务。为更好地服务冬奥会，北京市律师协会在赛前邀请第29届奥林匹克运动会组织委员会法律顾问工作组主要负责人等多位体育法领域资深专家，面向服务团成员开展系列培训活动，分享服务大型赛事活动的经验，提高律师专业服务能力，为冬奥护航。

（二）完善公共法律服务体制机制

2020~2022年，北京市律师协会会同有关部门建立了北京律师行业参与公共法律服务的平台和机制，并继续和有关部门交流协商，完善相关的体制机制。

第一，参与一站式多元纠纷解决和诉讼服务体系建设。最高人民法院、司法部于2021年1月发布《关于为律师提供一站式诉讼服务的意见》，北京市律师协会十分重视一站式诉讼机制的建设。一方面，北京市律师协会通过多种形式参观、学习、研讨最高人民法院、司法部等部门发布的有关文件，领会和贯彻新时期一站式诉讼方式改革的内容和精神；另一方面，北京市律师协会积极探索律师在一站式诉讼中提供法律服务的机制和方案，加强律师业务智能工作平台的开发和升级。2021年1月31日，北京市律师协会律师业务智能工作平台已完成全面升级并将新功能投入使用。北京市律师协会律师业务智能工作平台的全面升级是在为全体北京律师量身打造智能业务辅助的基础上，进一步满足律师一站式跨域在线立案、知识提升、材料邮寄、诉讼保全的需求，帮助律师快捷高效地完成工作。2021年6月，在北京市高级人民法院的支持下，北京市律师协会将律师智能工作平台与北京市法院电子诉讼平台对接，在智能工作平台实现了北京法院在线立案功能，同时还可以查询本人已经提交的案件列表及办理状态。此外，为提升案件办理效率，智能工作平台新增了律师送达地址信息录入和送达地址确认书签名等

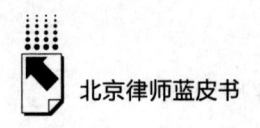

功能。

第二，北京市律师协会和有关部门会商，为北京律师从事公共法律服务打造更加完善的机制和渠道。2020年8月，北京市律师协会和北京市公安局公安交通管理局签署《北京市律师协会为北京市公安局公安交通管理局提供法律服务的协议》。根据协议，北京市律师协会成立"北京市公安局公安交通管理局律师顾问团"，为交通民警因执法活动或执行职务引发的行政、刑事、民事案件提供法律咨询，针对交通民警执法权益工作中的热点和难点问题提供法律建议，对基层交通民警开展法律培训。2021年8月，北京市律师协会和密云区政府签署《支持密云高质量发展公益法律服务合作协议》，密云区相关镇人民政府、中关村密云园分别与6家入驻律师事务所签订《生态保护与绿色发展合作框架协议》。根据这些协议，北京市律师协会成立律师专家团提供法律服务。专家团由54名北京市律师行业具有竞争力、影响力的律师组成，将在生态环境保护、土地管理、经济合同、工程建设、资产评估、劳动纠纷、依法行政、政府债务、企业改制、科技创新十个方面为密云区经济社会高质量发展提供公益性法律支持。

第三，村居法律顾问项目顺利运行。2020~2022年，尽管受到新冠疫情影响，但是在北京律师群体和律师行业管理部门的共同努力下，村居法律顾问项目顺利运行。如表44所示，2020~2022年，担任村居法律顾问的律师人数持续上升。

表44 2019~2022年北京市村居法律顾问项目运行情况

单位：人，个

年份	担任村居法律顾问的律师	建立村居法律顾问微信群	服务对象	
			村民组织	社区
2019	1946	2669	3964	3281
2020	2043	3890	4257	3041
2021	2153	3127	4388	3240
2022	2526	3742	4719	3644

（三）提供公共法律服务

2020~2022年，北京律师积极参与公共法律服务项目，办理的公共法律服务业务数量较多。

第一，2019~2022年北京律师参与公共法律服务项目的人数持续上升。2022年参与信访接待和处理的律师人数是2019年的3.3倍（见表45），说明近几年北京律师积极投入公共法律服务建设。2019~2022年，北京律师办理公共法律服务案件数有升有降。2019年与2021年均为4.5万件左右，2020年与2022年在5万件以上（见表46）。

第二，2019~2022年北京律师办理的法律援助案件数，以及参与信访接待和处理案件数有升有降。2019年与2021年律师办理法律援助案件数均在2.3万件左右，2020年与2022年则为2万件左右。2020年北京律师参与信访接待和处理案件数增至20689件，但是2021年案件数出现大幅下降，降幅达51.7%，2022年案件数大幅回升，同比增长70.0%（见表47）。

第三，2019~2022年北京律师调解案件数持续增长。如表48和表49所示，北京律师调解案件数逐年增多。在疫情的影响下，社会经济活动中的纠纷有所增加，比如企业在疫情的影响下遭遇经营危机，员工被解聘，需要律师帮助化解矛盾。特别是2020年，人民法院律师调解工作室调解案件数量增加了52.9%，律师事务所设立的调解工作室调解的案件数量增加了201.6%。

第四，2019~2022年北京律师参与城管执法事件数整体呈上升趋势。2020年律师参与处置城管执法事件数略有下滑，2022年大幅增加，从2019年的82件增加到369件（见表46）。

总体来看，新冠疫情对北京律师参与办理公共法律服务业务产生了一定影响，但是北京律师群体和管理部门采取了一系列措施加以应对，如由线下转为线上，律师参与案件数量整体呈上升趋势。

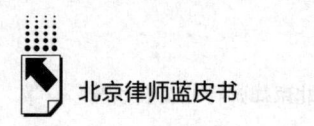

表45　2019~2022年北京律师参与部分公共法律服务项目的人数及年增长率

单位：人，%

年份	参与信访接待和处理		参与城管执法	
	参与律师人数	年增长率	驻队律师人数	年增长率
2019	1047	—	29	—
2020	2262	116.0	24	-17.2
2021	2377	5.1	38	58.3
2022	3505	47.5	39	2.6

表46　2019~2022年北京律师办理公共法律服务案件数

单位：件

年份	办理法律援助案件数	参与信访接待和处理案件数	律师调解案件数	参与处置城管执法事件数	合计
2019	22920	11948	9592	82	44542
2020	20607	20689	10790	73	52159
2021	23708	9998	12645	105	46456
2022	20229	16994	12778	369	50370

表47　2020~2022年北京律师办理公共法律服务案件年增长率

单位：%

年份	办理法律援助案件数	参与信访接待和处理案件数	律师调解案件数	参与处置城管执法事件数	合计
2020	-10.1	73.2	12.5	-11.0	17.1
2021	15.0	-51.7	17.2	43.8	-10.9
2022	-14.7	70.0	1.1	251.4	8.4

表48　2019~2022年北京律师调解案件数

单位：件

年份	人民法院律师调解工作室调解案件	律师协会律师调解中心调解案件	律师事务所设立的调解工作室调解案件
2019	7852	1396	2018
2020	12003	708	6087
2021	7655	697	4625
2022	6965	1138	4675

表 49 2020~2022 年北京律师调解案件年增长率

单位：%

年份	人民法院律师调解工作室调解案件	律师协会律师调解中心调解案件	律师事务所设立的调解工作室调解案件
2020	52.9	-49.3	201.6
2021	-36.2	-1.6	-24.0
2022	-9.0	63.3	1.1

（四）大力支持中西部欠发达地区律师行业发展

2020~2022 年，北京律师行业继续采取多种措施，支持中西部欠发达地区律师行业发展。这些措施主要包括以下两个方面。

第一，为中西部欠发达地区开展律师培训。2021 年，北京律师行业共为中西部欠发达地区开展三次律师培训活动，包括线上和线下，共计有 200 多名律师参加培训。2021 年 5 月，北京市律师协会、贵州省律师协会在北京律师培训基地联合举办"县域律师培训班"，60 余名贵州省县域律所主任参加培训，并到北京京师律师事务所参观交流。2021 年 6 月，北京市律师协会以视频会议的形式，与新疆生产建设兵团司法局、兵团律师协会联合举办了律师专题业务培训班，北京市律师协会讲师团 5 名律师受邀在主会场进行专题授课。2021 年 10 月至 11 月，北京市法律援助基金会联合北京 12 家律师事务所组织开展第四期"西部律师研修计划"，来自西部 12 个省（区）和新疆生产建设兵团的 59 名律师参加了为期一个月的研修。在实习人员线上培训经验的基础上，借助信息化手段成功搭建并启用"京津冀律协集中培训平台"。截至 2022 年，全国共有 13600 名实习律师通过培训平台完成课程学习，该平台同时为宁夏、贵州、黑龙江、广西、湖南、新疆等省（区）实习律师开通在线学习账号，实现资源共享。

第二，继续组织北京律师参与"1+1"中国法律援助志愿者行动。2009 年"1+1"中国法律援助志愿者行动启动，截至 2020 年北京市累计派出 220 余人次律师参与志愿服务，足迹遍及青海、西藏等 15 个服务地。他们以精湛的专业知识、良好的工作作风和舍家忘我的情怀，为中西部群众带去了党和政府的关怀，用实际行动诠释了首都律师的奉献与担当。

三年间，北京律师行业每年都按照要求组织律师参与"1+1"中国法律援助志愿者行动。2021年有18名北京律师参加"1+1"中国法律援助志愿者行动，分赴新疆、云南、贵州、陕西、甘肃、海南等地开展为期1年的志愿服务。2022年北京律师行业持续做好"1+1"中国法律援助志愿律师招募派遣工作，共19名律师参与志愿服务工作。此外，北京律师行业着力推动解决"无律师县"问题，按照工作部署，落实北京9家律师事务所到西藏"无律师县"设立分所，开展相关工作，首批11位律师已派驻前往。

（五）积极履行职责、参政议政

2020~2022年，北京律师继续发挥法律专家的特长，以人大代表、政协委员、党代表、特殊司法机构成员等身份积极地、广泛地履行职责、参政议政。例如2022年12月下旬，市律协面向20个专门工作委员会和70个专业委（研究会）征集到两会议案、提案、建议线索共47条。这些活动展现了北京律师法律专家的睿智和胸怀国家与社会的担当。从表50~52中可以看出：

第一，担任人大代表并积极履行职责。2020年和2021年北京律师担任人大代表的数量均为50人，2022年人数有所增加，为58人，且各项履职活动都有显著增加。这表明，一方面，新冠疫情发生以来，各级国家权力机关的职能在逐步恢复；另一方面，北京律师人大代表更加积极地履行职责。

表50　2019~2022年北京律师担任人大代表情况及履职情况

年份	担任人大代表情况				履职情况				
	合计（人）	全国人大代表（人）	市人大代表（人）	区人大代表（人）	提出建议（件）	参与立法、修法（件）	参与执法检查（次）	参与调研（次）	其他（件）
2019	50	4	14	32	127	61	34	134	153
2020	50	4	14	32	160	57	29	86	110
2021	50	4	14	32	177	72	38	131	136
2022	58	4	14	40	202	70	89	130	190

第二，担任政协委员并积极参政议政。2020年和2021年北京律师担任政协委员的数量均为83人，2022年为80人。

表51 2019~2022年北京律师担任政协委员情况及参政议政情况

年份	担任政协委员				参政议政情况				
	合计（人）	全国政协委员（人）	市政协委员（人）	区政协委员（人）	提出提案（件）	参与立法、修法（件）	参与协商座谈（次）	参与调研（次）	其他（件）
2019	83	3	16	64	170	90	242	208	112
2020	83	3	16	64	238	70	155	145	115
2021	83	3	16	64	172	68	164	136	106
2022	80	3	16	61	185	63	167	139	119

第三，担任党代会代表。2020年、2021年北京律师担任党代会代表的数量均为10人，2022年为11人。

表52 2019~2022年北京律师担任党代会代表情况

单位：人

年份	合计	全国党代会代表	市党代会代表	区党代会代表
2019	10	0	3	7
2020	10	0	3	7
2021	10	0	3	7
2022	11	0	2	9

六 行业管理与行业保障

（一）切实保障律师权益

2020~2022年，北京市律师协会切实保障律师权益，维护律师正常执

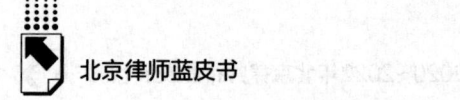

业。为此,北京市律师协会及其下属的律师权利保障委员会做了大量工作。例如,2020年3月北京市律师协会律师维权中心收到北京市万博律师事务所维权申请,万博律师事务所湖北籍律师褚中喜、冯力在代理一起合同纠纷案件过程中,因受到新冠疫情影响无法到山东省潍坊市某区法院出庭,万博律师事务所请求北京市律师协会协调处理,保障律师合法权益。律师维权中心先后联系两位律师了解情况,并第一时间与山东省律师协会取得联系,请求协调处理。山东省律师协会与当地法院进行沟通,说明了两位律师面临的实际困难后,法院同意进行网上开庭,涉案的证据原件在庭审后另行提交。

2020年4月,北京市律师协会快速协调处理一起跨省维权案件。北京市律师协会律师维权中心收到一份来自北京市圣运律师事务所的维权申请,据申请所述,圣运律师事务所刘晓刚律师在扬州办理一起拆迁案件过程中,因法院不允许外省律师进入法院内部,刘晓刚律师出庭受阻。律师维权中心收到申请后迅速开展维权工作。最终,经过北京市律师协会、江苏省律师协会积极协调,办案法院同意刘晓刚律师第二天准时出庭。2022年6月,北京市律师协会与北京市公安局监管总队沟通,协调解决一名律师在房山看守所会见受阻事宜。

总体来看,2020年北京市律师协会律师维权中心协调处理个案维权案件37件,为会员开具外省会见备案证明159份。2021年,北京市律师协会律师维权中心协调处理30件个案维权案件,为会员开具备案证明77份。北京市律师协会处置的维权案件涉及延期审理、无法会见、无法阅卷等影响律师正常执业的情形。

(二)以多种形式开展律师培训

2020~2022年,北京市律师协会采取线上和线下相结合的方式开展律师培训工作,以线上培训为主,线下培训为辅,培训形式灵活多样。2022年有198161人次参加培训,比2019年的46156人次增加了3.3倍(见表53和表54)。

表53 2019~2022年北京律师参加各种培训情况

单位：人次

年份	申请律师执业实习人员集中培训	律师思想政治培训	律师职业道德执业纪律培训	律师业务培训	律师赴国外、境外培训	合计
2019	3588	8926	11826	21600	216	46156
2020	3517	8672	8530	29410	54	50183
2021	7679	55894	50394	41051	169	155187
2022	9267	70878	18845	98935	225	198161

表54 2020~2022年北京参加各种培训律师人数年增长率

单位：%

年份	申请律师执业实习人员集中培训	律师思想政治培训	律师职业道德执业纪律培训	律师业务培训	律师赴国外、境外培训	合计
2020	-2.0	-2.8	-27.9	36.2	-75.0	8.7
2021	118.3	544.5	490.8	39.6	213.0	209.2
2022	20.7	26.8	-62.6	141.0	33.1	27.7

（三）努力提升涉外法律服务能力

2020~2022年，北京市律师协会努力提升涉外法律服务能力，善用国际律师专业技能，提升涉外法治效能。具体的工作和措施包括以下几个方面。

第一，持续加强涉外法律服务机构建设和人才培养。2021年，北京市律师协会进一步丰富培训内容，创新培训载体，开设"涉外合规与争议解决"培训班，开展8期涉外律师业务培训系列讲座，培养更多具有国际视野、专业话语权和行业影响力的高素质律师人才，服务首都更高水平对外开放。持续发掘优秀涉外律师人才，扩充涉外律师人才库，来自95家律师事务所的263名律师加入北京市律师协会涉外律师人才队伍，入库律师突破千人。

2022年8月，北京市司法局、北京市律师协会和"一带一路"律师联

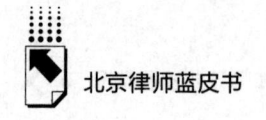

盟共同签署的《合作备忘录》，旨在进一步加强涉外律师队伍建设，提升涉外律师能力，助力北京律师"走出去"，准备在涉外律师人才培养、使用方面建立长效合作机制。

第二，积极为律师事务所"走出去"创造条件。北京市律师协会采取牵线搭桥、重点推介等措施，支持国内律师事务所通过在境外设立分支机构、海外并购、联合经营等方式，在世界主要国家和地区设立执业机构，为国际法律服务市场建设和发展贡献力量和智慧，提升中国律师在国际法律服务市场上的话语权、影响力和美誉度。

第三，承办第二届中国国际服务贸易法律论坛。北京市律师协会与北京仲裁委员会（北京国际仲裁中心）共同承办第二届中国国际服务贸易法律论坛，本次论坛系中国国际服务贸易交易会（2022）系列论坛之一，以"促合作迎未来：涉外法律服务新发展"为主题，从律师、仲裁、公证和审判的不同角度，全面展示了首都涉外法律服务领域在服务"两区"建设、优化营商环境、促进经济社会发展等方面取得的重要进展和涉外法律服务队伍的卓越风采。论坛在新华财经、律汇通、北京市司法局和北京市律师协会微信视频号等多个线上平台进行了中英文双语全球直播，500余万人次在线观看。

第四，加强国际化法律人才队伍建设。北京市律师协会与北京市欧美同学会联合开展北京市国际化法律人才情况调研工作并形成调研报告，通过采取公开数据梳理、典型案例分析、深度访谈及政策研究等多种方式，梳理北京涉外法律服务机构及国际化法律人才现状及发展面临的问题，对北京国际化法律人才引进、培养、管理、推荐等方面提出对策建议，坚持以需求、问题、效果为导向，为推进北京律师行业发展、加快国际化法律人才引进提供重要参考。

第五，北京市律师协会派代表团参加环太平洋律师协会第三十届年会，并成功举办京津冀分论坛。从北京律师行业发展情况、对外交流情况、涉外法律服务领域调研情况、涉外法律实务培训体系介绍等方面，全方位宣传展示北京律师行业近年来在涉外法律服务领域取得的成果，为北京律师与国际同行提供共商共建交流合作平台，进一步提升北京律师国际地位和话语权。会议期间，4名北京律师分别以《攻坚涉外知识产权法律服务，为中国服务贸易保驾护航》《金融审判改革对境内外利益相关者的影响》《新形势下承认和执行外国仲裁裁决及法院判决的发展和实践》《中美经贸关系走向给中国律师带来的机遇和挑战》为题做主题发言。北京律师协会选派律师代表参加2021年欧亚经济论坛法律服务分论坛、第24届京港洽谈会"一带一路"专场活动、香港律师会第四届"一带一路"法律线上论坛等活动，不断提升北京律师国际竞争力和影响力。

第六，持续做好涉外法律服务调研工作。北京市律协在2021年完成《北京市律师协会涉外法律服务优秀案例汇编》第一辑和第二辑编印工作。在第一辑执行境外判决和裁决、反垄断、反倾销和反补贴、跨境并购、境外上市、外商投资、知识产权、涉外商事及合同、海外工程等案件类型基础上，增加数据合规、涉外刑事与合规、政府国际事务等前沿案件，通过详细记录案件经过，分析案件争议焦点，多层次、多角度解读涉外法律服务项目的难点与亮点，总结提炼案件成功经验，集中展示北京律师行业坚持加强涉外法治体系建设、加强涉外法律人才培养的最新成果，为推动北京涉外法律服务工作发展提供数据支持和重要参考。2022年5月，北京市律师协会面向部分涉外律师事务所和律师定向开展涉外法律服务深度调研，共收到律师事务所反馈问卷41份、律师反馈问卷181份，并对调研情况进行分析汇总。

（四）获得多项荣誉与表彰

2020~2022年，北京涌现出大批业务精湛、爱岗敬业、认真负责、乐于奉献的律师，他们受到有关方面的表彰，获得了各类荣誉称号。这些表彰和荣誉具体包括以下几个方面。

第一，金晓莲等25名律师获北京市律师协会表彰。2020年1月，因为在工会审卷工作中认真负责、业务精湛，北京市律协对金晓莲、胡洁、马照辉、郝云峰、方富贵、周亚楠、崔明明、崔杰、徐华、张丽琴、张立杰、李庆军、马晨、裴卫国、卢爱芝、张建华、杨保全、付勇、曹颖、张甜、栗晓

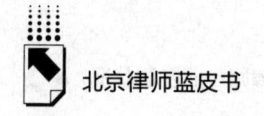

勉、何力、徐占全、靳亚兰、胡丽丽等25名律师提出表扬，并倡导全市律师继续发扬志愿服务精神，踊跃参加公益法律服务活动，在维护首都劳动关系和谐稳定、推进全面依法治市中做出新的更大的贡献。

第二，孙茂成等律师收到感谢信。2020年4月，北京市律师协会收到北京市知识产权维权援助中心（"北京12330"）发来的感谢信。感谢信高度肯定了孙茂成、胡占全、王韵、刘玥、林蔚、张志同、李景健、蒋寿辉、陈志兴、马德刚、赵虎、刘蕊等12名律师作为首都保护知识产权志愿专家，积极参与中小微企业服务、知识产权书籍编写等志愿服务活动，为北京建设全国科技创新中心和知识产权首善之区贡献力量。

第三，任燕玲等三位律师获"北京市三八红旗奖章"称号。2020年4月，北京市妇女联合会、北京市人力资源和社会保障局、北京市总工会联合发布《关于表彰北京市三八红旗奖章和三八红旗集体的决定》，表彰2019年首都妇女先进典型。其中，任燕玲（天元律师事务所）、王慧婕（两高律师事务所）、李彦馨（五辰律师事务所）荣获"北京市三八红旗奖章"称号，致诚律师事务所、海淀区律师协会女律师工作委员会荣获"北京市三八红旗集体"称号。

第四，沈腾等律师获得"北京市劳动模范"等称号。2020年12月，北京市召开市劳动模范、先进工作者和人民满意的公务员表彰大会。帅和律师事务所主任沈腾、高通律师事务所合伙人马兰、浩天信和律师事务所合伙人姜山赫、谦君律师事务所合伙人武丽君、盈科律师事务所合伙人邬锦梅、北京产权交易所总法律顾问兼风控中心主任魏存蕊被评为"北京市劳动模范"，北京市规划和自然资源委员会法制处处长陈少琼、北京市石景山区法律援助中心主任马清明、京都所兼职律师颜九红被评为"北京市先进工作者"，北京市朝阳区律师协会被评为"北京市模范集体"。

第五，北京三位律师获得"全国维护职工权益杰出律师"称号。2020年12月，第七届"全国维护职工权益杰出律师"评选完成，北京市总工会法律服务中心公职律师胡芳、华泰律师事务所律师王天任、华伦律师事务所律师金晓莲等三位北京律师获"全国维护职工权益杰出律师入围证书"。第七届"全国维护职工权益杰出律师"评选活动由中华全国总工会、司法部、中华全国律师协会联合举办，全国共计45名律师获"全国维护职工权益杰出律师入围证书"。

第六，北京多名律师和律所获评优秀称号。2021年10月，为表彰先进、弘扬正气，激励全国律师事务所和广大律师在新征程上奋勇争先、建功立业，司法部决定授予君合律师事务所等130家律师事务所"全国优秀律师事务所"称号，授予马兰等289名律师"全国优秀律师"称号。[①] 在"全国优秀律师事务所""全国优秀律师"的评选结果中，北京8家律师事务所和23名律师榜上有名。

第七，北京多名律师获评"北京榜样·最美法律服务人"称号。2021年11月，北京市司法局弘扬正气、表彰先进，开展"北京榜样·最美法律服务人"评选活动，金杜律师事务所律师戴月、济和律师事务所律师阮巍获评第一届"北京榜样·最美法律服务人"标兵；中同律师事务所执行主任欧阳继华、致知律师事务所主任白海珍、景淳亦弛律师事务所律师孙虎、嘉安律师事务所律师康力泽获评第一届"北京榜样·最美法律服务人"。

第八，北京多名律师获中华全国妇女联合会表彰。2021年12月，中华全国妇女联合会在北京发布全国维护妇女儿童权益先进集体、先进个人名单，圣奇律师事务所由莉雅、天驰君泰律师事务所段凤丽、中同律师事务所徐莺莺、济和律师事务所阮巍、致宏律师事务所王志红等五位律师被授予"全国维护妇女儿童权益先进个人"称号。

第九，2022年4月北京冬奥会冬残奥会公益法律服务团被北京市司法局授予"司法行政系统北京2022年冬奥会冬残奥会安保维稳工作优秀团队"称号。中共北京市委、北京市人民政府、北京冬奥组委授予朝阳青年律师冬奥志愿服务团"北京2022年冬奥会冬残奥会北京市先进集体"称号。

第十，雍文律师事务所律师王姣姣、刘仁午，德和衡律师事务所律师刘

---

① 《司法部关于表彰全国优秀律师事务所和全国优秀律师的决定》（司发通〔2021〕57号），《法治日报》2021年10月16日，第3版。

静、赵春艳，京师律师事务所律师熊超等5名律师荣获2021~2022年度"公益法律服务之星"称号。

从总体上看，如表55所示，2020年北京有78名律师获得省级及以上表彰奖励，有32家律师事务所获得省级及以上表彰奖励。2021年，获得表彰的律师和律师事务所数量出现大幅增长，共有472名律师获得省级及以上表彰奖励，121家律师事务所获得省级及以上表彰奖励。2022年，有80名律师获得省级及以上表彰奖励，24家律师事务所获得省级及以上表彰奖励。

表55　2019~2022年北京律师和律师事务所获得省级及以上表彰奖励数量

单位：人，家

年份	获得省级及以上表彰奖励的律师	获得省级及以上表彰奖励的律师事务所
2019	120	56
2020	78	32
2021	472	121
2022	80	24

（五）大力开展行业宣传工作

2020~2022年，北京市律师协会开展了大量形式多样的宣传工作，这些工作在树立首都律师正面形象、阐释律师职责和使命、提升律师社会地位、拓展北京律师业务等方面发挥了重要作用。

第一，新闻舆论引导有效提升。策划举办全市律师行业新闻宣传工作会议，开创多个"首次"，首次开启"北京律协新媒体微信矩阵"；首次为20余位主流新闻媒体记者朋友颁发"首都律师行业正能量最佳传播者"奖牌；首次创新汇报和通报形式，以《传行业美誉　谱锦绣新章——北京市律师行业新闻工作巡礼》宣传片和《北京律师行业十大亮点工作》图文展示等方式展现北京市律师协会新闻宣传工作取得的丰硕成果和首都律师在服务经济社会发展中发挥的积极作用。

第二，重点工作宣传效果显著。2020~2022年，北京市律师协会围绕律师行业重点工作策划宣传方案，推出宣传作品，成效十分显著。一是推出《数说丨2019年北京律师行业发展》等多篇会议深度报道，图文并茂地展示十一届律师代表大会第三次会议召开情况及一年来行业发展成果。二是开设"两会"专栏，联合多家主流媒体刊发担任人大代表、政协委员的北京律师积极履行职责、参政议政的报道，以及北京律师服务"六稳""六保"取得的阶段性成效。三是推出《北京律协各专业委、研究会主任热议民法典》等文章，开设"律师视角下的民法典""亮点纷呈丨北京律师行业学习宣传贯彻〈民法典〉系列报道"专栏，联合主流媒体对行业学习宣传民法典相关情况做集中宣传报道。四是全面推进重点宣传工作，聚焦建党100周年这一重大时刻，创新策划理念，推出组合式宣传模式，从高度、温度、广度、深度四个方面打造主旋律宣传活动。五是确立"关注律师群体"的策划思路，以高质量的"暖心报道"为支撑，形成专题栏目。六是持续推出各大节日及节气海报和专辑，细化推出"世界读书日""五一特辑丨心怀梦想者　更懂劳动美""感恩丨母亲节，看北京律师真情告白！""退伍不褪色　执业再增辉"等特辑，讲述北京律师自己的故事，展现北京律师别样风采。七是深度挖掘行业里的好人好事，推出《好样的！丨北京律师勇救落水者　托举社会正能量》《加油，孩子丨北京律师助力抗癌小勇士实现律师梦》系列报道，讲述律师见义勇为、热心公益事迹，展现北京律师的社会责任与担当。

第三，自媒体领域不断拓展巩固。高度重视自媒体建设，积极推动理论宣传、新闻宣传、工作宣传、文化宣传、社会宣传"五宣联动"。改版微信公众号，优化结构、版式，充实栏目内容，提高发布时效性；开拓新媒体宣传渠道，相继入驻今日头条、抖音以及央视频等新媒体平台，形成"两微一网多端"自媒体宣传格局。

2022年2月，北京市律师协会微信公众号开设"公益案例"专栏，介绍北京市律师行业在参与脱贫攻坚、创新公益方式、立法普法宣传、打造公益品牌、重大事件处置、法律援助、捐资助学、抢险救灾抗疫、"互联网+公益法律服务"、涉法涉诉公益调解等领域的典型案例。

第四，宣传矩阵成果显著。截至2021年12月，首都律师网发布行业动态135条、专业领域动态101条、通知公告322篇，网站访问量累计达31219283人次。北京市律师协会微信公众号平台推送文章1106篇，关注人数达76399人，阅读量为1038801人次。官方微博发布文章2411篇。在今日头条、抖音以及央视频等新媒体平台发布宣传稿件1344篇。北京市律师协会微信公众号长期位列北京市司法行政系统微信矩阵前3位，各项统计数据位居前列。在报纸、杂志、电台、电视台刊发宣传稿件150余篇，编发《北京市律师协会简报》24期，编辑《北京市律师协会工作通报》12期，策划编印《北京律师》会刊6期。

（六）大力规范行业秩序

2020~2022年，北京律师行业切实规范律师执业行为，全面落实专项治理工作，维护律师行业整体形象。这方面的主要工作和成果如下。

第一，受行业处分和行政处罚的律师人数变化。2019~2021年受行业处分的律师从31人增至101人，虽然2022年受行业处分的律师人数有所减少，但比2019年增加了112.9%。2021年受行政处罚的律师有30人，比2019年增加了3人，其中被吊销执业证书的有17人，2022年受行政处罚的律师比上年减少50%（见表56和表57）。

第二，受行业处分和行政处罚的律师事务所数量变化。2021年北京有69家律师事务所受到行业处分，比2019年增加50家，虽然2022年受行业处分的律师事务所数量有所下降，却是2019年的近3倍。尽管受行政处罚的律师事务所数量不是很多，2020年比2019年减少了4家，2021年比2020年增加了6家。但是当事人的投诉率较高，而且当事人投诉案件数一直在增加，从2019年的183件，增至2022年的786件（见表58和表59）。

从表56至表59来看，受行业处分的律师人数、受行政处罚的律师人数、受行业处分的律师事务所数量、受行政处罚的律师事务所数量等在2021年均有较大幅度的增长，在2022年有所下降。原因在于行业管理部门在2021年开展了规范执业行为、清理积案的专项整治活动。通过专项整治，律师队伍政治素质进一步提升，为民服务意识进一步增强，行业风气进一步好转。

表56 2019~2022年北京律师受行业处分情况

单位：人

年份	训诫	警告	通报批评	公开谴责	中止会员权利一个月以上一年以下	取消会员资格	合计
2019	8	6	8	1	6	2	31
2020	5	7	4	1	6	4	26
2021	11	22	25	24	22	9	101
2022	9	16	17	13	8	4	66

注：部分年份总数不等于各项之和是因为有的律师或律所受到两类及以上行业处分或行政处罚，以下不再一一注明。

表57 2019~2022年北京律师受行政处罚情况

单位：人

年份	警告	罚款	停止执业三个月以下	停止执业三个月以上六个月以下	停止执业六个月以上一年以下	吊销执业证书	合计
2019	21	1	1	2	0	2	27
2020	12	1	0	0	0	7	16
2021	14	2	1	2	2	17	30
2022	7	1	0	4	1	2	15

表58 2019~2022年北京律师事务所受行业处分情况

单位：家

年份	训诫	警告	通报批评	公开谴责	中止会员权利一个月至一年	取消会员资格	合计
2019	6	4	5	2	2	0	19
2020	1	8	4	2	3	0	17
2021	6	14	17	16	19	0	69
2022	9	17	13	13	3	0	54

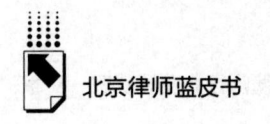

表59　2019~2022年北京律师事务所受行政处罚情况

单位：家

年份	当事人投诉的案件数	受行政处罚的律师事务所				
		警告	罚款	停业整顿一个月以上六个月以下	吊销执业证书	合计
2019	183	11	0	1	0	12
2020	256	7	0	1	0	8
2021	372	12	1	1	0	14
2022	786	7	1	2	0	10

（七）实现行业管理智能化

北京市律师协会在行业管理智能化发展方面，一直在同级律师协会中处于前列。自新冠疫情发生以来，网络化、智能化管理的优势更加突出，协会因此进一步加强了各种智能化办公系统的升级改造，在更大程度上和更大范围内实现了行业管理智能化。

第一，构建京津冀律师协会集中培训平台。基于京津冀协同发展，搭建京津冀律师协会集中培训平台，进一步整合线上资源，充实培训课程资源库，以更优质的课程、更强大的师资和更高效的服务打造线上学习交流平台，有效实现共建共享、优势互补，切实做好行业人才培养工作。

该平台于2022年3月26日正式上线，设置了党的方针、政策，习近平法治思想，党史、新中国史，律师实务，律师制度和定位，律师执业规范，律师行业党建，成为合格律师等8个培训课程模块，共计209个课时，供实习人员学习。2022年5月20日北京市律师协会开始共享集中培训平台，除北京、天津、河北外，宁夏、贵州、黑龙江、广西、湖南、新疆、云南、吉林、甘肃、陕西、内蒙古等十余家省、自治区律师协会陆续申请加入集中培训共享平台。截至2022年12月，全国已有14175名实习律师通过培训平台进行学习。培训平台的启用，为疫情环境下京津冀及兄弟省、自治区律师协会实习人员集中培训工作的有序实施，起到了解危纾困的积极作用。

第二，打造高品质业务交流学习平台。针对线下培训人员聚集、资源有限等问题，及时调整工作思路，推出网上直播培训平台——京律学苑，开设"主任分享""学者漫谈""司法交流""嘉宾解析""成长之路""律所分享"等六个栏目，精准对接广大律师在新冠疫情期间及后续工作中的实际培训需求，分别邀请专业委员会（研究会）负责人、法学专家、公安、检察官、法官、业界成功人士及中青年律师主讲，在线学习无须提前报名，不设听课人数上限，通过扫描课程对应的二维码即可登录观看课程直播，并设置回放和互动提问等功能，最大限度满足会员在新冠疫情期间线上学习的需求。截至2021年，京律学苑累计组织在线培训79场，36万余人次在线观看。

第三，畅通协会与公检法等信息堵点，助力信息共享。律师协会以一站式多元解纷机制的建设为契机，优化升级律师业务智能工作平台，完成与协会平台数据对接和市高院网上诉讼服务系统对接，实现数据通、业务通、应用通、跨部门、跨地域、跨行业等"三通三跨"全面协同功能。

第四，提升中小型律师事务所网络办公能力。律师业务智能工作平台新增非会员线上协同功能，方便非会员参与团队案件，提升中小型律师事务所信息化水平和远程办公能力，最大限度解决新冠疫情等因素困扰律师网络办公的问题。

第五，申请执业、行业惩戒工作实现智能化。律师协会开发和运行申请律师执业人员系统，实现提交申请材料、远程面试、发布面试结果、办理面试结果复核等全程"网上交、网上办"。提升惩戒办公平台信息化、智能化水平，完成市、区两级律师协会惩戒工作协同办案工作平台一期建设，实现收案、立案、分案、审查、结案、复查等功能线上办理。

第六，创新"互联网+"公益法律服务模式，依托微信、微博等平台，为北京市商务服务业联合会等社会团体、企业提供线上授课和咨询等远程在线服务。

（八）应对新冠疫情有成效

自2020年以来，律师行业发展的主要课题就是如何在新冠疫情持续的形势下谋求生存和发展。总体来看，新冠疫情的应对体现在两个维度：一是广大的律师和律师事务所如何调整执业策略，在新冠疫情形势下谋求生存和发展；二是律师行业管理采取什么措施支持律师行业渡过难关。就后者而言，2020~2022年，北京市司法局和北京市律师协会坚决贯彻落实国家的新冠疫情防控工作部署，把新冠疫情防控工作作为新时期的重要工作来抓，陆续出台一系列政策措施，支持广大律师积极应对新冠疫情。

第一，新冠疫情发生初期及时进行组织和动员。2020年1月24日，北京启动重大突发公共卫生事件一级响应，北京市律师协会也立刻启动了新冠疫情时期特殊预案。北京市司法局党委高度重视新冠疫情防控工作，以北京市司法局党委名义向全市司法行政系统印发通知，要求加强党建引领，落实防控责任，全力以赴打好新型冠状病毒感染的肺炎防控维稳阻击战。2020年2月7日，北京市司法局党委书记苗林到北京市律师协会检查指导律师行业新冠疫情防控工作，并对北京市律师协会进一步做好全市律师行业新冠疫情防控工作，组织引导广大律师积极为党委、政府、企业、群众提供相关法律服务做出部署。

第二，北京市司法局出台支持律师行业应对新冠疫情的措施。为帮助律师事务所特别是中小型律师事务所积极应对新冠疫情、共渡难关，促进北京律师行业稳定健康发展，北京市司法局于2020年2月24日发布《关于应对新冠疫情影响，支持本市律师行业持续健康发展的措施》，具体推出九项措施：一是强化党建引领助推行业发展；二是进一步优化律师执业准入手续；三是降低律师事务所设立门槛；四是减免律师个人会员部分会费；五是提高律师互助金计提比例；六是为律师事务所提供远程办公支持；七是拓宽律师和律师事务所年度检查考核"快速通道"；八是争取有关促进中小微企业发展的优惠政策；九是争取律师事务所获得首贷资金支持。①

第三，北京市律师协会组织律师支持和服务社会各界抗击新冠疫情。具体措施包括：一是新冠疫情发生后，北京市律师协会协迅速组织全市2800

---

① 骆轩：《积极投身防控疫情阻击战　北京律师彰显责任担当》，《中国律师》2020年第3期。

余家律师事务所的35000余名律师开展各类捐助活动,据不完全统计,仅2020年,累计捐款、捐物折合人民币8000余万元;二是遴选精干力量组建工作团队,为司法部、北京市委、北京市政府、北京市委全面依法治市委员会办公室、北京市法律援助中心等部门(单位)提供专项法律服务;三是组织专业力量,通过实体平台、热线平台、网络平台,开展涉新冠疫情法律事务咨询、宣讲活动;四是北京市律师协会迅速组织团队,先后撰写《新冠疫情防控法律知识五十问》《新冠疫情防控中政府的九大职责》《新冠疫情下劳动用工合同与劳动关系法律问答》等和应对新冠疫情有关的法律知识小册子,充分发挥法律专长,为社会义务提供专业服务。

第四,北京市律师协会开展正向宣传,凝聚行业正能量。新冠疫情发生以后,北京市律师协会第一时间对接社会媒体,大力宣传北京律师行业在新冠疫情防控工作中发挥的积极作用,联合《北京日报》、《法制日报》、人民网、中国律师网等24家主流权威媒体集中推出《北京律协发布新冠疫情防控法律知识五十问》《北京律师以专业、敬业精神与全国人民共克时艰》等报道,充分展现北京律师行业在推进依法依规做好新冠疫情防控工作中发挥的积极作用。此外,北京市律师协会还通过微信公众号、今日头条、抖音、央视频等平台介绍律师行业新冠疫情防控工作的好经验、好做法,宣传各律师事务所抗击新冠疫情、做好新冠疫情防控工作的典型做法。这些宣传一方面为社会分享法律专家的知识和经验,另一方面也宣传了执业律师在抗击新冠疫情中的精神和事迹,树立了首都律师的品牌形象。

(九)党建工作有新局面

党建工作是律师行业管理的一个重要方面。2020~2022年,北京律师行业的党建工作有新举措,呈现新局面。

第一,大力推广"智慧党建"。主动适应信息时代新形势和律师党员队伍新变化,充分利用北控智慧城市的资源优势和人才优势,积极运用互联网、大数据等新兴技术,创新党组织活动内容方式,完成"北京律师党建"信息化平台建设并上线运行,设置8个栏目、5大板块、13个功能模块,初步实现了信息资讯、业务管理、学习教育、线上活动、交流服务、考核监督等功能一网统筹，①开启"互联网+党建"新模式，促进律师行业党建工作朝着信息化、智能化、精准化和高效化方向迈进，打造北京律师党建新品牌。

第二，扎实做好律师行业统战工作。充分发挥新的社会阶层人士联谊会（以下简称"新联会"）桥梁纽带和示范引领作用，架好律师行业新阶层人士"同心桥"，组织北京市律师行业新联会委员到香山双清别墅、来青轩爱国主义教育基地，开展党史国史主题教育活动。先后赴东城、丰台、石景山区律师协会和部分律师事务所调研，加速推动东城等区组建律师行业新联会，提升新阶层人士统战工作水平。与西城、海淀律师行业新联会进行座谈，推进全市律师行业统战工作新格局建设。邀请部分在京执业的港澳籍律师举行中秋茶话会活动，增强在京执业港澳籍律师的归属感和行业凝聚力。17名北京律师行业新阶层代表人士任职北京新联会，首都律师行业统战工作实现新突破。

根据司法部统一部署要求，成立律师行业统战工作专题调研小组，通过摸底分析、走访律所、座谈调研、深度访谈等多种形式，对近年来的律师行业统战工作进行深度调研，梳理分析存在的问题和不足，起草《北京市律师行业统战工作调研报告》，对加强和改进新时代律师行业统战工作提出若干意见建议。注重发挥新联会桥梁纽带的特点和优势，举办北京市律师行业新联会联络员培训会，通过选好人、强自身、建制度、显功能，组织联络员积极主动开展工作，当好"宣传员""信息员""引导员"。组织赴白乙化烈士纪念馆爱国主义教育基地参观学习，缅怀革命先烈，追寻红色历史，学习抗战精神。

第三，全面深入学习宣传贯彻党的二十大精神。第一时间下发组织收听收看开幕会通知，全市1052家律师行业党组织充分发挥示范引领、领学促

---

① 王紫薇：《坚持首善标准，北京律师行业务实创新，做好信息化建设》，《中国律师》2021年第3期。

学作用，以"线上+线下""集中+自学"组织收看全覆盖；分别召开行业党委会、会长会以及各专门、专业委员会会议，结合行业实际，研究贯彻落实措施，将学习宣传贯彻党的二十大精神纳入党委理论学习中心组学习内容，纳入全行业政治轮训重点内容，纳入思想政治建设重要方面；制发行业贯彻落实通知，高站位谋划律师工作发展方向和思路举措，开展"五个一"专项行动，确保以党的二十大精神引领推动律师工作高质量发展。以党的二十大报告全文和金句、一图速览、一图读懂、重点问答、视频等多种形式转发党的二十大和二十届一中全会相关信息，将党的声音和律师工作新要求第一时间传递给每一家律所、每一名律师。微信公众号开设党的二十大"感悟盛会"专栏，刊登协会理事、监事、党代表、老律师、女律师、青年律师、律师人大代表与政协委员等行业代表的感想体悟，分享一心向党、情系祖国、深耕行业的炙热情怀和浓厚敬意。

第四，全面加强思想政治建设。坚决把政治建设摆在首位，明确把学习贯彻党的十九届六中全会精神、习近平新时代中国特色社会主义思想、习近平法治思想作为首课、主课、必修课，以"书记带头全员学、精细安排系统学、联系实际深入学、以学促用务实学"等形式，在全行业形成浓厚学习宣传氛围，吃透基本精神，把握核心要义，自觉用于武装头脑、指导实践，推动学习贯彻工作在律师行业不断走实走深。举办全市律师行业党组织负责人政治轮训示范班，各区律师行业党组织及部分律师事务所党组织负责人、优秀党员律师代表100余人参加政治轮训。下发《关于全市律师行业深入学习宣传贯彻党的十九届六中全会精神的通知》，在全行业掀起学习宣传贯彻党的十九届六中全会的热潮。

第五，高标准高质量开展律师行业党史学习教育。制定《关于在全市律师行业开展党史学习教育的实施方案》，对学习教育作出总体安排，提出明确要求，细化"回望奋斗路，坚定奋进路"主题学习活动，"到群众中去"调研工作，"我为群众办实事"实践活动，推优表彰活动和成果展示活动内容，构建起以10项举措、20项具体工作措施为支撑的律师行业党史学习教育框架，为市、区、所三级党组织开展党史学习教育拉出任务清单，进一步压实主体责任。组织召开党史学习教育动员部署会和工作推进会，对律师行业党史学习教育和突出问题专项治理作出部署，扎实推进党史学习教育深入开展，取得实效。坚持督查结合，制定《北京市律师行业党史学习教育指导工作方案》，派出8个督导组对16个区的党史学习教育情况进行全面督导，截至2021年12月，全市组织开展党史学习教育7600余次。坚持党史学习教育与突出问题专项治理统筹进行，政治教育、警示教育、典型教育一体推进，实现学习教育有规模、有内容、有成效。编印《北京律师行业党史学习教育专刊》，在协会官网、微信公众号开设"党史学习教育"专栏，搭建"一刊一专栏"，强化正向宣传，截至2021年12月，编印专刊48期，专栏推送文章307篇，浏览量59000余人次。开展6期党史学习教育网上答题活动，22000余人次参与答题。2022年制发《北京市律师行业党组织发挥作用责任清单（试行）》，从政治引领、组织建设、推动发展、服务群众等方面，明确了市、区两级律师行业党组织、不同类型律师事务所党组织的具体任务。开展党建示范基地评选工作，通过评选一批党建引领好、党组织作用发挥好、律师职能作用发挥好、示范性典型性强的律师行业党建示范基地，带动全市律师事务所党组织发挥教育培训、工作交流、参谋助手、展示宣传及示范引领作用。组建以党员律师为主体的市委"两新"工委公益律师法律服务团，成立青年律师公益法律服务团，立足专业优势提供专项法律服务。开展律师事务所党建工作调研、律师行业党委建设分课题调研和律师事务所党组织参与决策管理工作情况调研，分别形成调研报告，为进一步加强和改进律师行业党建工作提供基层经验。

第六，策划推出建党100周年系列主题活动。唱响爱党爱国主旋律，引领广大律师增进对党的基本理论、基本路线、基本方略的政治认同、思想认同、情感认同，坚定听党话、跟党走的信念信心。以建党100周年为契机组织律师开展或参与书画创作、歌曲传唱、诗歌诵读、"建党百年献礼"征文、建党百年网上答题等活动，录制庆祝建党百年MV，策划建党百年专刊3期；举办北京市律师行业庆祝中国共产党成立100周年主题报告会，通过访谈、情景剧表演、演讲等方式，结合舞蹈、独唱、合唱等节目演出，全方位展示首都律师行业永远跟党走、奋进新征程的良好精神风貌,引领广大律师感党恩、听党话、跟党走,健全完善党建工作体制机制。

第七,举办京津冀律师行业党建工作座谈会,签署《京津冀律师行业党建工作协同推进机制战略合作协议》,建立京津冀律师行业党建工作协同推进机制,以深化律师行业党建工作协同发展为牵引,提升律师行业服务京津冀协同发展的能力和水平。

第八,健全律师行业党委工作制度。修订《中共北京市律师行业委员会工作规则》,强化党委对协会和行业重大决策事项、重要规范性文件集体研究、把关定向制度。修订《北京市律师行业党建工作督查制度》,压紧压实党建工作责任。完善党建联系点制度,对党委委员基层点进行调整,推动以点带面、层层带动,扎实推进行业统战工作。

第九,积极推动树立行业典型。2020年,北京市律师协会党委组织开展了2019~2020年度党建评选表彰活动,表彰了一批社会影响大、群众口碑好的律师行业先进集体和个人,评选了一批管理好、业务优、党建工作规范的党建工作示范所,推广了一批有特色、有成效的党建创新项目,并在微信公众号"党建创新引领行业发展"系列报道中进行集中展示,宣传和推广全市各级律师行业党组织贯彻落实中央全面从严治党和司法部党建引领发展"四大工程"要求的创新做法和成功经验。

2021年,北京市律师协会党委完善了"律所党委党建联盟",17家律所党委成为成员单位,充分发挥规模大所党委的政治优势、组织优势、治理优势和"窗口"作用、示范作用、带动作用。充分展示全市律师行业党建工作成果,在全行业表扬50个先进基层党组织、100名优秀共产党员、100名优秀党务工作者、100名党建之友、20个党建创新项目、18个党建规范化建设示范点,激励广大律师心怀"国之大者",积极履行职责使命,奋勇肩负时代重任。

2021年北京共有1家律师事务所党组织荣获全国先进基层党组织;8家律师事务所荣获全国优秀律师事务所,23名律师荣获全国优秀律师;6家律师事务所党组织荣获全国律师行业先进基层党组织,7名律师荣获全国律行业优秀共产党员；北京市律师协会荣获"全国普法工作先进单位"、2017~2020年"尊法守法·携手筑梦"服务农民工公益法律服务行动成绩突出集体；2名律师荣获"全国普法先进个人"，5名律师荣获2017~2020年"尊法守法·携手筑梦"服务农民工公益法律服务行动成绩突出个人；1名律师被全国"双拥办"评为"最美拥军人物"提名人选；5名律师荣获"全国维护妇女儿童权益先进个人"称号；4个律师行业党组织党建项目入选市委"两新"工委100个"党建强、发展强"项目；1名律师荣获"首都劳动奖章"；2个志愿服务项目荣获"首都最佳志愿服务组织"称号，1名律师荣获"首都最美志愿者"称号；6名律师入选首届"北京榜样·最美法律服务人"，其中2名律师荣获第一届"北京榜样·最美法律服务人"标兵；2名律师荣获"首都最美巾帼奋斗者"；1名律师荣获年度西藏自治区"十大法治人物"。

七 总结和展望

（一）2020~2022年北京律师行业发展总结

综合上文六个方面的内容，结合本书各分报告的专题分析，可以总结出2020~2022年北京律师行业发展的七个显著特点。

1. 行业发展受新冠疫情影响严重

2020~2022年，北京律师行业发展最主要、最突出的特点就是行业的运营和发展受到新冠疫情的严重影响。具体言之，这种影响的特点又可以概括为如下三个方面。

首先，新冠疫情的影响是全方位的。新冠疫情影响了律师行业的各个方面、各个环节。具体言之，新冠疫情既影响了律师业务的数量，也影响了律师业务的办理；既影响了律师业务收入，也影响了律师队伍的发展和律师事务所的运营；既影响了律师的执业活动，也影响了律师行业的服务、保障与规范；既影响了国内法律服务，也影响了涉外法律服务；既影响了社会律师，也影响了公司律师和公职律师；既影响了有偿法律服务，也影响了公益法律服务；既影响了大型律师事务所，也影响了中小型律师事务所。而在业务类型上，这种影响也是全方位的，无论是诉讼业务还是非诉讼法律事务，几乎所有类型业务的数量和办理都受到了极大的影响。

其次，新冠疫情的影响是严重的。业务数量和业务收入这两类指标的变化可以说明这种影响的严重性。2020~2022年，律师人数快速增长，但是业务量大幅下滑，从统计数据的具体情况来看，中小型律所受到的冲击尤甚，面临业务量骤减，成本不减反增，管理能力无法适应远程办公需求等多重压力。

最后，新冠疫情的影响有些是直接的，有些是间接的。直接的影响是新冠疫情的传播方式限制了各种线下法律服务活动的开展，而线下服务又是法律服务的传统方式。间接影响则是新冠疫情减少了社会经济、政治和文化活动，进而减少了法律服务的社会需求，降低了法律服务的购买力，最终减少了律师的业务数量和业务收入。

2. 积极防控新冠疫情体现了首都律师的责任担当

2020~2022年，北京律师行业积极应对新冠疫情，展现出责任担当，主要体现在以下两个方面。

一方面，北京律师积极有效作为，主动服务大局，为全社会的新冠疫情防控提供法律专业知识服务和新冠疫情防控经验。在新冠疫情暴发初期，北京市律师协会及时响应，迅速组织全市律师和律所向疫区捐款捐物。随后，北京市律师协会遴选精干力量组建工作团队，为有关国家机关和社会各界的新冠疫情防控工作提供专项法律服务。北京市律师协会组织团队先后撰写《新冠疫情防控法律知识五十问》《新冠疫情防控中政府的九大职责》《新冠疫情下劳动用工合同与劳动关系法律问答》等与应对新冠疫情有关的法律知识小册子，充分发挥法律专长，为社会义务提供专业服务。此外，北京市律师协会还通过微信公众号、今日头条、抖音、央视频等平台介绍律师行业新冠疫情防控工作的好经验、好做法，支持社会各界防控新冠疫情。

另一方面，北京律师行业积极采取应对措施，在新冠疫情持续时期谋求行业的生存和发展。新冠疫情发生后一个月，北京市司法局就发文出台了支持律师行业应对新冠疫情的措施。在新冠疫情持续期间，北京市司法局领导、北京市律师协会负责人多次到各律师事务所开展调研活动，了解新冠疫情防控情况，部署新冠疫情防控工作，宣讲政府的新冠疫情防控政策，组织和动员广大律师和律师事务所积极应对新冠疫情影响。北京市律师协会认真完成行业管理的日常工作，提升行业管理智能化水平，宣传执业律师在抗击新冠疫情中的精神和事迹。广大律师和律师事务所也积极行动起来，充分考虑律师事务所的组织形式、人员规模、专业分工等方面的特点，利用司法机关和行业管理部门开发与提供的智能化信息平台，充分利用政府发布的行业各项优惠或税费减免政策，制定符合自身的经营策略。这些变化表明，律师行业为应对新冠疫情采取的各项措施已经取得了较好的成效。

3. 律师事务所规模两极分化趋势更加突出

近几年，北京律师事务所的规模呈现"大的更大，小的更小"的发展趋势，而在2020~2022年，这种趋势更加突出。100人及以上的律师事务所与10人以下的律师事务所数量均呈增加趋势，北京大型律师事务所的数量越来越多，而且规模越来越大；与此同时，小型律师事务所的数量也在快速增长，10人以下的律师事务所占比近70%。

这种两极分化更加突出的原因，主要在于两个方面。一是新冠疫情导致大型所和小型所各自固有的优势更加突出。律所规模越小，在新冠疫情常态化防控时期越能够灵活控制成本，减少费用支出，譬如更容易更换办公场所，更容易调整律师事务所辅助人员数量等。而律师事务所规模越大，越容易整合内部资源，尤其是业务信息资源，越容易开发和升级线上执业技术平台。另一方面，大型律师事务所在面临风险时，可以抱团取暖。修订后的《细则》大幅降低了律师事务所的设立门槛，这对于大型律师事务所而言，是一项重大利好政策。

4. 刑事案件辩护业务数量增长较快

2021年，在担任法律顾问、民事诉讼代理、刑事辩护及代理、行政诉讼代理、非诉讼法律事务等五种主要的律师业务中，除了担任法律顾问业务下降外，其余业务数量都有程度不同的增长。而这四类增长的业务中，刑事辩护及代理业务数量增幅最大，达 52.0%。刑事辩护及代理业务数量的快速增长，成为 2021 年北京律师行业的一个重要特点。虽然 2022 年刑事辩护及代理业务数量有所下降，但是超过 2018 年与 2019 年。

进一步考察发现，刑事辩护及代理业务增长较快的原因主要在于两个方面。一方面，刑事业务与经济形势的联系没有其他业务密切，所以在司法机关诉讼活动逐步恢复正常后，刑事业务也以较快的速度恢复。另一方面，最高人民法院和司法部于 2019 年 1 月联合发布了《关于扩大刑事案件律师辩护全覆盖试点范围的通知》，而北京是试点地区之一。该通知从以下两个方面推动了律师刑事业务数量的增长：一是重申和强调了对刑事辩护律师的权利保障，有利于律师在刑事诉讼中顺利执业；二是扩大了刑事案件辩护法律援助的范围，从而增加了刑事案件辩护业务的总体社会需求。

5. 律师执业智能化发展提速

互联网和人工智能技术引领律师执业方式变革。2020~2022 年，律师执业的智能化发展主要体现在以下两个方面。

第一，相关部门全面联动，实现司法活动的智能化。对于法治实践来说，律师执业活动只是一个环节，对于律师执业活动来说，能否以智能方式、网络方式实施，需要公安机关、人民检察院、人民法院、政府主管部门等有关方面给予认可和支持。新冠疫情发生以来，律师执业的智能化发展迎来契机，有关部门普遍对法治实践的智慧化、网络化予以高度重视，并在政策上、技术上、设备上给予支持。最高人民法院、司法部于 2021 年 1 月发布了《关于为律师提供一站式诉讼服务的意见》，最高人民法院于 2021 年 9 月发布了《关于深化人民法院一站式多元解纷机制建设推动矛盾纠纷源头化解的实施意见》，这些文件提出的"一站式"新机制，核心内容就是充分利用智慧化的网络办公平台整合司法资源，高效率化解矛盾纠纷。在这些文件的指导下，北京市律师协会和有关司法部门快速推进法治实践的智能化、网络化。截至 2022 年，已部分或全面实现了线上委托鉴定、线上查询案件信息、电子文书送达、律师远程视频会见、网上立案、网上递交电子诉讼材

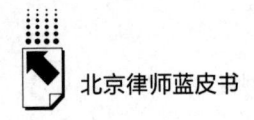

料的细节、线上开庭等智能化的执业方式。北京市律师协会完成了同浙江省法院智能服务平台的对接,实现立案信息智能填录、立案材料集中提交、立案申请批量提交、立案进度自动推送等功能,满足会员足不出户"跨域立案"的需求。

第二,北京市律师协会积极推进律师行业管理智能化。北京律师行业的智能化管理已经覆盖了各个环节。具体包括,一是开发和运行申请律师执业人员系统,实现申请材料提交、远程面试、面试结果发布、面试结果复核等全程"网上交、网上办"。二是提升惩戒办公平台信息化、智能化水平,完成市、区两级律师协会惩戒工作协同办案工作平台一期建设,实现收案、立案、分案、审查、结案、复查等功能线上办理。三是创新"互联网+"公益法律服务模式,依托微信、微博等平台,为北京市商务服务业联合会等社会团体、企业提供线上授课和咨询等远程在线服务。四是建设和运行"北京律师党建"信息化平台,线上举办主题教育专题党课、诗歌朗诵比赛、五四青年节主题对话等活动,实现"智慧党建"。五是律师业务智能工作平台新增非会员线上协同功能,方便非会员参与团队案件协同,提升中小型律师事务所信息化水平和远程办公能力,最大限度解决新冠疫情等因素困扰律师网络办公的问题。六是采取线上线下相结合的方式不间断开展形式多样、丰富多彩的会员文体活动。七是建立律师事务所行政主管平台,提升服务效能。

6. 权利保障与执业规范并重

2020~2022年,北京律师行业管理部门一手抓律师权利保障,一手抓行业秩序整顿,两个方面都取得了切实成效。

在权利保障和执业服务方面,北京市律师协会工作取得的成绩主要体现在以下两个方面:一是切实保障律师权益,维护律师正常执业。2020年和2022年,北京市律协律师维权中心合计协调处理维权案件67起,为会员开具备案证明236份,涉及延期审理、会见、阅卷等方面;二是率先为北京律师行业争取到社保金减半缴纳等优惠政策。

在加强保障和提升服务质量的同时,2021年北京律师行业开展了行业秩序专项整顿和治理活动。专项整顿和治理的工作主要包括以下几个方面。一是开展投诉积案清理行动，制定《集中清理投诉案件工作方案》，共清理投诉积案162件。往年积案的清理加上当年新发案件的处理，使得2021年受行业处分的律师人数、受行政处罚的律师人数、受行业处分的律师事务所数量、受行政处罚的律师事务所数量等四项指标的数值都远高于2020年。二是梳理近年来的典型案例，对行业违规行为发生原因及表现进行深入剖析，充分发挥这些典型案例的警示教育作用，组织开展以"规范与诚信是律师执业的要求与底线""以案为鉴，规范执业和行为"等为题的职业道德执业纪律线上培训活动，提升律师遵守执业行为规范的自觉性。三是根据北京市司法局相关工作要求，指导做好代理重大敏感案件律师辩护代理工作，督促律师依法依规履行辩护代理职责，健全完善律师参与扫黑除恶专项斗争长效机制，严格备案审核，依法规范律师辩护代理行为，促进案件办理取得良好政治效果、法律效果、社会效果。四是组织做好《中华全国律师协会关于禁止违规炒作案件的规则（试行）》学习宣传贯彻工作，督促律师谨言慎行，严守法律底线。五是制定《北京市律师协会会员违规行为处分规则实施细则（试行）》，规范律师执业行为和律师事务所管理活动，加强对违规行为惩戒工作的指导和监督，提升行业惩戒工作规范化水平。

7. 行业管理创新举措增多

2020~2022年，北京市律师协会立足保障、服务和规范的定位，为律师行业的运营和发展做了大量工作。总体来看，这些工作体现了一个特点，即行业管理创新举措多。在各类举措中，以下几个方面尤其突出。

第一，全面推进律师行业智能化、信息化升级。2020~2022年，北京市律师协会完成了律师业务智能工作平台与北京市司法机关的对接。对接之后，律师在线上即可完成信息查询、委托鉴定、证据提交、会见、立案、开庭等法律事务。北京市律师协会还完成了同浙江省法院智能服务平台的对接工作，满足了会员律师足不出户"跨域立案"的需求。此外，北京市律师协会还从律师培训、律师学习、执业申请和考核、行业惩戒、会议研讨、日

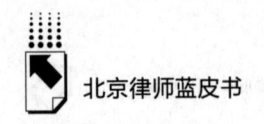

常办公等方面实现了智能化和信息化。

第二，实现"智慧党建"。律师行业党建工作充分利用北京市律师协会智能化、信息化的办公条件和大数据优势，创新党组织活动内容和方式，完成"北京律师党建"信息化平台建设并上线运行，实现了"智慧党建"的工作模式。

第三，行业宣传见成效。北京市律师协会积极主动地开展行业宣传，措施新颖，开创多个"首次"：行业宣传首次开启了"北京律协新媒体微信矩阵"；首次为20余位主流新闻媒体的记者朋友颁发"首都律师行业正能量最佳传播者"奖牌；首次创新汇报和通报形式，以《传行业美誉 谱锦绣新章——北京市律师行业新闻工作巡礼》宣传片和《北京律师行业十大亮点工作》图文展示等方式展现北京市律师协会新闻宣传工作取得的丰硕成果和首都律师在服务经济社会发展中发挥的积极作用。这些宣传举措富有成效，是北京律师行业管理的一大特色。

第四，组织律师积极参与新冠疫情防控工作。北京市律师协会响应政府号召，积极动员和组织律师为疫区捐款捐物，为社会各界抗击新冠疫情提供专业的法律服务，并积极宣传律师在新冠疫情防控工作中的事迹和做出的重要贡献。北京市律师协会采取的这些举措意义重大：一是在危急时刻、困难时期，让律师群体始终同国家、社会和人民站在一起，风雨同舟，和衷共济，有利于培养律师有担当、有作为的责任感和使命感；二是律师能够以真实、直观的形式向社会各界展示职业形象和职业精神，增强社会各界对律师群体的认同感和亲和力；三是有利于执业律师更全面地接触和了解新冠疫情特点和疫情防控工作，从而增强业务能力，提升业务办理水平。

（二）北京律师行业发展前景展望

根据上文的分析，2020~2022年，北京律师行业众志成城，共克时艰，在服务社会和谋求生存与发展两个方面都取得了突出成绩。综合考虑今后国家经济、政治、文化和法治环境的变化，以及律师行业管理政策的调整与创新，可以预见，在未来几年，北京律师行业发展将呈现如下趋势。

1. 行业发展的各项指标将恢复增长

从行业发展的各项指标看，律师行业虽然受到新冠疫情冲击，但是多数指标已恢复增长。可以预测，疫情结束后增长的指标将涵盖律师队伍人数、律师机构数量、律师业务数量、律师业务收入等方面。这是因为，一方面，律师行业和法律实践部门采取了一些有效措施，削弱了新冠疫情的影响；另一方面，各项指标在疫情期间增幅较小，降低了起点，以后的增长相对容易。

2. 大型律师事务所规模将继续扩大

根据上文的指标数据和相关分析，2022年北京大型律师事务所的数量大幅增加，规模迅速扩大。未来几年这种趋势仍将持续，即大型律师事务所的数量将继续增加，平均规模将继续扩大。究其原因，主要在于两个方面。

一是大型律师事务所应对新冠疫情冲击更具优势。根据本书分报告的分析，2020~2022年的情况表明，在新冠疫情冲击下，大型律师事务所基于其体量、规模，有较为充足的后备支持，抗风险能力明显强于中小律师事务所，甚至在面对新冠疫情冲击时，国内大型律师事务所仍显示出强劲的发展势头。与此相对，中小律师事务所则更多直面新冠疫情与经济波动带来的影响，往往面临更多"生死攸关"的考验。

二是北京律师行业管理部门降低特殊的普通合伙所的设立门槛，以前审核严、门槛高，现在政策放宽，而且特殊的普通合伙所以出资额为限对外承担责任，多数律师事务所愿意选择这种形式。近几年特殊的普通合作所数量有较大幅度的增长，可以预见，将有更多的规模较大的特殊的普通合伙所设立。

3. 刑事业务和新兴业务将成为中小型律师事务所发展契机

虽然大型律师事务所呈现数量持续增长、规模持续扩大的趋势，但是仍有超过半数的律师不具备进入大型律师事务所的条件，而对于这些律师来说，"船小好掉头"，小型律所仍然是一种选择。事实上，新冠疫情持续一段时间后，中小型律所的处境已经有了一些改善。这是因为，智能化、网络化在司法机关普遍推广，新冠疫情对服务行业生产方式的限制有所削弱。但

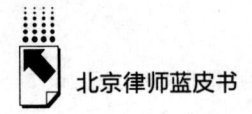

是，仅仅依靠这方面的利好还是不够的，未来中小型律所能否成功应对新冠疫情的冲击，刑事业务和新兴业务成为关键。

首先，中小型律师事务所要重视刑事业务。相对来说，刑事业务和经济形势的联系没有那么紧密，在新冠疫情持续的背景下，刑事业务的社会需求较为稳定。最高人民法院和司法部于2021年1月联合发布《关于扩大刑事案件律师辩护全覆盖试点范围的通知》，自此之后，刑事业务数量有了较大幅度的增加。2022年10月，最高人民法院、最高人民检察院、公安部、司法部联合发布了《关于进一步深化刑事案件律师辩护全覆盖试点工作的意见》，再次在试点区域将律师辩护覆盖至审查起诉阶段，刑事业务的数量因此再次增加。总之，中小型律师事务所需要对刑事业务给予更高的重视。

其次，中小型律师事务所需要对新业务保持关注。虽然近几年在新冠疫情的影响下，律师业务数量有所减少，但是持续的新冠疫情对经济运行的冲击必将带来一些新的法律问题，如违约事件、劳动争议、潜在的破产清算、资产重组需求等，这些问题将逐步成为新时期律师业务增长的潜在动力。对于这类新业务，中小型律师事务所需要保持关注，安排律师总结这类业务发生的规律，跟踪这类业务相关的制度和政策变化，研讨这类业务办理所需的专业技能。总之，新业务是中小型律师事务所发展的一个重要机遇。

4. 智能化方式将成为律师事务所开展业务的主要方式

2020~2022年，新冠疫情对于法律服务行业的影响总体上是负面的。新冠疫情对法律行业产生的负面影响具体体现为执业活动开展受限、律师业务数量减少、律师业务收入降低等方面。而在疫情常态化防控时期，为满足非必要不聚集、非必要不出京、非必要不出门等各种"非必要"原则，律师行业乃至全社会的法律实践工作都推出了各种替代的活动方式，此类方式有多种称谓，如"线上的""网络的""智能化的""智慧型的""远程的"等。这类称谓所指的活动方式可以归属于和传统的线下的、面对面的活动方式相对的一种行为模式，其特点是：人与人的交流、意思的表达、事务的办理、材料的提交等，都不需要见面，也不需要接触。伴随着此类活动方式出现的，还有技术的进步、设备的升级、制度的认可、习惯的养成等。所有这些综合到一起就是一种执业方式的变革。这种新的执业方式在成本上、便利性上、管理上更具优势。

未来几年，智能化、网络化的执业方式将占据更大的比例，成为和传统的线下作业同等重要甚至比其更加重要的执业方式。而在这个过程中，技术和设备日新月异，制度和政策也与时俱进，法律服务行业终将迎来何种形态可能超乎人们的想象。

本书的分报告，讨论了未来互联网律师事务所和虚拟律师事务所兴起的可能性。可以预见，律师事务所的智能化发展同技术的进步、制度的变化密切相关。

5. 律师队伍将更加年轻化

北京律师队伍呈现年轻化和老龄化的双重趋势，年轻化的趋势尤其突出。对此，律师行业管理部门需要关注和思考两个方面的问题：一是年轻化趋势背后的政策因素和市场因素；二是是否需要提前准备应对方案。

分 报 告
Topical Reports

B.2
北京市青年律师发展调研报告

北京市律师协会青年律师工作委员会（联谊会）

摘　要： 截至2022年6月，北京青年律师（40岁及以下的律师）共有23300人，占律师总数的53.5%。对该群体的调查有如下发现。(1) 在业务发展方面，青年律师中从事诉讼业务的占比略高，大部分都能够独立办案，案源的需要非常迫切，所服务的客户类型以个人和小微企业为主，选择"授薪制"的占比最大，约一半的律师年薪在10万~30万元水平，大部分没有在专业报刊上发表过论文。(2) 在工作压力方面，普遍存在案源压力大、行业竞争激烈、受疫情影响律所业务量减少及个人业务量和收入下降、经常加班、健康状况欠佳等情形。(3) 在成长和发展方面，青年律师中多数参加过律所或律师协会的培训，线上工作平台较为普及，但只有13.3%的青年律师能够参与所在律所的决策，人脉、实务锻炼机会、社交能力等不足是制约青年律师成长的主要因素。(4) 在履行社会责任方面，超过八成的青年律师参加过各类公益活动。对调研数据进行分析发现，青年律师群体在执业、培养和发展方面都存在问题，需要律所和行业主管部门采取相应的措施予以应对。

关键词： 青年律师 业务发展 工作压力 培养体系 公益活动

一 调研的背景、任务与方法

（一）调研的背景

"青春孕育无限希望，青年创造美好明天。"青年律师有理想有担当，则律师行业有未来，法治事业有希望。2018年11月，中华全国律师协会印发《关于扶持青年律师发展的指导意见》，明确指出："扶持青年律师成长发展关系全面依法治国进程，也关系律师事业健康可持续发展。"北京市律师协会根据要求，结合北京市律师行业规划制定《北京市律师协会关于扶持引导青年律师可持续发展的指导意见》，从政策上为青年律师工作进一步指明了方向、提供了依据。

为更好地规划开展青年律师工作，引导青年律师健康成长，北京市律师协会于2009年成立了青年律师工作委员会（简称"青工委"），以"阳光引领""阳光成长""阳光融创""阳光律政""阳光文化"为主线推出一系列举措，切实保障青年律师的阳光执业与发展，擦亮北京青年律师阳光成长的行业品牌，把青年律师的阳光成长与发展作为青年律师工作的重心，助力北京青年律师在阳光成长中发展自我、成就自我，取得了良好成效。自2009年起举办了17期"青年律师阳光成长计划"系列培训，培养青年律师约3000人次，课程包括思想教育、业务指引、职业规划等多方面内容，授课形式包括集中授课、律所走访、户外拓展等，目前已形成一套成熟的培训组织体系，培养了一批行业中坚骨干，相当一部分学员在律所担任合伙人或在行业协会任职。2015~2018年举办了4次青年律师读书会，十余位资深律

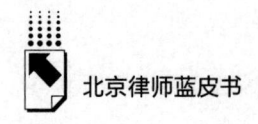

师现场与青年律师分享读书学习心得，介绍思想修养、职业规划、人文科学等领域的优秀书目，提升青年律师文化素养，培养良好的学习习惯。自2010年起举办了8次"五四"青年节活动，以参观学习、组织文体活动、开展思想教育等形式为主，致力于提高青年律师思想政治水平，展现了青年律师的朝气和活力。此外，还积极组织青年律师参加全国律协举办的青年律师培训，应邀参加其他省市律协主办的活动，开阔视野，增进交流，充分体现了青工委的平台作用。

浩渺行无极，扬帆但信风。在习近平法治思想指引下，中国特色社会主义法治事业蓬勃发展。北京市律协将继续坚持律师是中国特色社会主义法治工作者的定位，以本次调研为依托，着眼新时代首都发展大局，多角度全方位思考青年律师的成长需求，进一步创新完善青年律师培养机制，以更有力的举措、更务实的工作扶持青年律师健康成长，努力培养造就一批党和人民满意的好律师。

（二）调研的目的与任务

青年律师是律师队伍的重要组成部分，是律师行业的未来和希望，不仅肩负着行业迈步向前的重任，更是社会主义法治建设的生力军和中坚力量。青年律师的成长不仅关系着律师个人能力的提升，也关系着律所团队人才梯队的完善和培养。在经济运行受到冲击、下行压力加大的背景下，青年律师的发展和执业状况面临新的问题和挑战，这也是北京市法律行业重点聚焦的问题之一。

为进一步了解北京市青年律师整体情况，切实了解当代青年律师关于个人成长成才的所思所想，提升行业自我认知，鼓励青年律师积极参与行业建设，引领全行业做好青年律师发展工作，为行业的未来打好坚实基础，北京市律师协会对全市青年律师开展了青年律师执业情况调研。

（三）调研的过程与方法

北京青年律师执业情况调研以问卷调查、深度访谈及律师行业管理部门公开发布的统计数据分析等多种方式展开。

为确保全面性和保密性，本次调研采用电子问卷方式，通过北京市律师协会官网及公众号广泛邀请青年律师答卷，本次调研为期8天（2022年6月7~14日），问卷调研对象为40岁及以下的北京青年律师（不含实习律师）。

调查问卷名称为《青年律师发展调查问卷》，问卷分为基本情况、业务发展等6个部分45个题目，旨在从个人层面了解青年律师发展趋势和面临的挑战。问卷调查共回收有效问卷3048份。截至2022年6月中旬，北京市共有注册执业的青年律师23300人，填写问卷的青年律师占比13.1%。

深度访谈同样以线上方式进行。根据律所公示的青年律师数量及分布情况，结合北京城区与郊区的差异，以律所规模及青年律师数量为基础，深度访谈对象确定为来自8个区的16家律所。访谈内容包括律所规模、青年律师人数、青年律师培养体系以及青年律师执业现状、挑战与期待等方面。

与此同时，对于北京青年律师执业的总体情况，报告将运用北京市律师行业管理部门发布的统计数据做出说明。一方面，官方统计数据说明的总体情况让读者对北京青年律师执业状况有一个宏观的、基本的了解；另一方面，总体情况和样本构成情况进行对照，体现本课题调研数据的代表性和可靠性。

二 北京青年律师的总体情况

根据北京市律师协会截至2022年6月中旬的统计数据，将北京青年律师的总体情况整理如下。

（一）北京青年律师的数量

北京注册执业律师总人数为43559人，其中40岁及以下青年律师23300

人，占律师总人数的53.5%。青年律师中，男律师9314人，占比40.0%；女律师13986人，占比60.0%。

（二）北京青年律师的年龄结构

青年律师中，年龄30岁及以下的6759人，占比29.0%；年龄31~35岁的8074人，占比34.7%；年龄36~40岁的8467人，占比36.3%。

（三）北京青年律师的政治面貌

青年律师中，中共党员（含预备党员）10288人，占比44.2%；民主党派172人，占比0.7%；群众9360人，占比40.2%；共青团员及未向协会提供此项数据的共3480人，占比14.9%。

（四）北京青年律师的执业年限

青年律师中，执业3年（含）以下的13867人，占比59.5%；执业3~5年（含5年）的3274人，占比14.1%；执业5年以上的6130人，占比26.3%；未向协会提供此项数据的29人，占比0.1%。

（五）北京青年律师的学历结构

青年律师中，博士324人，占比1.4%；硕士9944人，占比42.7%；本科10626人，占比45.6%；大专、大专以下及未向协会提供此项数据者2406人，占比10.3%。

三 调研样本中北京青年律师的基本情况

（一）调研样本中北京青年律师的年龄结构

参与本次调研的3048名青年律师中，男性1148人，占比37.7%；女性1900人，占比62.3%；大部分青年律师的年龄分布在35岁及以下，其中30

岁及以下的青年律师有 1058 人，占比 34.7%；31~35 岁有 1176 人，占比 38.6%；36~40 岁有 814 人，占比 26.7%（见表1）。

表1　北京青年律师年龄结构

年龄	数量（人）	占比（%）
30 岁及以下	1058	34.7
31~35 岁	1176	38.6
36~40 岁	814	26.7

（二）调研样本中北京青年律师的学历结构

学历分布方面，本科 1274 人，硕士 1726 人，博士和专科分别是 41 人和 7 人（见图1）。大部分青年律师（2603 人，占比 85.4%）没有留学经历，仅 445 人（占比 14.6%）有留学经历。

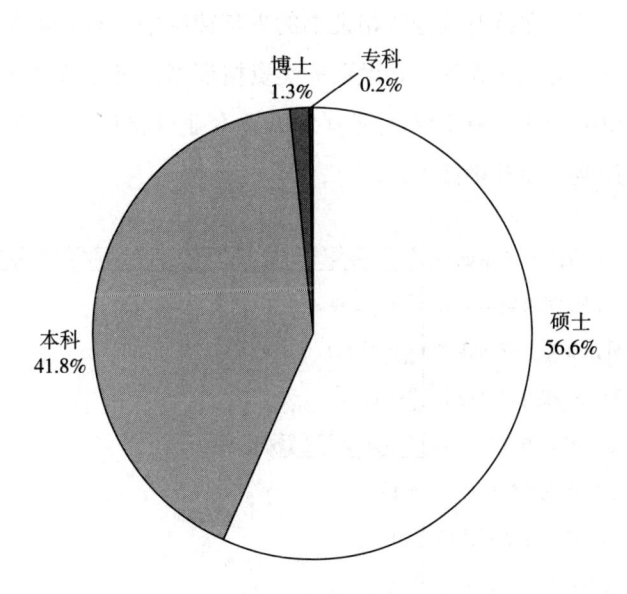

图1　北京青年律师学历结构

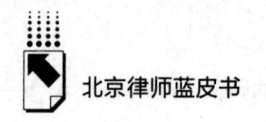

（三）调研样本中北京青年律师的执业年限

如表2所示，被调研的青年律师中，超过一半的执业年限不足3年。执业年限10年及以上的占比8.9%。

表2　北京青年律师执业年限分布

执业年限	数量（人）	占比（%）
不足1年	630	20.7
1年及以上不足3年	1048	34.4
3年及以上不足5年	492	16.1
5年及以上不足10年	607	19.9
10年及以上	271	8.9

（四）调研样本中北京青年律师的专业和专长情况

如图2所示，在持有其他资格证书的青年律师中，有644人拥有证券基金类资格证书，有209人拥有金融财务类资格证书，可见从事或研究金融证券业的青年律师较多，有247人拥有外语类专业资格证书，同时亦有1913人表示没有其他专业资格证书。

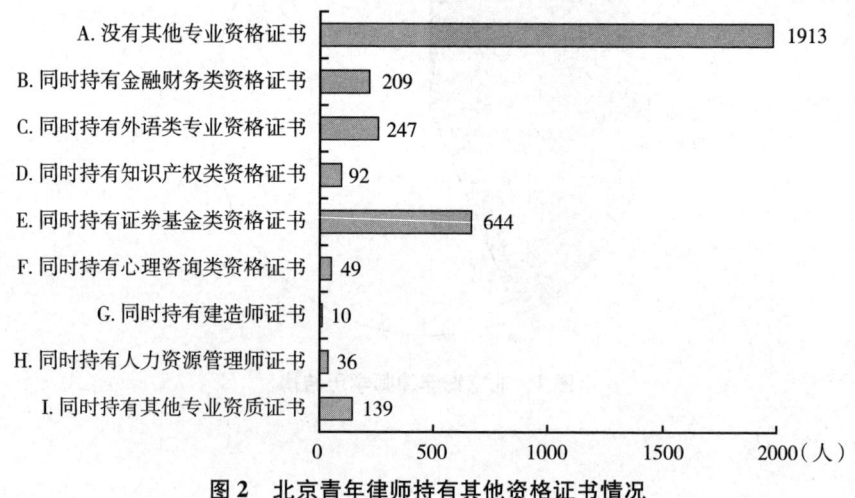

选项	人数
A. 没有其他专业资格证书	1913
B. 同时持有金融财务类资格证书	209
C. 同时持有外语类专业资格证书	247
D. 同时持有知识产权类资格证书	92
E. 同时持有证券基金类资格证书	644
F. 同时持有心理咨询类资格证书	49
G. 同时持有建造师证书	10
H. 同时持有人力资源管理师证书	36
I. 同时持有其他专业资质证书	139

图2　北京青年律师持有其他资格证书情况

有139人拥有其他专业资质证书，主要有仲裁员、企业合规师、并购交易师、清算从业资格证等，还有教师、软件开发工程师、中药调剂师、汽车工程师、出版、评茶员等跨行业资质证书。

如图3所示，有22.5%的青年律师（686人）精通1门及以上外语，41.2%的青年律师（1255人）较好掌握了1门外语，36.1%的青年律师（1100人）对外语的掌握不熟练。仅7人精通3门以上外语（可作为工作语言）。

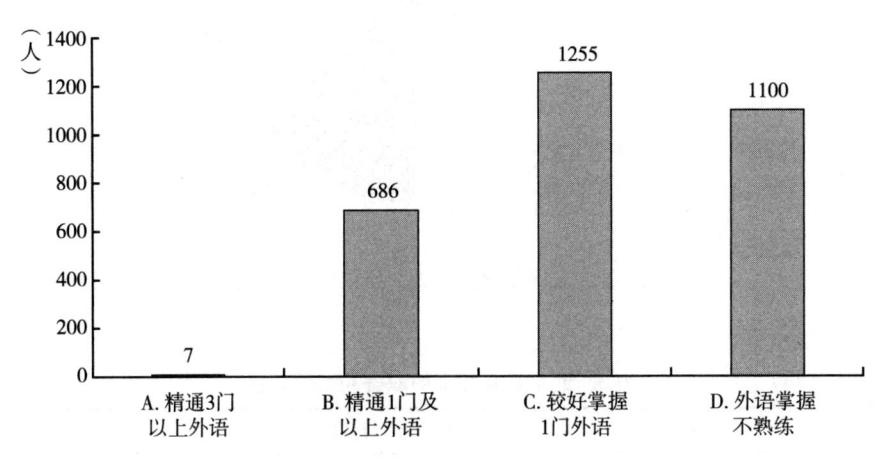

图3 北京青年律师外语掌握情况

（五）调研样本中北京青年律师所属律所规模情况

如图4所示，在律所规模上，超过50%的青年律师（1536人）在大所（101人及以上的律所）执业；有14.5%的青年律师（441人）就职于10人及以下的律所；有662人就职于11~30人的律所；有409人就职于中所（31~100人的律所）。

（六）调研样本中北京青年律师的职务和资历情况

大部分青年律师在律所是专职律师，有341位青年律师已成为律所合伙人，也有81位青年律师已经担任律所主任或者执行主任（见表3）。

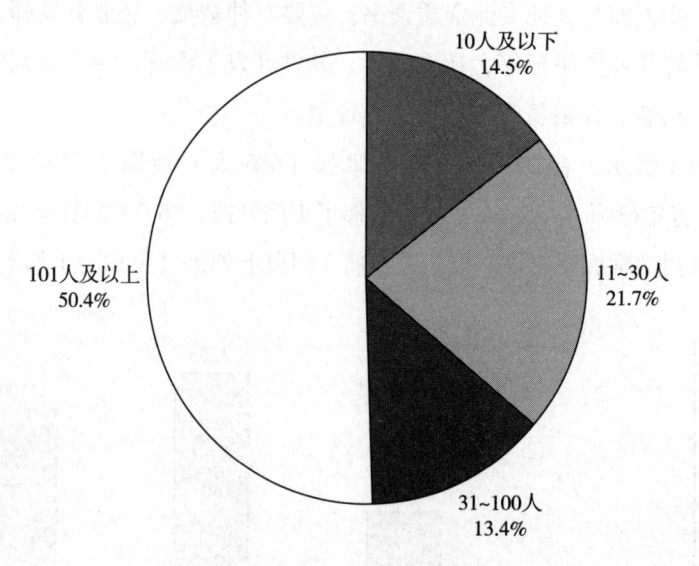

图4 北京青年律师所属律所规模占比情况

表3 北京青年律师的职务和资历情况

职　　务	数量（人）	占比（%）
A. 主任/执行主任	81	2.7
B. 副主任/管理合伙人	32	1.0
C. 高级合伙人	49	1.6
D. 合伙人	341	11.2
E. 专职律师	2507	82.3
F. 兼职律师	11	0.4
G. 从事行政、人事等律所管理的专职律师	27	0.9

如图5所示，所在律所以青年律师牵头的业务团队（部门）数量呈现两极分化趋势，重视青年律师发展的律所也很多，有46.4%的被调研者（1414人）反馈律所有3个以上团队由青年律师牵头，有24.1%的被调研者（734人）反馈律所中没有由青年律师牵头的团队，另外反馈有1个的378人（12.4%），反馈有2个的367人（12.0%），反馈有3个的155人（5.1%）。

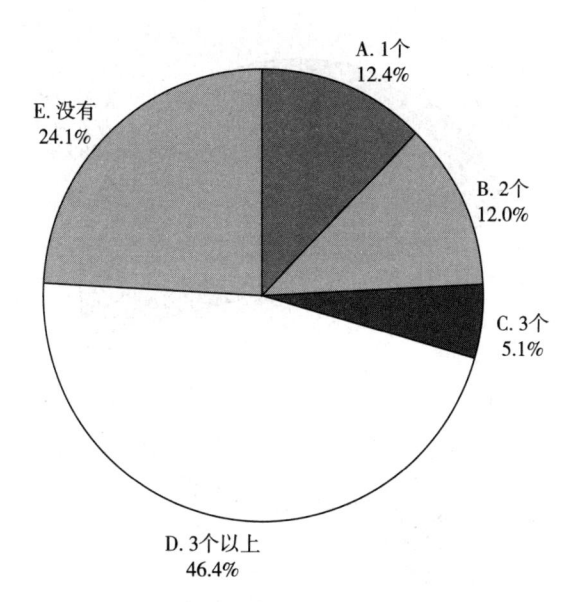

图5 北京律所中青年律师牵头的业务团队（部门）数量占比情况

四 北京青年律师业务发展情况分析

对于北京青年律师的业务发展情况，问卷从业务类型、办案能力、业务来源、业务收入、学术研究等方面进行了调查。调查情况分析和整理如下。

（一）业务类型

如图6所示，在从事的业务方向上，有28.8%的青年律师（877人）选择了综合性业务为主，51.2%的青年律师（1561人）选择了诉讼业务为主，20.0%的青年律师（610人）选择了非诉业务。

如表4所示，诉讼业务以民事案件和商事诉讼案件为主，分别有2239人（73.5%）和1259人（41.3%）选择，另有306名律师（10.0%）在积

C. 非诉业务为主 20.0%
A. 综合性业务为主 28.8%
B. 诉讼业务为主 51.2%

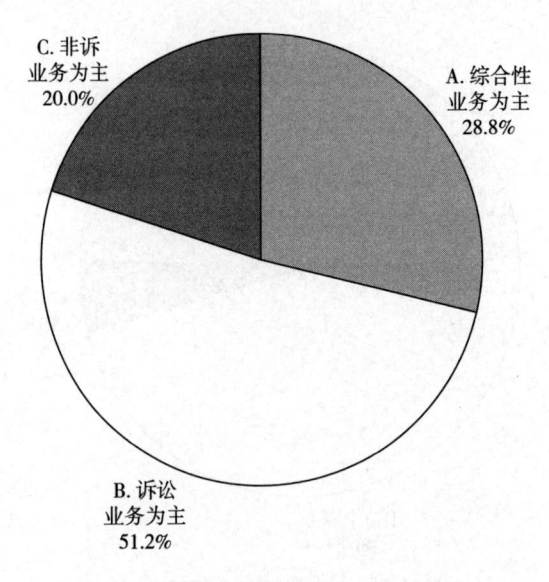

图6 北京青年律师业务方向占比情况

极参与法律援助诉讼服务。在选择其他诉讼业务方向的问卷中，大部分填写的是"不从事诉讼业务"，填写其他诉讼业务方向的主要为企业破产重整、财税业务、基金投资以及金融案件等。

表4 北京青年律师从事的诉讼业务方向（多选）

诉讼业务方向	数量（人）	占比（%）
A. 民事案件	2239	73.5
B. 刑事案件	660	21.7
C. 行政案件	451	14.8
D. 商事诉讼	1259	41.3
E. 知识产权诉讼	402	13.2
F. 涉外诉讼	192	6.3
G. 法律援助	306	10.0
H. 没有突出业务，均有从事	149	4.9
I. 其他	249	8.2

如表5所示，从事非诉业务方向的青年律师的主要业务分为公司业务和仲裁业务，公司业务有2144人（70.3%），仲裁业务有690人（22.6%）；有266人（8.7%）选择了其他业务方向，填写的其他非诉业务方向主要包括破产重整、不良资产、数据合规、企业合规、贸易合规、税务合规以及劳资关系等。

表5　北京青年律师从事的非诉讼业务方向（多选）

非诉业务方向	数量（人）	占比（%）
A. 公司	2144	70.3
B. 金融	582	19.1
C. 证券	461	15.1
D. 涉外	297	9.7
E. 仲裁	690	22.6
F. 保险	100	3.3
G. 知识产权	385	12.6
H. 建筑与房地产	402	13.2
I. 法律援助	366	12.0
J. 其他	266	8.7

（二）办案能力

在个人执业能力方面，大部分律师都能独立办案，但是没有独立的案源，青年律师对于案源的获取是非常迫切的。从调研数据分析来看，如图7所示，有940名青年律师（30.8%）认为自己有独立执业能力，有1488名青年律师（48.8%）认为自己的案源不独立，有175名青年律师（5.7%）虽有案源但不能独立或与团队合作办案。

如图8所示，调研问卷中，46.4%的青年律师（1415人）能够亲自办理，29.1%的青年律师（887人）是有组织分工合作模式，24.1%的青年律师（736人）是"律师+助理"模式。

分析近三年平均每年办理的诉讼案件数量，如图9所示，34.9%的青年律师（1064人）办理的诉讼案件为10件及以下，31.2%的青年律师（953人）办理的

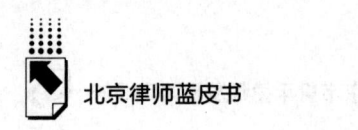

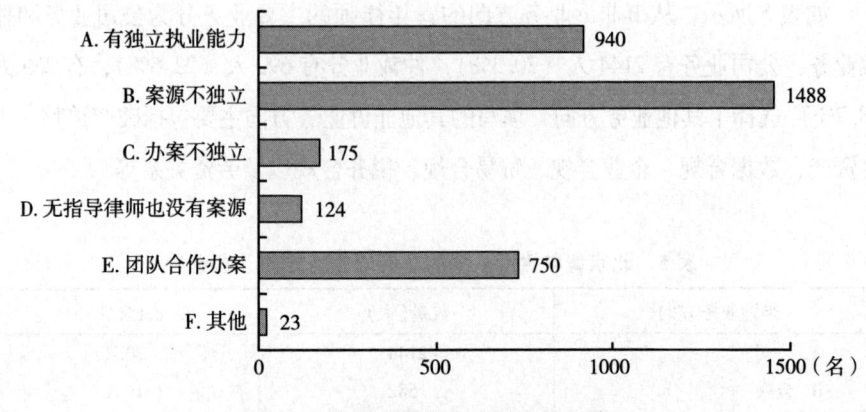

A. 有独立执业能力　940
B. 案源不独立　1488
C. 办案不独立　175
D. 无指导律师也没有案源　124
E. 团队合作办案　750
F. 其他　23

图7　北京青年律师个人执业能力情况

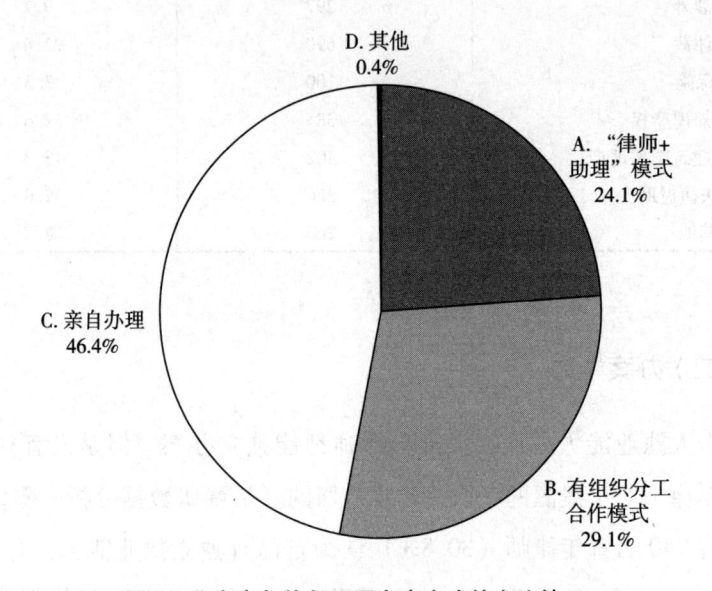

D. 其他 0.4%
A. "律师+助理"模式 24.1%
B. 有组织分工合作模式 29.1%
C. 亲自办理 46.4%

图8　北京青年律师不同办案方式的占比情况

诉讼案件为11~20件，12.1%的青年律师（369人）办理的诉讼案件为31件及以上，11.1%的青年律师（339人）办理的诉讼案件为21~30件。

分析近三年平均每年办理的非诉专项案件数量，如图10所示，61.4%的青年律师（1872人）办理的非诉专项案件为10件及以下，16.9%的青年律师（515人）办理的非诉专项案件为11~20件，6.8%的青年律师（206人）办理的

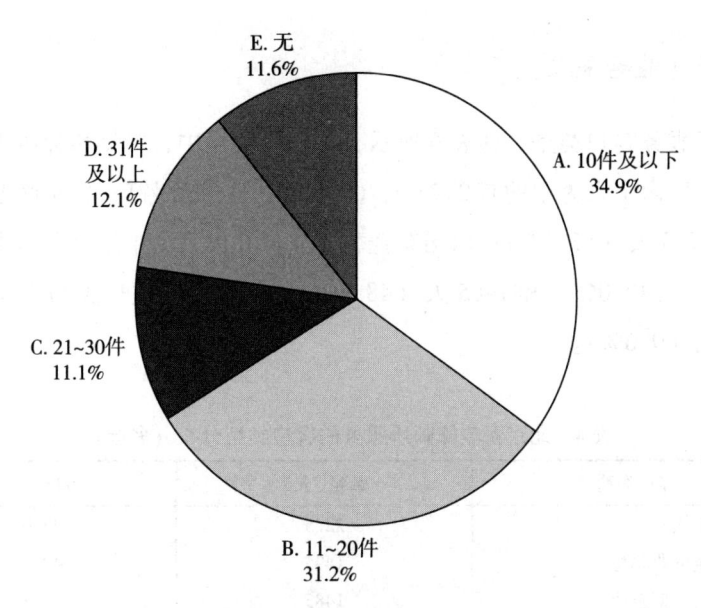

图 9 北京青年律师近三年平均每年办理的诉讼案件数量的占比情况

- A. 10件及以下 34.9%
- B. 11~20件 31.2%
- C. 21~30件 11.1%
- D. 31件及以上 12.1%
- E. 无 11.6%

非诉专项案件为31件及以上，4.7%的青年律师（142人）办理的非诉专项案件为21~30件。

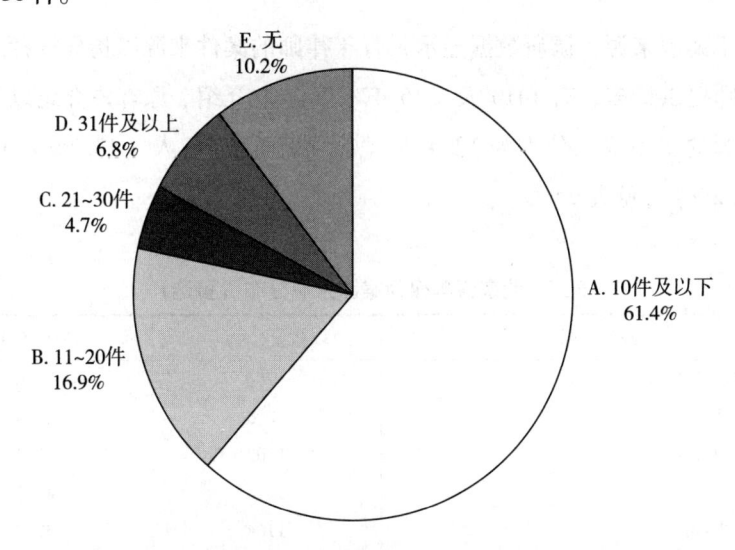

图 10 北京青年律师近三年平均每年办理的非诉专项案件数量（含常年法律顾问）的占比情况

- A. 10件及以下 61.4%
- B. 11~20件 16.9%
- C. 21~30件 4.7%
- D. 31件及以上 6.8%
- E. 无 10.2%

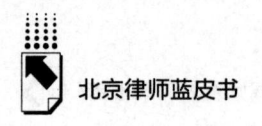

（三）业务来源

关于服务客户类型，如表6所示，在调研数据中，青年律师所服务的客户类型以国内个人为主的有2225人（73.0%），占比最高；以小微型企业为主的有1743人（57.2%）；以国有企事业单位和民营大中型企业为主的分别有1495人（49.0%）和1485人（48.7%）；服务于党政机关与人民团体的有292人（9.6%）。

表6 北京青年律师所服务的客户类型分布（多选）

客户类型	数量（人）	占比（%）
A. 国内个人	2225	73.0
B. 国有企事业单位	1495	49.0
C. 民营大中型企业	1485	48.7
D. 小微型企业	1743	57.2
E. 党政机关与人民团体	292	9.6
F. 外国个人或企业	511	16.8
G. 其他	50	1.6

关于案源来源，调研数据显示，青年律师的案件来源以指导律师或团队负责律师提供最多，有1413人（46.4%）；亲友介绍、原客户介绍以及律所提供案源的也不少，分别为1314人（43.1%）、1303人（42.7%）和1164人（38.2%）（见表7）。

表7 北京青年律师案源来源分布（多选）

案源来源	数量（人）	占比（%）
A. 等待客户上门	750	24.6
B. 自寻客户	896	29.4
C. 原客户介绍	1303	42.7
D. 亲友介绍	1314	43.1
E. 律所提供	1164	38.2
F. 指导律师或团队负责律师提供	1413	46.4

续表

案源来源	数量(人)	占比(%)
G. 其他律师介绍	802	26.3
H. 传统媒体(报刊、广播电视等)推广	39	1.3
I. 新媒体(网络、微博、微信公众号等)推广	192	6.3
J. 其他	43	1.4

（四）业务收入

关于薪资类型，调研数据显示，青年律师中"授薪制律师"共计1312人，占比43.0%；"提成制律师"1008人，占比33.1%；"授薪+提成"的有546人，占比17.9%；"支付固定管理费"的141人，占比4.6%（见图11）。

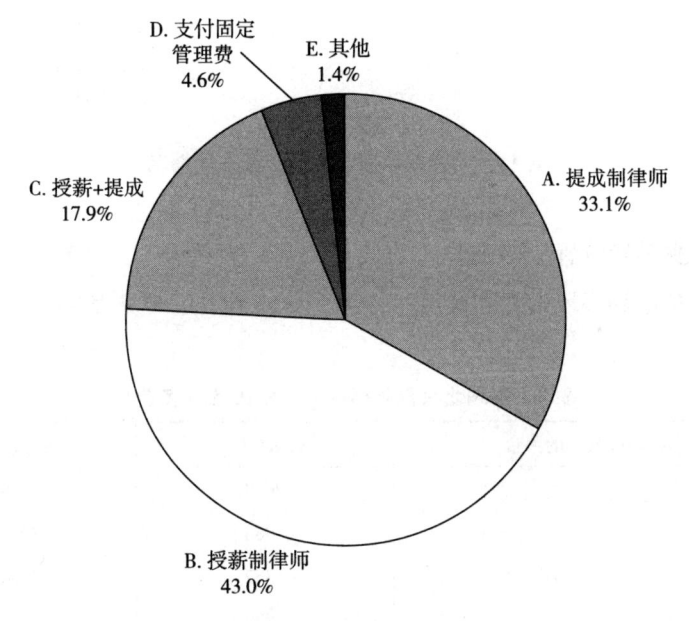

图11 北京青年律师薪资类型占比情况

关于年薪，数据显示，青年律师的年薪为10万~30万元的占46.4%（1415人）；19.9%的青年律师（606人）的年薪为10万元以下；有569人收入在30万~50万元，355人收入在50万~100万元；300万元及以上的也有16人（见图12）。

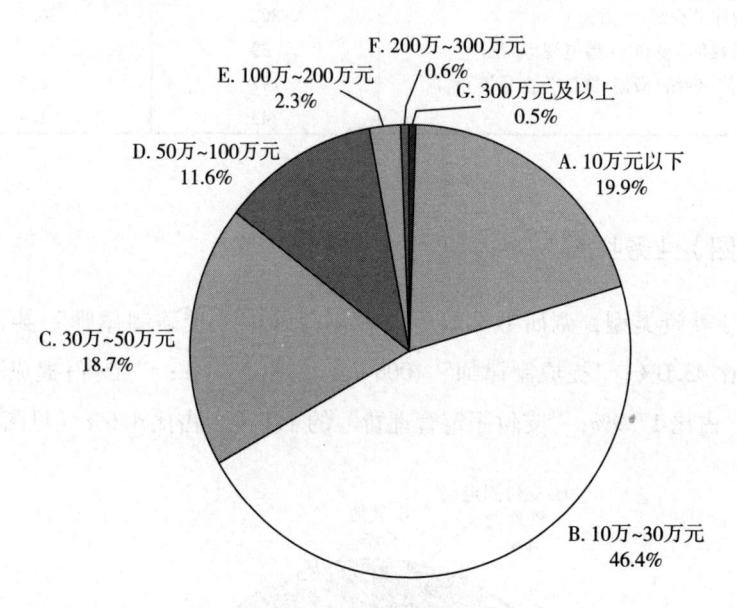

图12 北京青年律师税前年薪占比情况

A. 10万元以下 19.9%
B. 10万~30万元 46.4%
C. 30万~50万元 18.7%
D. 50万~100万元 11.6%
E. 100万~200万元 2.3%
F. 200万~300万元 0.6%
G. 300万元及以上 0.5%

案源少是影响青年律师收入的核心因素，有2618人（85.9%）选择此项，其次是市场环境较差和资历浅导致议价能力不足（见表8）。

表8 影响北京青年律师收入的因素（多选）

影响律师收入的因素	数量（人）	占比（%）
A. 案源少	2618	85.9
B. 业务能力不足	988	32.4
C. 资历浅导致议价能力不足	1352	44.4
D. 签约成功率低	826	27.1
E. 律所/团队分配不合理	370	12.1
F. 市场环境较差	1458	47.8
G. 其他	59	1.9

（五）学术研究

大部分青年律师（2447人，占比80.3%）没有在专业学术期刊上发表过论文；有601名青年律师发表过论文，其中发表1篇的有297人，占比9.7%；发表过2~3篇的有204人，占比6.7%；发表过3~5篇的45人（1.5%）；发表过5篇及以上的有55人（1.8%）（见图13）。

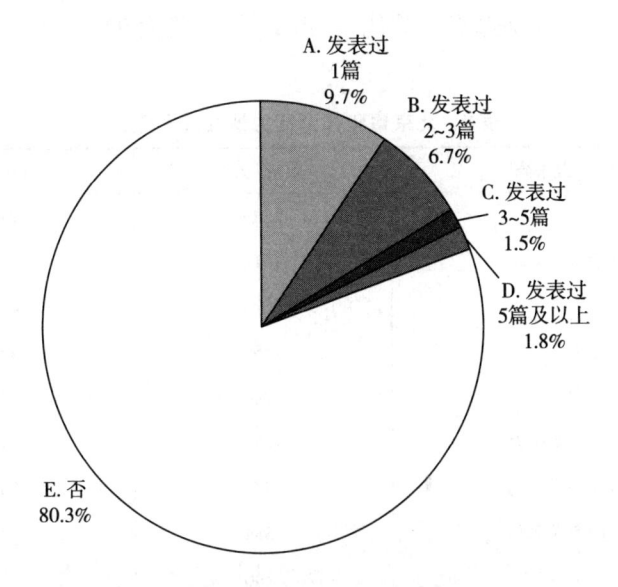

图13 北京青年律师在专业期刊上发表论文的占比情况

五 北京青年律师工作压力情况分析

（一）青年律师压力分布情况

对于青年律师的压力情况，调查问卷设计了案源压力、行业竞争激烈、生活经济压力、业务承办压力、案件结果压力、处理当事人关系压力、处理公检法关系压力、处理上司同事关系压力等选项，供受访者选择。调查结果显示，在各类压力中，有2239名律师选择案源压力，占73.5%，排名第一。余下的选择依次是：有1612名律师选择行业竞争激烈，占52.9%；有1494名律师选择生活经济压力，占49.0%；有1459名律师选择业务承办压力，占47.9%；有1288名律师选择案件结果压力，占42.3%；有1057名律师选择处理当事人关系压力，占34.7%；有472名律师选择处理公检法关系压力，占15.5%；有384名律师选择处理上司同事关系压力，占12.6%。除此之外，还有40名律师选择"其他"，占1.3%（见表9）。

表9 北京青年律师压力情况（多选）

工作压力来源	数量(人)	占比(%)
A. 案源压力	2239	73.5
B. 行业竞争激烈	1612	52.9
C. 生活经济压力	1494	49.0
D. 业务承办压力	1459	47.9
E. 案件结果压力	1288	42.3
F. 处理当事人关系压力	1057	34.7
G. 处理公检法关系压力	472	15.5
H. 处理上司同事关系压力	384	12.6
I. 其他	40	1.3

（二）青年律师近年来业务影响情况

目前由于我国经济正处在转变发展方式、优化经济结构、转换增长动力的攻关期，经济发展前景向好，但也面临结构性、体制性、周期性问题相互交织所带来的困难和挑战，加上新冠疫情冲击，青年律师个人和所在律所也面临较大压力，其中主要体现在业务量下降、律所薪酬体系调整和个人收入减少等（见表10）。

表10 北京青年律师和律所受疫情影响情况（多选）

疫情带来的影响	数量（人）	占比（%）
A. 律师人数有所减少	321	10.5
B. 律所业务量下降	2049	67.2
C. 律所薪酬体系调整	368	12.1
D. 个人业务量下降	1475	48.4
E. 个人收入减少	1409	46.2
F. 个人职级下降	36	1.2
G. 工作效率下降	685	22.5
H. 新增业务类型	11	0.4
I. 其他影响	46	1.5
J. 没有影响	279	9.2

（三）青年律师工作时长情况

青年律师处于学习与工作相结合的上升期，为提升业务水平，保障法律服务质量，每天工作时间大多超过8小时，只有17.5%的青年律师（532人）每天工作不超过8小时（见表11）。大部分青年律师基本不出差，仅有55名（1.8%）青年律师每周有4~5次的出差（见图14）。

表11 北京青年律师工作时长情况

工作时长	数量（人）	占比（%）
每天工作不超过8小时	532	17.5
每天工作超过8小时不超过12小时	1469	48.2
每天工作超过12小时	184	6.0
没有固定时长安排，根据工作情况决定	863	28.3

（四）青年律师身体健康状况

由于长期处于高强度工作状态下及工作时间的不确定性，被调研青年律

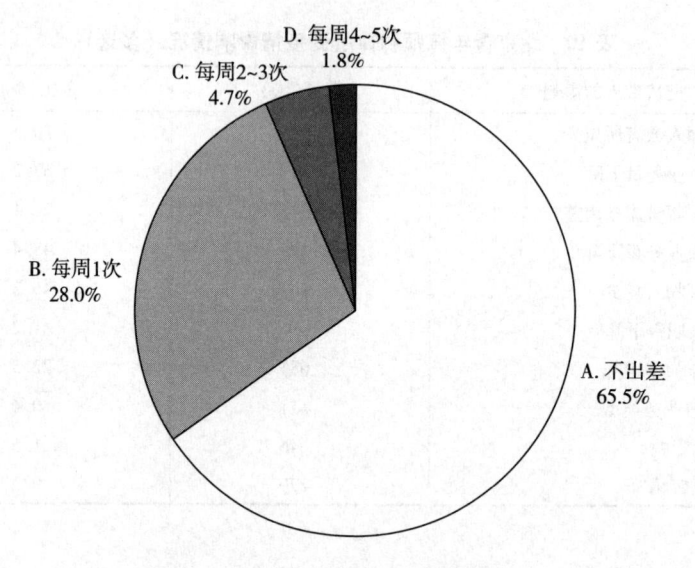

图 14　北京青年律师出差不同频率占比

师中有超过 1/3 的律师认为自己健康情况不佳，处于亚健康或患病状态，仅有 1051 人（34.5%）认为自己身体健康（见表 12）。

表 12　北京青年律师健康状况

健康状况	数量（人）	占比（%）
A. 健康	1051	34.5
B. 一般	948	31.1
C. 亚健康	984	32.3
D. 患病	65	2.1

六　北京青年律师培养体系情况分析

（一）青年律师参与律所决策情况

大部分律所的决策主要是由主任、合伙人做出，但也有越来越多的重大事项会征求青年律师的意见,被调研者中有 405 名青年律师(13.3%)有权参与决定(见表 13)。

表 13　北京青年律师参与律所决策情况

参与律所的主要决策情况	数量(人)	占比(%)
决策完全由律所主任做出	613	20.1
决策完全由合伙人做出	1275	41.8
重大事项征求青年律师意见	755	24.8
青年律师有权参与决策	405	13.3

(二)青年律师学习和培训情况

大部分律所会定期组织青年律师进行学习培训和案件讨论(见表 14),青年律师更希望由资深律师和公检法仲人员对其进行培训(见图 15)。

对于律师协会组织的业务培训参与情况,因受疫情影响现场活动不便,46.5% 的青年律师(1416 人)表示没有参与过律师协会组织的业务培训活动。在调研"是否参加律师协会组织的青年培训,效果如何"这一问题时,有 1580 人表示没有参加过律师协会组织的青年培训。但是参加过青年律师培训的青年律师中,超过半数人认为,律师协会组织的青年律师培训效果很好,很实用(见图 16)。

表 14　律所组织青年律师进行学习培训、案件讨论情况

律所组织青年律师进行学习培训、案件讨论情况	数量(人)	占比(%)
A. 不关注	440	14.4
B. 从来没有	196	6.4
C. 有培训且定期举办	1425	46.8
D. 有培训但不定期举办	987	32.4

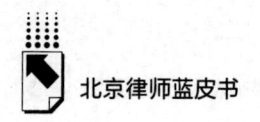

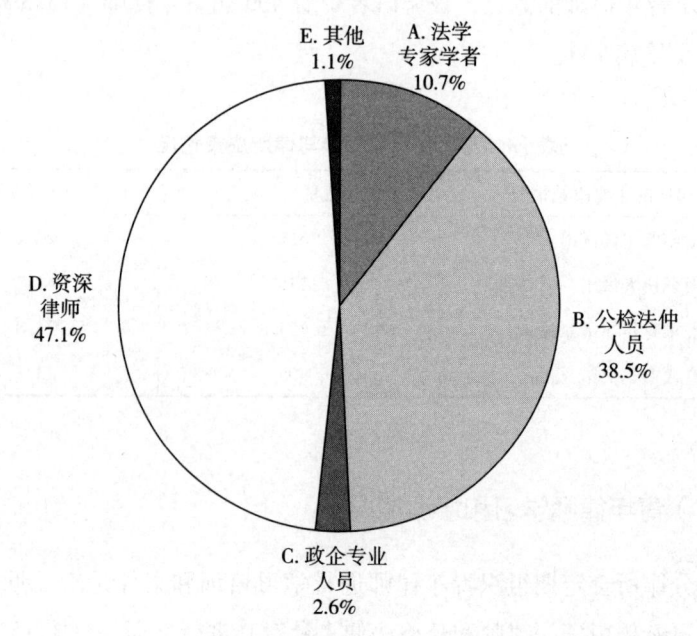

图 15　北京青年律师希望培训活动的授课人员类型

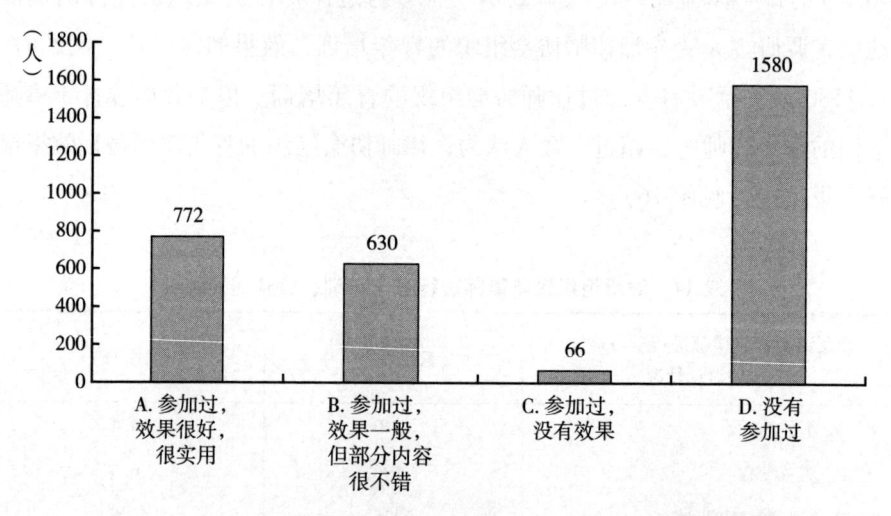

图 16　北京青年律师参加律师协会组织的青年培训活动情况与感受

(三)青年律师职业规划和发展

调查显示,有70.8%的青年律师认为影响自身成长的主要问题是人脉不足,56.7%的青年律师认为影响自身成长的问题是缺少实务机会(见表15)。

表15 影响北京青年律师成长的主要问题(多选)

影响青年律师成长的主要问题	数量(人)	占比(%)
A. 缺乏专业知识	1080	35.4
B. 缺少实务机会	1727	56.7
C. 没有职业规划	1021	33.5
D. 欠缺社交能力	1311	43.0
E. 人脉不足	2159	70.8
F. 律师办案以个人为主,没有团队合作和专业分工	837	27.5
G. 律所品牌形象不够	417	13.7
H. 其他	44	1.4

在职业规划方面,超过半数青年律师希望能在3~5年内成为专业领域内的知名律师。19.3%的青年律师希望能在3~5年内成为本所合伙人,有3.4%的青年律师希望在3~5年内创办律师事务所(见图17)。

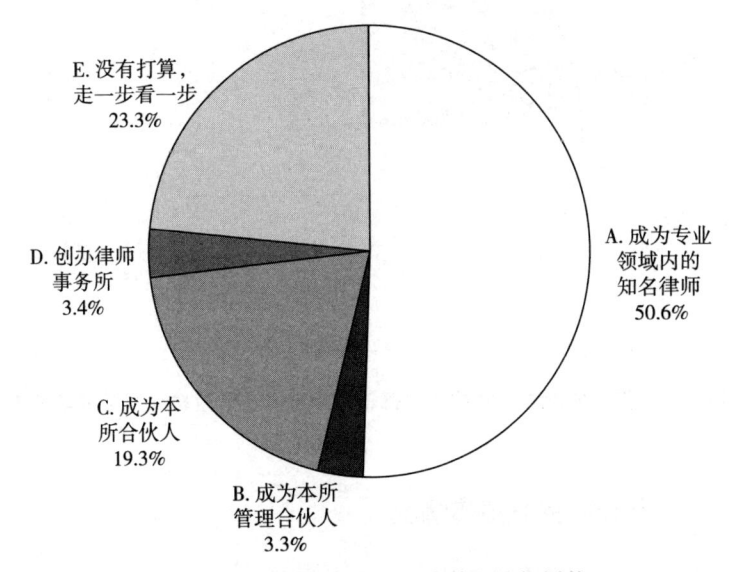

图17 北京青年律师3~5年内的职业规划状况

对于未来的执业方向，53.7%的青年律师（1636人）选择了"综合性为基础，突出个别专业"，有39.0%的青年律师（1190人）选择了诉讼业务，有40.8%的青年律师（1245人）选择了专业化（见表16）。

表16 北京青年律师对未来执业方向的反馈（多选）

未来执业方向	数量(人)	占比(%)
A. 综合性	432	14.2
B. 专业化	1245	40.8
C. 综合性为基础,突出个别专业	1636	53.7
D. 诉讼业务	1190	39.0
E. 非诉业务	542	17.8
F. 未进行定位、缺乏明确方向	80	2.6

在律师培训方面，75.3%的青年律师认为非常有必要定期进行律师职业道德、执业纪律、防范执业风险方面的培训（见图18）。

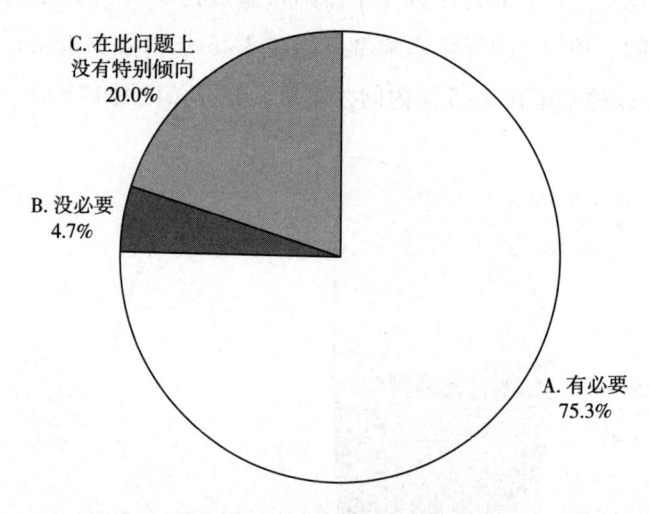

图18 北京青年律师对律师职业道德、执业纪律、防范执业风险的培训需求

（四）青年律师品牌宣传情况

青年律师参与律所品牌宣传的途径主要是新媒体（微信公众号、短视

频、直播等）和律所的官网。青年律师更倾向于通过律所微信公众号、专业的直播课以及短视频平台进行新媒体推广（见表17、图19）。

表17　北京青年律师参与律所品牌宣传的途径及分布（多选）

品牌宣传途径	数量（人）	占比（%）
A. 没有宣传	608	19.9
B. 新媒体（微信公众号、短视频、直播等）	1835	60.2
C. 官方网站	1470	48.2
D. 参与法律行业内的论坛、沙龙活动等	905	29.7
E. 个人有专门的品牌宣传团队	156	5.1
F. 其他	541	17.7

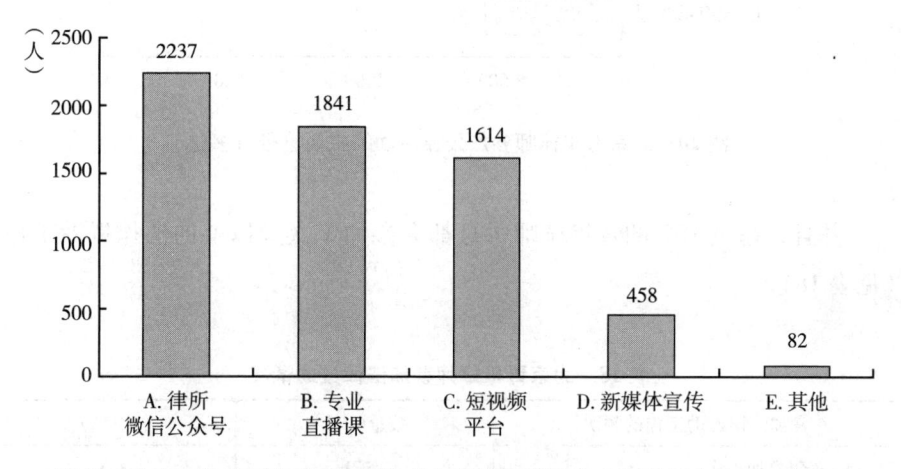

图19　北京青年律师在使用新媒体参与律所品牌宣传方面的倾向分布（多选）

七　北京青年律师参加公益活动情况

（一）青年律师参加公益活动的途径

律所、司法行政机关、法律援助机构或律协所举办的活动是青年律师参加公益活动的主要途径。

82.6%的被访青年律师参加过公益活动,其中1310名被访青年律师参加过司法行政机关、法律援助机构或律协举办的公益活动,759名被访青年律师主动参加了社会公益组织(见图20)。

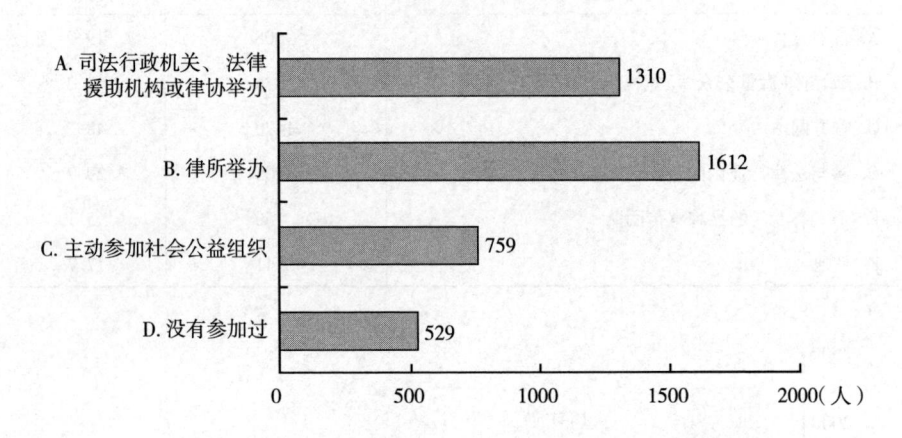

图20 北京青年律师参加公益活动的主要途径(多选)

- A. 司法行政机关、法律援助机构或律协举办：1310
- B. 律所举办：1612
- C. 主动参加社会公益组织：759
- D. 没有参加过：529

并且,超过10%的青年律师每月都会参加1次及以上的法律援助工作(见表18)。

表18 北京青年律师参加法律援助情况

参加法律援助工作的频次	数量(人)	占比(%)
A. 每年参加1次	559	18.3
B. 每年参加2~3次	596	19.6
C. 每年参加4~5次及以上	334	11.0
D. 每月参加1次	126	4.1
E. 每月参加2~3次	126	4.1
F. 每月参加4~5次及以上	69	2.2
G. 没有参加过	1063	34.9
H. 其他	175	5.7

（二）青年律师担任社会职务情况

有 124 名被访青年律师目前担任社会职务（见图 21），其中担任仲裁员和调解员的居多。

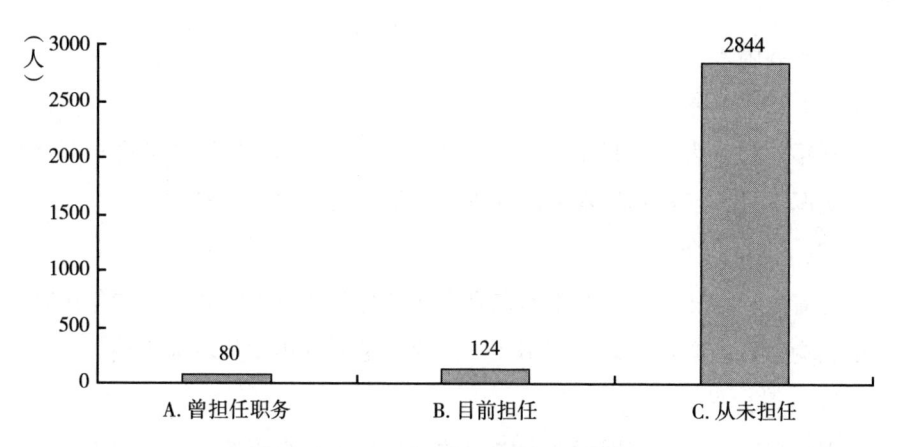

图 21 北京青年律师担任社会职务情况

（三）青年律师志愿参加社区/街道防疫工作情况

疫情发生后，北京青年律师积极参与志愿者活动，有 542 名青年律师以志愿者身份参与社区/街道防疫工作，占被调研人数的 17.8%（见表 19），以实际行动展现了青年律师的责任与担当。

表 19 北京青年律师参与防疫抗疫工作情况

参与防疫抗疫工作	数量（人）	占比（%）
A. 以社区/街道志愿者身份参加防疫工作	542	17.8
B. 没有参加	2417	79.3
C. 其他	89	2.9

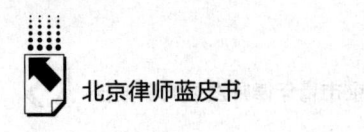

八 北京青年律师执业面临的问题

（一）青年律师执业面临的突出问题以及制约青年律师发展的主要因素

1. 外界因素

（1）经济环境

青年律师认为，在目前经济运行受到冲击、下行压力加大的外部环境下，案源不足、客户不稳定是制约青年律师发展的主要因素。

（2）行业竞争

随着全社会法治意识的不断提升，律师行业队伍不断壮大，青年律师表示市场竞争日趋激烈，对入职不久、经验不足的青年律师较为不利。

（3）机会平台

青年律师急需更多展示业务能力的平台与实践交流的机会，并借此快速提升执业能力。

（4）收入压力

刚刚踏入社会的青年律师较为缺乏社会资源与实践经验，也没有稳定的客户和案源，因此收入较低，生活面临较多困难。

（5）市场选择

青年律师的市场认可度低，客户在选择律师时对青年律师的信任度较低，同等情况下通常不会优先选择青年律师。

2. 自身因素

（1）业务能力有待提升

大部分青年律师大学毕业后直接进入律所，专业知识学习能力、人际交流能力、分析与解决问题能力、文字表达与口头表达能力、应变能力等都有待提高。

（2）职业规划不够明确

青年律师在执业初期通常负责协助指导律师办理案件，对于执业方向少有选择权利与认知。因此，确立执业方向、规划职业道路是青年律师面临的难题。

（3）执业风险防范能力不足

律师执业过程中可能面临各种风险事件，做好"风控"是执业的基础，但由于青年律师实践经验较少，在风险防范方面能力较弱。

（4）抗压能力较弱

青年律师面临专业能力不足、案源少、执业过程中与客户和公检法机关沟通等多重压力，又由于社会经验不足，普遍难以及时排解压力并调节自身心态。因此，增强抗压能力是每一位青年律师成长的必修课。

（二）青年律师业务增长和能力提升面临的压力和挑战

1. 业务能力上的新要求

青年律师需要不断适应疫情带来的新的交易风险点和业务问题，努力提高自身专业能力，为客户提出切实有效的建议。

2. 业务渠道的逐渐缩减

当前，虽然企业复工复产在稳步推进，但诸多行业如电影业、餐饮业、交通运输业、零售业、旅游业等面临较大挑战，相应的律师业务渠道缩减，业务量有所下降。

3. 回款周期延长影响收入

刚入行的独立青年律师案源有限，他们的客户往往以中小型企业、小微企业为主，而这些企业抗风险能力较低，在经营维稳的压力下，许多企业会降低法律预算，付费意愿下降，回款周期变长，从而影响青年律师的收入。

4. 市场竞争日趋激烈

随着律师队伍规模不断扩大，律师行业的市场竞争越发激烈，尤其是价格竞争，出现了律师通过降低费用以争取客户的情况。同时，新兴业务领域的律师需求减少，青年律师开发客户面临更大困难。

5. 客户法治意识增强

客户整体法治意识与专业能力提升，对律师的专业要求提高。律师行业

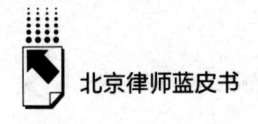

不断成熟，也向客户输送了大量人才，客户的法治意识增强，法律知识水平提升，间接提高了对律师行业的要求。

6. 办案效率有所降低

受疫情影响，律师工作以居家办公和线上办案为主，开庭比例增加，沟通成本增加，如何高效率、高质量地开展工作，与客户、法官等各方顺畅沟通，成为青年律师新的课题。

7. 外地业务减少

当前形势下，北京青年律师外地业务的部分现场工作无法实地开展，客户更倾向于选择当地律师，北京律师在外地的业务量相对下降。

8. 心理压力增大

当前，青年律师业务量、收入下降，造成一定的生活压力。青年律师需要努力保持轻松愉快的心态，及时调整工作状态，避免产生焦虑的心情而影响到生活、工作与未来发展。

对于青年律师而言，业务量减少既是挑战也是契机。疫情期间，青年律师有更多的时间可以回顾以前的案件，总结经验，参与学习培训活动等，以提升自身专业水平及服务质量。同时，为适应新时代需要，青年律师也应致力于探索新的业务方向，研究开发更适合新时代的业务模式。

九　律所培养青年律师面临的问题

（一）律所对青年律师的能力期待

在深度访谈中，各受访律所的管理合伙人及相关负责人表示，律所对青年律师的成长充满了期待，他们更希望加入律所的青年律师具备如下能力。

第一，青年律师需要具备良好的三观和品德。人品是做律师的基础，三观端正、品德优秀是青年律师赢得客户信任的前提和保障。

第二，青年律师需要具备快速、持续的学习能力。律师工作需要长期的学习和经验积累，不仅要学习法律专业知识，还要学习更多跨学科知识及相关行业知识。

第三，青年律师要有细致认真的工作态度。律师工作事无巨细，每个细节都关系客户的利益，精益求精、细致认真不仅能够彰显青年律师的专业水平，同时也会赢得客户的信赖。

第四，青年律师需要具备守正能力。守是恪守，正是正道，意为恪守正道，这是我们中华民族的优良精神。青年律师作为国家法治的维护者和践行者，更应该恪守"法律之正、道德之正、职业之正"。

第五，青年律师需要具备优秀的文书写作能力。文书写作是一名律师安身立命的根本，日常工作中，青年律师的文书写作是必不可少的工作，而好的法律文书更能体现律师的法律素养，努力提高文书写作能力，是一名青年律师必须具备的能力。

第六，语言表达能力与沟通能力是一名青年律师的重要能力之一。在日常工作中，青年律师需要与团队成员、客户、法官等进行大量沟通与表达，面对不同的人进行有效的沟通与表达，是青年律师需要具备的重要能力。

第七，青年律师需要具备高度的社会责任感和良好的职业精神。一名好的律师，不但要掌握足够的法律知识，还要有良好的综合知识储备与素养，要尊崇法律理念，践行法治精神，热爱律师职业，同时具备社会责任感，以让更多的人感受到公平正义的存在为使命，为建设社会主义法治国家贡献力量。

（二）律所在青年律师的培养和管理中需要关注的重点问题

（1）通过深度访谈得知，一些中小型律所对青年律师的培养没有制度，缺乏计划，不成系统，这是制约青年律师发展的外在因素之一。

（2）律所仍需建立健全青年律师培训计划和晋升体系，对不同年级律师的工作内容和技能要求有明确的规划。

（3）当下青年律师接受新环境、新事物的能力是非常强的，且很有自己的想法，律所如何在新的时代环境下，调整适合现在青年律师的培养和管理模式，吸引优秀的青年律师加入律所，是律所现阶段需要探索的新问题。

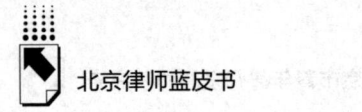

（4）在从业3~5年后，青年律师常常面临职业道路的选择，对于是否继续从事律师行业可能产生动摇，对律所来说如何留住宝贵的青年律师人才是难点。

（5）青年律师往往难以获得大众的信任。当事人在选择律师、选择法律服务的过程中更倾向于考虑执业经历、荣誉奖励、社会任职、律所资质等，这也直接导致了青年律师案源困难。

十　北京青年律师对律所及行业管理部门的意见与建议

（一）青年律师选择律所看重的因素

（1）律所有无成长空间：律所是否有清晰的培养机制和晋升路径是青年律师选择律所最为看重的点。

（2）律所薪资水平：青年律师有经济压力的负担，会把薪资水平作为选择律所的第二因素。

（3）律所团队氛围：团队的价值观和工作氛围也是青年律师在选择律所时看重的因素。

（4）律所专业匹配度：律所的专业与青年律师所学专业是否匹配决定了青年律师选择律所与否。

（5）律所品牌：律所平台规模及律所品牌也是青年律师在选择律所时会考虑的因素之一。

（二）律所及行业管理部门对青年律师的扶持政策需要改进的重点问题

（1）青年律师希望律协能够组织资深、成熟的律师在专业能力和工作经验等方面为青年律师提供近距离的全流程指导，从而提高青年律师的专业能力和职业技能，尽快提高专业化能力。

（2）青年律师认为律协应该对建立并完善青年律师培养制度的律所进

行表彰，以此来鼓励律所关注、重视青年律师的培养。

（3）青年律师认为律协针对公益法律服务、履行社会责任等引领青年律师情怀、加强职业信仰的培训比较少，可以相应增加该类培训活动。

（4）青年律师认为行业对远郊区青年律师的关注还需提升，在资源配置上有待加强。

（5）青年律师普遍认为律师协会的支持力度有待进一步加大，目前已开展的工作有较好的成效，但普及程度仍有提升空间。

（6）青年律师希望律师协会在会费等方面出台进一步减免优惠的措施，对律所已有较好成效的青年律师培养项目予以经费支持或补贴。

十一 调研结论及对策探讨

（一）调研结论

本次调研的发现可以总结为以下四个方面。

第一，在业务发展方面，青年律师中从事诉讼业务的比例略高，大部分都能够独立办案，案源的需求非常迫切，服务的客户类型以个人和小微企业为主，选择"授薪制"的占比最大，近一半的律师收入在10万~30万元水平，大部分没有在专业报刊上发表过论文。

第二，在工作压力方面，普遍存在案源压力大、行业竞争激烈、受疫情影响律所业务量减少及个人业务量和收入下降、经常加班、健康状况欠佳等。

第三，在成长和发展方面，青年律师中多数参加过律所或律师协会的培训，线上工作平台较为普及，但只有13.3%的青年律师能够参与所在律所的决策，人脉、实务锻炼机会、社交能力不足等是制约青年律师成长的主要因素。

第四，在履行社会责任方面，八成多的青年律师参加过各类公益活动，担任社会职务，志愿参加社区/街道防疫工作的律师也有一定数量。

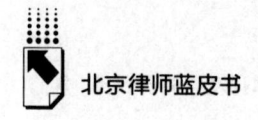

对调研数据进行分析发现,青年律师群体在执业方面、培养和发展方面都存在问题,需要律所和行业主管部门采取相应的措施予以解决。

(二)对于司法行政部门改进青年律师工作的政策建议

1. 做好律师管理工作,强化服务观念

明确司法行政机关的具体管理职责,充分体现和发挥宏观管理功能。司法行政机关负责律所建设、律所年检、律师注册、律师违反职业道德与执业纪律处罚以及律师流动等方面的管理工作,需从维护律师权益、加强律师行业管理、搭建青年律师交流平台等方面做出努力。

2. 深化法律职业共同体平台

搭建青年律师与公、检、法等业务相关部门及工商联、总工会、青联、妇联等相关组织的良好沟通平台,帮助青年律师拓宽视野,全面认识社会,建立良好的社会关系。

3. 为青年律师提供实务机会

定期为青年律师提供村居行、普法宣讲等基层法律服务的机会,从实处为青年律师提供基础支持;法律援助机构考虑将一些法律援助案件分给刚刚独立办案的律师,建议入围律所每年更换,让每个律所的每位律师都有提供法律援助的机会。

4. 与高校进一步深化合作加强实务能力培养

加强与教育监管部门和高等院校的协作,强化法学生实务能力培养,推动法学本科教育增设职业培训、实践训练类课程,帮助青年律师平缓度过学校到职场的适应期,降低其初入职场的压力,便于其更快地发挥专业能力。

5. 实施青年律师最低工资保障制度

明确规定律所应当严格遵守北京市相关要求,与青年律师签订劳动合同,支付最低保障工资,为青年律师办理基本养老保险、基本医疗保险、工伤保险、失业保险、生育保险,以保障青年律师的基本权利与生存需求。

6. 加强行业收费监管

规范律师行业收费行为,健全律所收费管理制度,强化律师服务收费监

管,避免低价恶性竞争。

7. 建立青年律师培养工作奖惩机制

通过开展定期或不定期的检查考核工作,对在青年律师教育培养工作中勤勉尽责、绩效突出的律所和指导律师予以表彰;对具备青年律师培养条件而未尽责任的律所,可以建议司法行政机关在律所年度检查考核中采取一定的诫勉措施。

(三)对于律师协会改进青年律师工作的建议

1. 律协推动律所加强党的建设,增强对青年律师的政治引领

律师协会作为党和政府联系律师的桥梁纽带,承担着行业自律和服务管理的重要职责,与律所、青年律师关系紧密。明确律协和律所通过建立以党建带团建的青年律师教育培养工作机制,律协全面推进律所党的建设,引领律所建立完善党组织参与律师事务所决策、管理,引导党员律师带头贯彻落实党的路线方针政策,恪守职业道德,从而加强对青年律师的思想政治教育工作,教育引导青年律师坚持正确的政治方向,坚守"忠诚、为民、法治、正义、诚信、敬业"的律师职业道德,增强走中国特色社会主义法治道路的自觉性和坚定性。各律师行业党组织要关心青年律师的政治进步,积极培养和发展青年律师入党积极分子,在协会理事以及专门、专业委员会委员构成中为青年律师设置一定比例。

2. 律协引领律所完善落实青年律师管理与培养制度

律协关心关注青年律师的需求,在青年律师的成长中,具备重要且不可替代的地位,与律所共同引导青年律师,为新形势下青年律师的长远发展指明方向。律协引领律所充分发挥其在青年律师培养中的核心作用,推动律所建立、健全相关制度;律协监督律所落实青年律师权益保障制度,如最低工资保障制度,督促律所按时与青年律师签订书面劳动合同,为青年提供良好的工作环境与成长氛围。

3. 律协指导律所通过立项系统开展青年律师培养

律协可设立青年律师培养基金,鼓励律所培养优秀青年律师。具体而

言，律所向律协申报青年律师培养项目，并逐季将项目落实情况呈报律协，律协抽样听取青年律师反馈并进行考核，并对培养机制完善的律所进行表彰及嘉奖，以此鼓励律所关注、重视青年律师的培养。

4. 搭建青年律师交流平台

搭建不同地区、不同律所青年律师之间的交流平台。拓展青年律师的视野，了解不同地区的执业实践情况，取长补短，提高青年律师自身业务能力。联合其他行业举办法律论坛，给青年律师提供更多拓展人脉和发掘案源的机会。

5. 关注远郊区青年律师发展

构建"市律协青工委—区律协青工委—律所"三级青年律师培养体系。调研发现，远郊区律所普遍没有制定青年律师培养制度。因此，协会研究制定针对远郊区青年律师的培养体系和行业扶持政策，优化资源分配，迫在眉睫。

6. 进一步保障青年律师执业权利

明晰简化线上办案流程，切实保障青年律师在工作中的诉讼权利，提高工作效率。减少恶性竞争、低价竞争的现象，确保市场公平竞争。

7. 建立检索平台，深化法律资源共享

调研发现，一些大型律所已经建立了完善的法律资源共享平台，但是正在发展中的中小型律所，目前还没有完全普及法律检索平台供青年律师使用。据此，律协将根据广大青年律师的需要，建立完善法律资源共享平台，供青年律师免费使用，为青年律师在执业过程中提供便利。

8. 继续研究建立青年律师激励机制

为了推进青年律师培养专项工作的开展，律协可同步建立青年律师激励机制，由青年律师向所在律协自主申报优秀青年律师培养项目，将自身业务能力、专业知识、办案成果等方面的情况呈报律协，律协对青年律师进行评估与考核，对表现优异的青年律师采取减免律师会员费等措施，以此激励青年律师成长。

9. 丰富青年律师业余文化活动

通过举办文娱活动、户外运动等，帮助青年律师拓展社交关系，丰富青年律师业余生活，提升青年律师的文化素养，疏解青年律师心理压力及日常工作压力。

10. 编写青年律师执业指引、青年律师常见问题解答等刊物为青年律师执业提供参考

（四）对于律师事务所改进青年律师工作的建议

1. 继续完善人才培养机制

律所对青年律师的培养要根据律师个人的情况和律所的发展进行规划布局，综合考虑和安排业务拓展，让青年律师有充分的参与机会、实践机会、检验机会和成长机会。律所既要培养青年律师的业务能力，提高其业务水平；也要提高青年律师的政治素养，坚定律师的社会主义法治信念；更要培养青年律师的职业道德，增强律师为民服务的职业情怀。

（1）增加业务培训课程

定期开展青年律师业务能力培训活动，提升青年律师的法律文化素养，不断充实法律知识储备。如邀请法学专家、资深律师为青年律师传授专业法律理论知识；组织青年律师开展对法学名著、法学期刊、经典案例的学习交流，适时开展模拟法庭训练、业务比拼、青年律师辩论赛等。同时提高培训频率，增加报名人数，让更多的青年律师受益。

（2）增加多元培训课程

有针对性地对青年律师进行职业道德、执业纪律、执业风险防范、执业技能、执业方向、诚信意识、职业规划、心理健康、谈案能力、获客技巧、文书撰写、减压方法、与前辈对话等培训活动，全方位、多元化促进青年律师的成长与发展。

2. 探索建立办案激励机制

为激发青年律师办案的积极性、主动性，律所在制度方面可增加办案激励机制，将优秀的青年律师纳入律所人才库重点培养，定期对青年律师的业

务进行检查和考评，对考核优秀的青年律师进行奖励，同时作为晋升提拔的依据。

3. 建立并完善法律资源共享平台

互联网技术日趋完善，律所应及时建立完善线上资源共享平台，为青年律师提供充实的法律共享资源，包括基础办公设施、网络通信、法律数据检索、图书借阅、培训研讨等。

4. 提供更多展示交流平台

鼓励青年律师将案件承办实践经验和理论学习研究结合起来，融会贯通，撰写调研文章和典型案例，并组织开展学习交流。鼓励青年律师创作和发表文章，给青年律师更多展现机会。

5. 营造和谐的工作氛围

青年律师普遍个性鲜明、思维活跃，作为工作场所的律师事务所，一方面要强调提升青年律师对环境的融入能力，另一方面也要着力营造和谐的工作氛围。

（五）对于青年律师加强自身职业发展的建议

1. 构建更专业的知识储备机制

专业的法律技能永远是青年律师安身立命之本。"打铁还需自身硬"，青年律师需努力提升自己的专业能力。目前青年律师亟须在法律检索、文书写作、沟通与表达能力以及案件研究能力等方面补短板、强弱项、蓄能量。同时，青年律师也要积极借助自媒体平台，多动笔撰写法律类评析和业务类说理性的文章，增强自身的影响力和宣传力，从而走出开拓案源的新渠道。

2. 行业知识的扩充

在保持自身法学专业素养的前提下，还需要注意扩展自己的知识面。在执业过程中会接触各行各业的客户，面对各种各样的需求，因此要及时扩展自己的知识面，了解各行业的发展情况、行业惯例，积累其他行业的专业知识，更好地提高自身法律服务的水平。

3. 适应新型办公模式

受疫情影响，新事物越来越多地涌现，电子诉讼平台、云法庭等新平台逐步建立，青年律师要保持积极旺盛的学习能力与强大的应变能力，要学习使用各类知识管理、时间管理、案件检索及管理工具，接纳新事物、新技术、新方向，融会贯通、为己所用。

4. 强化风险防控意识，坚守道德底线

青年律师必须具备较强的风险防控意识，面对利益诱惑时，要始终独立思考，坚定立场。

5. 善用自媒体平台

青年律师需培养自己的互联网思维，善用自媒体平台和营销工具，借力打造品牌。青年律师想要"弯道超车"，应当提高对工具的学习和使用的重视程度。

6. 努力开拓新业务方向

科技在使衣食住行发生翻天覆地的变化的同时，也正与法律紧密结合，法律科技吸引了越来越多的关注，日新月异的科技发展，也为律师带来了广阔的蓝海。

7. 做跨界的复合型人才

同等专业水平下，"跨界"是让青年律师更具价值的行为。"学科交叉""复合型人才"要求青年律师对心理学、医学、数学、金融、化学等都有所了解，这样才更有利于赢得客户的信任。

8. 提升律师职业形象

青年律师要注意从各方面提升个人职业形象。着装、律师从业礼仪等有利于树立律师职业形象，充分展示律师个人素质，增强律师公信力。

9. 建立良好的执业心态

青年律师要戒骄戒躁，培养意志力，致力于做一名信念坚定、思想成熟、业务精湛，有情怀、有温度的好律师。

B.3
北京律师事务所"走出去"调研与分析

程滔 冉井富 孙志峰

摘 要: 自20世纪90年代开始,北京律所陆续"走出去"。北京律所"走出去"的方式主要有设立境外分支机构,与境外律所签订有关合作协议/备忘录等,和境外律所联营,加入国际律师组织,牵头成立国际律师组织等。北京律所一般以其中一种或多种形式"走出去"。其中,设立境外分支机构、与境外律所签订有关合作协议/备忘录两种形式最为普遍。北京律所在国际化发展中既取得了突出的成绩,积累了丰富的经验,也在人才引进、人财物管理、法律和文化差异、税收与外汇政策、国际竞争等方面存在困难和挑战。国家有关部门可以在税收与外汇扶持、加强人才培养、拓宽人才引进渠道、建立长效沟通机制、扩大对国内律所涉外法律服务能力的对外宣传、培养中国企业的法律风险意识等方面支持律所"走出去",律所自身应当拓宽跨境思路、落脚本地市场、进军发达市场、把握"一带一路"机遇、打磨信任关系、完善风控制度,在涉外法律服务市场上做大做强。

关键词: 涉外法律服务 直投直营模式 瑞士联盟结构 联营模式 备忘录模式

随着我国和共建"一带一路"国家沟通日益深入,经贸往来日益密切,越来越多的中国企业走出国门,需要律所及律师提供法律服务为企业保驾护航。习近平总书记强调，要"加强涉外法治建设"，"加快推进我国法域外适用的法律体系建设，加强涉外法治专业人才培养，积极发展涉外法律服务，强化企业合规意识，保障和服务高水平对外开放"。2016年5月，中央全面深化改革领导小组第二十四次会议审议通过了《关于发展涉外法律服务业的意见》，为我国涉外法律服务发展，为律师行业"走出去"确立了指导思想、基本原则和主要目标，列出了主要任务，并明确了组织领导的机构和相关措施。2016年12月，司法部、外交部、商务部、国务院法制办公室联合发布了《关于发展涉外法律服务业的意见》，对发展涉外法律服务业作出全面部署，进一步明确了涉外法律服务发展的具体措施和组织领导机制。

为进一步梳理北京市律师事务所"走出去"的现有相关政策，了解北京市律师事务所跨境发展的客观困难，发掘北京市律师事务所"走出去"的成功案例，以及在国际合作交流的新阶段，探索拓展北京涉外法律业务及增强律师事务所和律师竞争力的方法策略，北京市律师协会发起了此次调研项目，并委托律商联讯公司（Lexis Nexis）作为本次调研的内容支持单位。

为支持北京市律师事务所更好地响应国家"一带一路"倡议，更多地受益于国际合作战略伙伴关系，更进一步支持中国企业深入参与国际经贸合作，开创共同繁荣的美好未来，北京律协开启了此次调研，旨在了解北京律所跨境发展的战略目标考量、成功实践经验、真实困难挑战、未来计划展望，同时梳理国内关于设立律师事务所境外分支机构的相关现行法规政策，以及研究重点国家（地区）关于设立律师事务所的相关实务问题。

本调研中对律所"走出去"采取了最宽泛的定义，下列三种情形都属于律所"走出去"的范围：（1）律所具有同一名称的境外（含香港、澳门、台湾地区，下同）分支机构；（2）律所具有不同名称的各种形式的境外分支机构；（3）与境外律所机构签有备忘录、合作协议或采取联营方式。

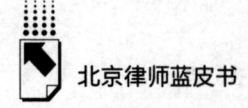

调研采用两种方法：一种是以调查问卷形式开展的在线调研；一种是在调研的基础上，对律所管理人员进行深度专访。问卷围绕北京律所"走出去"的现状、机遇、挑战、建言等方面设置问题，并面向上千家北京市律师事务所进行发放，共计回收有效数据样本115份，根据在线调研统计，受访律所中1001人及以上的超大型律所占比为19%，501~1000人的大型律所占比为15%，101~500人的中大型律所占比为22%，51~100人的中小型律所占比为9%，50人及以下的小型律所占比为35%，说明数据样本覆盖律所的规模具有多样性（见图1）。

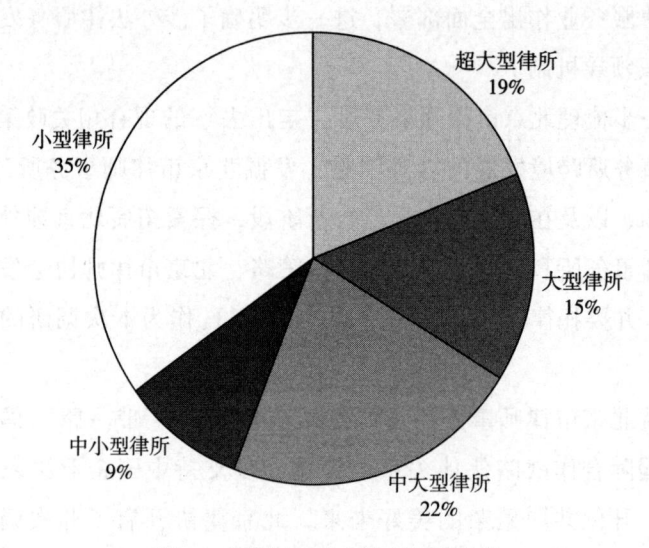

图 1 在线调研样本律所规模构成

一 北京律所"走出去"的现状概览

（一）律所首次"走出去"的时间

关于北京律所首次"走出去"的时间，如表1所示，在84家已经实现"走出去"的律所中，有13家律所在20世纪90年代迈出了跨境发展的第一步，成为最早一批"走出去"的北京律所,占15.5%;而在21世纪头十年"走出去"的律所有12家,占14.3%;在2010~2019年走出去的律所有45家,占53.6%。

表1 北京律所首次"走出去"的年代情况

序号	首次"走出去"的年代	受访者(家)	占比(%)
1	1990~1999年	13	15.5
2	2000~2009年	12	14.3
3	2010~2019年	45	53.6
4	不清楚	14	16.7
合计		84	100

在本报告进行深度访谈的16家律所中,君合所、德恒所2家律所"走出去"的时间始于20世纪90年代,金杜所、中伦所、观韬中茂所、中伦文德所、大成所、盈科所6家律所首次"走出去"时间在21世纪头十年,而余下的8家律所在2010年以后首次"走出去"。

(二)北京律所"走出去"的数量与比例

按照本报告对于律所"走出去"的界定,在线调研的115家律所中,73%的受访者表示自己所在的律所已经通过各种形式"走出去";27%的受访者表示律所尚未"走出去"。

在本报告进行深度访谈的15家律所中,据这些律所的负责人介绍,全部律所都以特定的形式迈出了"走出去"的步伐。

(三)北京律所"走出去"的地区分布

对于走出去的律所在多少个国家或地区开展涉外业务,如表2所示,在84家"走出去"的律所中,有51家律所表示"在1~3个国家或地区发展",占60.7%;有7家律所表示"在4~5个国家或地区发展",占8.3%;有15家律所表示"在6~10个国家或地区发展",占17.9%;有11家律所表示"在10个以上国家或地区发展",占13.1%。

表 2　北京律所"走出去"的地区分布

序号	"走出去"的地理分布	受访者（家）	占比（%）
1	在 1~3 个国家或地区发展	51	60.7
2	在 4~5 个国家或地区发展	7	8.3
3	在 6~10 个国家或地区发展	15	17.9
4	在 10 个以上国家或地区发展	11	13.1
合计		84	100

在本报告进行深度访谈的 15 家律所中，金杜、中伦、德和衡、中伦文德、德恒、大成、盈科等 7 家律所在境外设立的分支机构都在 6 个以上，而以分支机构、联营等形式开展的境外业务，上述 7 家律所覆盖的国家或地区都在 10 个以上。

（四）北京律所境外分支机构的地区分布

截至 2020 年 10 月，对于北京律所设立境外分支机构的情况，根据北京市司法局的备案，北京目前共有 25 家律师事务所 71 个境外分支机构通过审查并予以备案。其中，金杜所有 10 家境外分支机构，德和衡所有 9 家，中伦所有 7 家，盈科所、德恒所、国浩所等各有 6 家，观韬中茂所有 4 家，君合所、京师所等各有 3 家，汇仲所有 2 家，国枫所等其余 15 家律所各有 1 家境外分支机构。

在这 25 家律所中，观韬中茂所、君合所在境外分支机构无派驻律师，其余 23 家律所有派驻律师，有派驻律师的律所占 92%。

从境外分支机构所在地区看，在这 25 家律所中，有 17 家律所在香港设有分支机构，占 68%；有 19 家律所的境外分支机构覆盖共建"一带一路"国家和地区，占 76%。

（五）北京"走出去"律所境外业务的内容

对于北京"走出去"的律所在境外开展服务的业务范围，在 84 家"走出去"的律所中，只有 10 家律所只开展单一业务类型，占 11.9%；其余 74

家律所都开展两项以上的业务，占 88.1%。

北京"走出去"的律所在境外开展的核心业务，如图 2 所示，在 84 家"走出去"的律所中，有 69%的律所开展了并购业务，有 42%的律所开展了不动产与建设工程业务，有 40%的律所开展了银行与融资业务，有 38%的律所开展了证券业务，有 36%的律所开展了私募股权业务，有 24%的律所开展了能源业务，有 20%的律所开展了税务业务，有 8%的律所开展了知识产权业务。

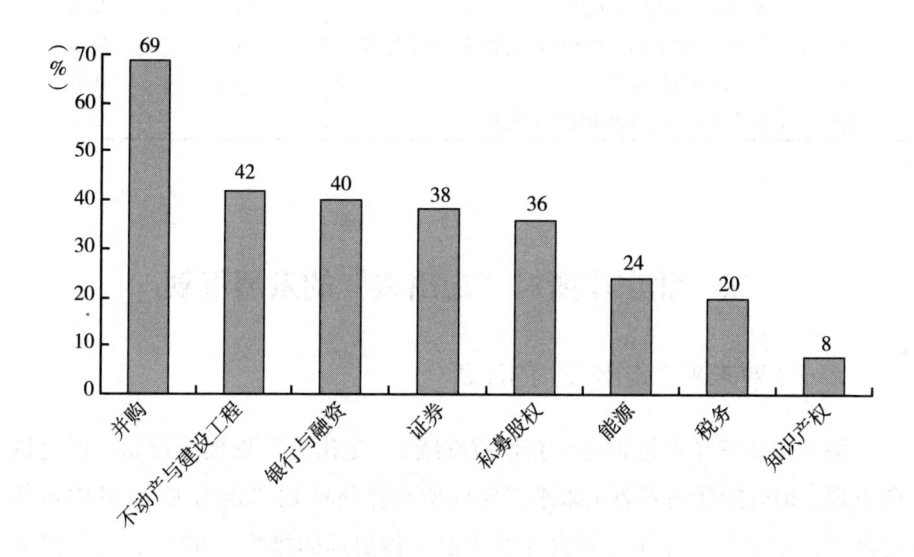

图 2　北京律所"走出去"的核心业务领域

（六）北京律所在境外的品牌形象与竞争优势

已经"走出去"的北京律所在境外依靠何种优势被市场认可，或者说北京律所在境外的品牌形象与竞争优势，对于这一问题进行调查和总结，不仅可以鼓励"走出去"的北京律所发挥优势进一步在国际法律服务市场站稳脚跟，也可以引导尚未"走出去"的北京律所借鉴相关经验，为其提供律所跨境发展策略的重要参考。因此，本报告的在线调研以"北京律所在境外被客户选择的原因"为问题进行了访谈，访谈结果整理为表 3。

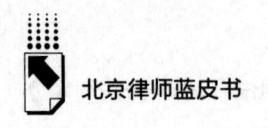

表3 北京律所在境外被客户选择的原因（多选）

排名	北京律所在境外被客户选择的原因	受访者(家)	占比(%)
1	业务内容与中国法律制度相关	62	73.8
2	更优的服务质量及服务体验	34	40.5
3	已经有过中国境内项目的合作经历	33	39.3
4	更具性价比的服务报价	27	32.1
5	中国政府机构或者律师协会推荐	12	14.3
6	与总部或者(其他)分支机构有过合作经历	12	14.3
7	客户倾向使用中文沟通	22	26.2
8	生意伙伴或者相关非政府组织如行业协会推荐	15	17.9
9	专业评级机构推荐	9	10.7
10	境外政府机构或者律师协会推荐	2	2.4

二 北京律所对"走出去"的发展规划

（一）对未来"走出去"的计划

关于未来三年内是否有（新增或继续）"走出去"发展的计划，通过调研发现，61%的受访者表示未来三年内所在律所计划"走出去"，其中包括已经"走出去"但未来三年内计划"走"得更远的律所（30%），以及尚未"走出去"但未来三年内将开启跨境发展历程的律所（31%）。

（二）计划"走出去"的目的地

具体到计划"走出去"的目的地，在表示其所在律所未来三年内将继续"走"向世界的受访者中，44%的受访者表示欧美发达国家将成为其跨境发展目的地，同时，接近40%的受访者表示共建"一带一路"国家和地区为其未来三年跨境发展目的地，热度仅次于欧美发达国家。

（三）计划目的地和目前布局区域的热度变化对比

值得注意的是，相较于目前已经形成的北京律所国际化发展格局，共建

"一带一路"国家和地区的热度有所上升,而且是唯一热度有所上升的地区,反映出北京律所已经由"集中关注中国港澳台地区和欧美发达地区"的跨境发展策略,转向更加关注共建"一带一路"国家和地区。

三 北京律所"走出去"的途径和方式

(一)律所"走出去"可能的途径和方式

律所"走出去"的方式有多种,概括起来,大致分为三种类型。

第一,直投直营模式(设立境外分支机构),即直接在境外国家/地区投资设立分支机构,即在当地选址、注册开设办公室。通常而言,只有在当地的业务量达到一定程度时,律所才会有设立分所的需求。这种模式多见于一体化管理的律所。

第二,和境外律所合作。和境外律所合作时,双方或多方在紧密程度、权利义务分配、品牌使用、人财物的管理等方面存在不同的模式。基于这些因素的不同,律所合作又可以划分为三种类型:(1)瑞士联盟结构(Swiss Verein),各加盟律所使用同一名称但相对独立,不用为联盟内的其他成员的债务或责任承担连带责任,实行内部分权管理,分散控制,只接受成员单位所在国的法律管辖;(2)联营模式,选择一家在当地已经布局很好的律所做深度的战略合作模式;(3)备忘录模式,以与境外律所/律师签订有关备忘录方式进行合作。

第三,加入国际律师组织。国际律师组织很大程度上是一种信息交流平台和行业交往平台。国际律师组织通过年会、论坛、期刊等方式,为会员提供交流和交往的便利。从进入组织的方式上看,这种形式又可以划分为加入国际律师组织和牵头成立国际律师联盟。相对来说,牵头成立国际律师组织的律所在制定组织章程、组织活动方面,具有更大的话语权。

对于一家律所来说,上述方式并不是排他的。一家律所理论上可以选择

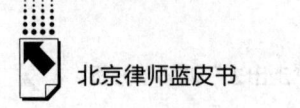

其中一种或多种形式"走出去"。现实中,多数律所确实有多种形式的国际化方式。

(二)在线调研中律所"走出去"的途径和方式

在本次在线调研中,对律所"走出去"的方式进行了访谈。在访谈的问题中,"走出去"方式划分为设立境外分支机构(直投直营模式),与境外律所签订有关合作协议、备忘录等,加入国际律师组织,采用瑞士联盟结构,牵头成立国际律师联盟五种类型。

如表4所示,在本次在线调研中,70.2%的律所设立境外分支机构(直投直营模式);58.3%的律所与境外律所签订有关合作协议、备忘录等;26.2%的律所加入国际律师组织;14.3%的律所采用瑞士联盟结构开展境外合作;13.1%的律所牵头成立了国际律师联盟。

而在所有的受访者中,超过50%的律所表示其所在律所"走出去"采取的方式不止一种。

表4 律所"走出去"的方式

序号	"走出去"的方式	受访者(家)	占比(%)*
1	设立境外分支机构(直投直营模式)	59	70.2
2	与境外律所签订有关合作协议、备忘录等	49	58.3
3	加入国际律师组织	22	26.2
4	瑞士联盟结构**	12	14.3
5	牵头成立国际律师联盟	11	13.1

注:*一家律所可能同时采取多种方式"走出去",该占比表示该方式占总受访律所数量的比例。
　　**其法律依据是瑞士民法典。依据瑞士民法典,该联盟的成立不需登记,自表示成立意思的章程通过时,即可取得独立法人资格。

(三)深度访谈律所走出去的方式选择

在深度访谈中,被访谈的15家律所都介绍了本所"走出去"的方式选择。根据律所负责人的介绍,各家律所"走出去"的方式如下。

金杜所同时采取设立直营分所、开设办公室和律所联盟三种方式"走出去"。2001 年金杜所在旧金山设立了第一家境外办公室，2005 年设立了东京办公室，2006 年在香港设立办公室，2008 年设立纽约办公室。2012 年，金杜所在国际上的一个大动作是和澳大利亚万盛国际律师事务所（Mallesons Stephen Jaques）结成了紧密联盟，联盟的英文名称为"King & Wood Mallesons"，中文名称为"金杜律师事务所"。除在澳大利亚与 Mallesons 合作之外，金杜所在美国、日本、欧洲和中东的境外分支机构都采用直营模式，在业务、财务、人员和管理上都由总部进行一体化管理。截至 2020 年 10 月，金杜所报北京市司法局备案的境外分支机构达到 10 家，为目前北京市境外分所最多的一家律所。

君合所"走出去"较早，是中国第一家在境外设立分所的律所。君合所主要采取设立直营分所的方式，1993 年就在纽约开设了分所，此外在香港、硅谷都设有办公室。目前君合所加入了两个律所联盟，一个是 Lex Mundi，另一个是 Multilaw。Lex Mundi 的成员主要是当地的一些大型律师事务所，而 Multilaw 的成员主要是一些中小型精品律所。

中伦所目前主要采用双轨并行的方式打造国际服务网络。一是通过一体化管理、本地化经营，在主要发达国家和地区设立境外办公室，逐步在当地形成独立的客户服务能力。自 2006 年在东京成立办公室开始，中伦所先后在伦敦、纽约、旧金山、阿拉木图等地设立了 7 家（北京市司法局备案数）分支机构。二是加入优质的非紧密型全球律所联盟组织，通过高质量合作形成在其他地区为客户提供法律服务的能力。中伦所目前加入的全球律所联盟组织是"世界律师联盟"（World Law Group，WLG）。WLG 是世界最大的律师联盟之一，一般在一个国家或地区只选择一家当地成员律所，所有成员所在当地的排名通常是前三位。

德和衡所开展境外业务主要通过设立分支机构的方式，除此之外，德和衡所还通过成立联营所、成立或加入国际性的律师行业组织等方式获得"走出去"的人脉和经验。德和衡所在境外设立的分支机构分为两类，一类是经过备案、审批和公示的分支机构，截至 2020 年 1 月，这类机构数量已达10家；另一类是因不符合分支机构备案要求而设立的办事处。为开展内地和港澳地区的法律业务，德和衡所携手香港简家骢律师行、澳门梁永本李金月律师事务所于2020年3月在深圳设立了德和衡简家骢永本金月（前海）联营律师事务所。而早在2011年，德和衡所就牵头其他律所设立了全球精品律所联盟（EGLA）。EGLA目前拥有88家成员律所，分布在中国、韩国、马来西亚、蒙古、吉尔吉斯斯坦和俄罗斯等19个国家和地区。成立EGLA之后，德和衡所又加入了SCG，这是一个由美国律师事务所主导的联盟，在全球吸引了82个国家的140多家律师事务所加入。

京师所的国际化采取了"五步走"的建设模式，同时也代表着"走出去"的五种方式。（1）境外联盟。全球化发展初期，京师所与境外26个国家的36家律所达成战略联盟。（2）品牌授予。为树立京师海内外统一的服务品牌，京师所在前期达成联盟的律所中挑选业务合作紧密的律所，允许其使用"京师"品牌。京师所与外国律所共享品牌，有共同的营销和发展策略，但彼此在管理、财务上保持独立，做到风险隔离。京师柬埔寨办公室即通过此种方式设立。（3）合伙人参与境外办公室管理。京师所授权所内合伙人，让其代表京师所与外国律师、律师事务所共同建立京师境外办公室，以共同投资、协议管理的方式进行合作。京师波兰华沙、京师新加坡、京师德国及京师莫斯科均是以此方式设立。（4）直接投资设立境外办公室。鉴于京师所乃至全国精通外国法律并能融入当地法律圈的律师人才稀少的现实情况，为满足国内客户不断扩大的境外法律服务需求，2019年京师所总部尝试性地直接投资设立加拿大多伦多办公室。（5）设立境外商务中心。在全球化的发展过程中，京师所发现客户的首要需求是"商务需求"，于是自2019年开始在中国企业境外经贸活动活跃的纽约等地建立商务中心。通过这些方式，京师所既实现了总部对境外办公室的实际控制，又保证了风险隔离。

观韬中茂所"走出去"的方式主要包括设立直投分支机构、联营或结成联盟两种，而在有些国家或地区，这两种方式又是结合起来运行的。观韬中茂所在香港、悉尼、纽约和多伦多设有4家直投的境外分支机构，这4家均为在北京市司法局备案的机构。4 家机构中，观韬香港办公室是在与王泽长·周淑娴·周永健律师行（PCWCC）三年联营的基础上，于 2016 年 2 月获得香港律师会的批准正式本地化，以 Guantao & Chow Solicitors and Notaries［观韬律师事务所（香港）］的名字对外服务；观韬悉尼办公室是在与澳大利亚当地律师事务所 CS Lawyers 合作的基础上，签署合作备忘录，于 2017 年 8 月整合正式本地化，以 Guantao & CS Lawyers Pty Ltd［观韬律师事务所（悉尼）］的名字提供法律服务；观韬纽约办公室设立于 2016 年 8 月，受限于美国相关法律法规，办公室是本所律师在纽约注册为外国律师再吸收一位当地律师为合伙人设立的，以 Xu & Associates PLLC［观韬律师事务所（纽约）］的名字执业，但是由观韬控股；观韬多伦多办公室于 2017 年 10 月经安大略省律师协会审核批准，正式挂牌成立，以 Guantao Law Firm Professional Corporation［观韬律师事务所（多伦多）］的名字对外执业。此外，观韬中茂所从 2008 年开始就和 Ashurst 结成独家联盟关系，借助其在欧美地区、大洋洲和亚洲的国际网络开拓国际业务。

中伦文德所"走出去"采取的是以联营为主、直投和加入国际律师组织为辅的方式。中伦文德所很早就开始"走出去"，是第一批和境外律所建立联营关系的中国律所。在 2007 年前后先后与香港胡百全律师事务所和伦敦 DKLM 律师事务所建立了联营关系，其中与胡百全律师事务所的合作是在司法部备案的，与 DKLM 之间是合同式联营。在 2011 年前后，中伦文德所在沙特利雅得与 Naji 律师事务所建立联营关系，此外还与德国、法国和比利时当地的律师事务所达成联营合作，联营网络遍及世界各地，主要集中于发达国家。2019 年，中伦文德所与美国 Becker & Poliakoff 律师事务所达成联营协议，这家律所擅长为中国企业在纽约华尔街和纳斯达克上市提供法律服务。除联营关系外，该所还通过律师联盟拓展境外业务。中伦文德所加入了国际律师联盟 Interlaw，成为 Interlaw 在中国大陆唯一的成员，并且是其董事会成员。

德恒所"走出去"的方式主要有直营分所、授权经营和合作协议三种。截至 2020 年 10 月，德恒所在北京市司法局备案的境外分支机构共有 6 家；

截至本次访谈时，德恒所在境外一共有8家境外分支机构。德恒所最早于1999年在海牙设立分所，随后陆续在纽约、硅谷、巴黎、迪拜、布鲁塞尔、阿拉木图和香港设立了分支机构。德恒所负责人在访谈时介绍说，总体而言德恒所的大部分境外分支机构不是以收益为首要目标，更主要的职能是作为国内业务的延伸，为国内的客户在境外提供法律服务。除了设立直营分支机构外，德恒所还和多家境外律所建立了合作关系。

金诚同达所"走出去"的主要方式是设立境外分所。作为过渡形式，金诚同达所于2018年在日本东京设立了办事处，并以此形式在日本开展业务，待条件成熟，金诚同达所会将东京办事处往东京分所的方向发展。除此之外，金诚同达所还加入了ADVOC、Lex Africa、"一带一路"律师联盟等律师行业国际组织。三个国际组织中，ADVOC属于国际律师事务所联盟组织，金诚同达所作为ADVOC的副主席单位，会定期派团参加相关活动；Lex Africa是一个由非洲各个地区的当地律所建立的长期联盟；"一带一路"律师联盟是由中华全国律师协会发起，于2019年12月成立的国际性专业组织。

相对来说，中闻所"走出去"的起步较晚，而其选择的主要方式是设立境外分支机构。目前中闻所在新西兰设立了一家办事处。此外，中闻所在香港和当地律所开展了联营，并希望在联营三年之后，在香港设立独立的分支机构。[1]

汉坤所"走出去"的主要方式是设立境外分所。汉坤香港起初采用联营的模式同香港本地所进行联营（根据当地规定），其后，经中国香港律师会批准，汉坤香港分所与其香港联营律师事务所正式合并。合并后，汉坤香港的正式名称为"汉坤律师事务所有限法律责任合伙"（Han Kun Law Offices LLP）。除此之外，汉坤所还加入了World Services Group和Pacific Rim Advisory Council等国际律师协会，希望通过加入这些国际组织逐步构建律所国际化的服务网络。

---

[1] 根据香港地区有关规定，境外律所在联营三年之后才能独立开设分支机构，所以中闻所有此计划。

大成所在2007年开始布局"走出去",在尝试各种"走出去"的方式后,选定了采用瑞士联盟结构、和Dentons合并、加入国际律师协会(IBA)等作为"走出去"的主要方式。大成所和国际上近百家知名律所组成了瑞士联盟结构,通过这种结构和成员律所合作开展涉外业务。2015年11月,大成所与Dentons律师事务所实现了合并。合并后的新律所依瑞士联盟结构组成联合体,依"一个律所"的原则组建联合管理团队。同时,新律所内各区域成员将保持原有的律所文化、工作环境和地域特征。新律所在全球拥有逾12000名律师,服务超过80个国家,业务遍及世界六大洲。此外,大成所作为一个会员单位加入了国际律师协会(IBA),IBA通过每年的会员大会和其下设的各专门委员会,为律所成员提供一个交流、沟通的平台,借以分享法律服务市场的各类国际资讯。

盈科所"走出去"的主要方式是设立境外直营机构,以及组建和运营盈科全球法律服务联盟。盈科所在2010年通过法律服务联盟的形式开始在全球布局,已经覆盖了82个国家,近几年又在中国企业投资比较多的国家开设了盈科所的直营机构,在美国、韩国、蒙古、阿联酋、柬埔寨、澳大利亚以及中亚的哈萨克斯坦、吉尔吉斯斯坦、乌兹别克斯坦都开设了直营机构。此外,盈科所牵头以瑞士联盟形式组建盈科全球法律服务联盟。该联盟于2019年12月底签署了启动协议,总部设在中国深圳。目前联盟已经覆盖55个国家115个城市。

合弘威宇所是一家执业律师人数在30人以下的小型律所,"走出去"的主要方式是和境外律师机构合作互设联络性质的办事处,律所负责人在接受访谈时介绍说,目前该所已在美国、柬埔寨、日本、加纳、吉布提等国家设立办事处。此外,合弘威宇所的前身威宇所曾于2015年发起成立全球律师机构联盟,联盟的秘书处设在当时的威宇律师事务所。这个联盟把世界主要国家的律师团结起来,为"一带一路"提供法律支持。

西山所是一家执业律师人数在10人以下的小型律所,目前在印尼设有一家分支机构,但是截至2020年10月,该机构尚未在北京市司法局备案。此外,西山所在日本开展了律师业务服务,但尚未设立机构,主要采取与当地律师合作的模式,提供非诉类业务咨询。

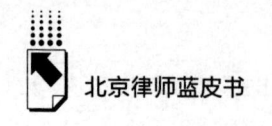

（四）北京律所"走出去"方式选择总体特点

从各家律所的介绍来看，每一种方式都有一定的优点，也有一些不足（见表5）。对于特定的某家律所来说，到底采用哪种方式，要考虑所在地区的法律和文化、合作律师的情况、律所自身的条件和理念等方面的因素。

表5　各种"走出去"方式的优势与劣势对比

方式	优势	劣势
直投直营	向客户提供一体化的服务，在文化、管理、业务质量和团队上保持一致性。其人员是自己的员工，能获得更好的成长	管理成本和市场开拓成本较高，规模较小的律所可能无法承担这样的成本
瑞士联盟结构	允许各成员律所维持独立核算，对外可以使用共同品牌，对内共享律所发展战略、市场推广、IT技术等	并不适用于所有的中国律所，因为它需要其人员、规模、专业能力都达到一定的程度。另外营收利润不在成员律所间共享，成员所律师之间分享业务的动力可能不大
联营	与设立分所通常需要当地司法部审批不同，双方签署协议之后就可以开展工作。同时，本地律所的话语权会比较大，自由度也相对高，又能够通过合作达到"走出去"的目的	如果限定了联营合作伙伴，和当地其他合作伙伴的关系可能会出现微妙的变化
备忘录	相对于直营直投、瑞士联盟结构、联营，备忘录更加灵活	通常会过于松散，缺乏稳定性和持续性
加入国际律师组织	拥有国际律师组织身份的律师可以通过已建立的联系致电全世界任何地方的另一位律师，了解该司法管辖区的法律环境，或将客户推荐给他们认识的专业人士	从合作紧密程度上来说，一些大型国际律师组织可能不如好友圈律所的合作紧密

从北京律所"走出去"的方式来看，北京律所能够根据律所自身的特点、组织形式和战略定位以及目标国家或地区的情况来因时因地、因情因势地制定律所"走出去"的策略。值得注意的是，有些形态是阶段性的，是

律所出于当地对外国人开设律师事务所的规定限制（被动），或者出于对成本风险的考虑（主动），而暂时选择的过渡期安排。

四 北京律所"走出去"地理布局的影响因素

（一）北京律所境外布局的影响因素

关于北京律所"走出去"时机和区域的战略设计，调研统计结果显示，有六成受访者认为"中国与境外国家或地区的国际关系形势"是重要的影响因素。同样排在前三位的因素还有"在当地已经积累的客户资源和服务经验"以及"自身优势领域及当地法律服务市场空间"（见表6）。

表6 北京律所境外布局战略影响因素（多选）

序号	北京律所境外布局战略影响因素	受访者（家）	占比（%）
1	中国与境外国家或地区的国际关系形势	69	60.0
2	在当地已经积累的客户资源和服务经验	63	54.8
3	自身优势领域及当地法律服务市场空间	51	44.3
4	于当地设立律所分支机构的条件和程序	44	38.2
5	培养招募满足市场需求的涉外法律人才	33	28.7
6	境内境外律师行业协会的友好互信关系	19	16.5

（二）对香港区位优势的利用

对于中国内地的律所来说，香港区位优势具有特殊的意义。内地律所"走出去"时，第一站往往设在香港。即使业务在全球普遍覆盖的律所，也会在香港开展律师服务。在北京市司法局有备案境外分支机构的25家律所中，有17家律所在香港设有分支机构，占68%。而那些没有设立分支机构的律所，也往往会以其他方式在香港开展相关业务。在深度访谈项目中，共有7家律所分享了对香港区位优势的看法和在香港开展业务的实践经验。

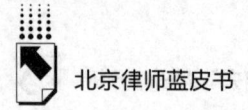

以德恒所为代表,其在香港设立了分所,从业务上来看,香港资本市场和大型央企、国企的法律服务是非常重要的领域,在企业上市方面,香港是一个非常繁荣的市场。除了资本市场以外,以香港为目的地或者平台的投资、并购、融资以及日渐增长的争议解决需求也是重要的业务来源。从区位形势来看,需要在香港建立一个各类法律事务的支撑点。德恒所在广东有4家分所,分别在广州、深圳、珠海和东莞,香港分所设立后,德恒所可以在大湾区形成完善的布局,同时也希望将香港分所建成德恒国际业务综合平台。

(三)对"一带一路"发展机遇的利用

对于"一带一路"发展机遇的重视和利用,北京律所表现出了很高的积极性。在北京市司法局有备案境外分支够机构的25家律所中,有19家律所的境外分支机构覆盖共建"一带一路"国家和地区,占76%。而在深度访谈项目中,共有13家律所分享了其有关"一带一路"发展机遇的经验和看法。

以金杜所为代表,在"一带一路"建设中,金杜所开展国际化服务的特色主要在于三个方面:一是强调在重点领域和重点项目上为中国企业提供服务;二是专门成立了"一带一路"国际合作与促进中心;三是"一带一路"国际合作与促进中心和金杜所其他地区的境外分支机构联动,为"一带一路"发展提供更好的法律服务。金杜所通过"一带一路"国际合作与促进中心将"一带一路"沿线的法律服务资源集中起来,在重点领域和重点项目上为中国企业提供服务,例如莫喀高铁项目(中蒙俄经济走廊中拟连接中国和俄罗斯的莫喀高铁项目)、巴基斯坦首个高压直流输电项目(中巴经济走廊中的巴基斯坦默拉直流输电项目)、中老铁路和中泰铁路(中国—中南半岛经济走廊中的铁路项目)等。这些项目都在当地具有重大的区域经济和政治影响,为这些项目提供法律服务涉及对不同国家中介资源的协调。共建"一带一路"国家中个别地区法律环境欠佳,法律服务水平不足,中国企业面临极大的政治风险和法律风险。为了给当地客户保驾护航,金杜所不仅自身需要具备有经验的团队,还需要拥有具备当地经验的合作伙伴。"一带一路"国际合作与促进中心不仅是金杜所的一个部门,而且是连接客户、研究机构以及当地法律服务机构和其他专业机构的一个平台。金杜所的其他境外办公室也会通过这一平台参与到"一带一路"法律服务中,比如在共建"一带一路"的一些国家,合同和协议会适用英国法,此时金杜所伦敦办公室就可以提供服务。涉及大型基础设施、矿产资源和项目融资等极具专业性的领域,境外办公室有行业领域的专业团队提供支持。面对"一带一路"的法律服务需求,金杜所不仅能调用国内的人才,也会充分发挥境外机构的人才优势,例如将一位金杜澳大利亚办公室合伙人借调到亚投行(亚洲基础设施投资银行)工作。

五 北京律所对境外业务的经营管理

(一)如何进行品牌的维护与管理

律所境外业务的经营管理的一项重要任务是建设和维护律所的品牌形象。

1. 金杜

金杜所十分重视品牌的建设和维护,在2020年Acritas Sharplegal全球精英律所品牌索引中金杜所排名第14位。金杜所只有不到30年的历史,而境外具备同等实力的律所大多经历了上百年的沉淀。金杜所对律所的品牌进行了严格管理,在网站、名片、邮件模板和演示文稿等载体上都有统一的专门设计。

2. 金诚同达

金诚同达所将"金诚同达"品牌形象的建设视为国际化的最大目标。真正的国际化是要在当地打造自己的律所品牌,得到当地法律市场的认可,而不是仅仅作为对内宣传的噱头。国际合作也是广义的国际化,是拓展境外业务的重要方式,但这并不是律师事务所本身的国际化。金诚同达所的目标是要在境外树立起"金诚同达"这个实体机构的品牌。

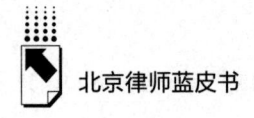

3. 汉坤

汉坤所的品牌是律所综合素质的体现，而其中客户的构成尤其重要。品牌的根基是事务所的服务质量、人员构成、客户构成。客户的构成相对来说比较重要，客户的好与坏从某种意义上反映出律所的好与坏。客户与律所是相辅相成的，所以把法律服务做好是建设良好品牌的一个重要环节。

（二）如何进行风险控制

在国际业务中，律所面临复杂的风险问题，充分重视风险防控是一家律所理念先进、管理严格的重要标志。在深度访谈项目中，有7家律所较为详细地介绍了其关于风险控制的经验和看法。

1. 金杜

金杜所在国际化过程中十分重视风险控制。金杜所在国内外都执行严格的风控制度，每一个境外办公室都有专门的合规和风控人员，根据当地的执业要求进行风控管理，包括全球执业保险的安排以及全球风控管理委员会的设立。

2. 德和衡

对于风险控制，德和衡所复制和延伸了国内的做法。在风险控制方面，复制国内的制度，律所的内部体系、制度、格式化的收费协议等都与国内保持一致，并且经常开展相关培训。

3. 中伦文德

中伦文德所主要在选择合伙人或合作律所时加强风险控制。风控中很重要的一点是背景调查，对负面信息或者处罚信息进行充分的调查，并听取周边律所对合伙人或者律所的评价。同时，在联盟的章程上达成一致，愿意互相贡献客户资源并且分享经验。在满足这些条件的情况下，就可以达成合作，并没有设定很高的门槛。中伦文德所希望有缘分的同行尽可能多地团结起来，共同开发业务。其认为律所联盟的核心实际上是业务，业务上合作得多自然能加强合作意愿。如果只具备联盟形式而不具备业务合作的内核，联盟的关系就会逐渐变得松散。

4. 德恒

德恒所将合伙人、制度、品牌、培训、内核等因素都纳入风控的范围。德恒所的品牌由北京总部统管，可以很好地控制品牌宣传。在制度上，总部与分所保持密切的联系，总部有较强的控制力，通过律所 OA 系统以及交流培训等加强管理。境外机构的合伙人每年会通过各种研讨会和境内大多数合伙人进行交流，充分了解德恒所的制度。另外，对于重要的项目，德恒所有自己的内核体系来控制风险。

5. 金诚同达

金诚同达所通过稳健的投资和严谨的合规性加强风险控制。风控包含两个方面，一个是投资损失，另一个是业务风险。其投资是非常稳健的，如果条件不是完全成熟，不会冲动投资。因为采用直营的模式意味着由自己负担成本，涉及事务所的预算管理，需要慎重决策。在业务风险方面，金诚同达所严守执业资格的要求以及所在国的法律规定，绝对不在业务上进行"无所不能、无所不包"的扩大或者不实宣传。如实向客户说明哪些能做、哪些不能做，在可为的范围内提供客户真正需要的法律服务。

6. 汉坤

在风控方面，汉坤所设有风控委员会，直接负责风控问题。其风控主要有两点，一是利益冲突问题，二是对出具的法律意见、法律文书，特别是对重大问题事务所的态度，必须有一个统一的标准。另外，在为客户服务的过程中，需要对客户的陈述做一个合理的取舍，分辨出哪些是真的、哪些是假的。汉坤所因为实行公司化管理，所以从体制上来说，做这种取舍会相对容易一些。风控还涉及客户之间有没有冲突的问题。具体来说，某一客户来到汉坤所，首先要评估该客户和汉坤所现有的客户之间有没有冲突，会不会对未来的客户形成挑战，会不会对以前的客户形成冲击。

7. 大成

大成所遇到了一些风控方面的问题，目前已经有了一些解决风控问题的构想，比如在同一个大区内不能有利益冲突。在不同的大区，客户虽然可能是同一个母公司，但其子公司在不同的大区做的可能是完全不同的业务，这时就通过"防火墙"的方式来解决问题。此外,大成所会对大客户采取一些适当的保护措施。大客户往往需要跨国、跨区域的多个办公室参与提供法律服务,那么,对于有冲突的小客户、小项目,大成所就会从全球律所运营的角度出发而考虑放弃。这可能会影响一些合伙人的利益,则需要考虑建立补偿机制。有不少国外大企业、跨国集团也注意到了风控的问题。原本其在全球各地可能需要几十甚至上百家律所提供服务,本身也涉及很复杂的风控管理和预算问题。近年来,一些大型跨国企业在这方面做了优化,将其全球律师库内的律所数量降至十个以内,侧重寻找大成所或者像大成所一样在全球布局较为完善的律所,以减轻法务部门的负担。这种大客户的黏性会不断加强,服务费也会较为可观。

(三)如何保证服务质量统一

律所走出去,布局全球,但是各个国家和地区往往拥有不同的法律体系和法律制度,在文化、教育、宗教等方面也存在大小不等的差异,面对这种情形,律所如何统一服务质量?

1. 中伦

中伦所主要通过合伙人的选择和统一的管理制度实现质量统一。这方面最重要的因素是选对人。中伦所在选择境外办公室合伙人时,除了考察专业能力和经验,还特别注重候选人在三观和文化上与中伦所的契合度。另外,根据一体化管理和本地化经营的方针,总所统一制定了各项管理制度,包括风险控制、质量控制等制度,在遵从当地法律要求的基础上,各办公室根据规定,因地制宜开展合规管理,以保证服务质量。

2. 中伦文德

中伦文德所主要通过选择合适的合作律所来保证服务质量。中国企业"走出去"一般会希望有一家中国律所作为牵头方,因为双方之间沟通比较便捷。该所会受中国客户的委托,到目标地寻找合适的律师事务所,如果是之前和该所有联盟关系的律所,会比较了解对方的服务质量;如果是在陌生的领域,会通过国际网络去寻找,国际网络本身就对律所做了一定的质量筛选；如果通过国际网络也找不到合适的律所，会采取其他方式，比如通过合作过的律师去寻找；如果通过以上方式依然找不到，会请对方对之前相关的业绩进行梳理，由业绩入手去考量对方的服务质量，也可能会询问之前业绩的当事方，综合印证对方的业务水平。在合作的过程中，如果发现对方的服务质量出现问题，会及时和对方的主管合伙人沟通。

3. 金诚同达

金诚同达所通过自身特色和本地环境相结合保证质量统一。目前金诚同达所"走出去"主要选择发达国家和地区，其法律市场相对更成熟，法律体系相对更复杂，对律师的要求也相对更高。要达到这样的服务水平，首先还是需要苦练内功。该所在东京开展的业务类型主要分两块，一块是为日本企业提供中国法律服务，另一块是为在日本投资的中国企业提供跨国服务，这两块业务都是国内办公室长期在做的，属于现有业务的延伸。在日本开展业务自然需要融入当地的商务环境，做到顺畅沟通，其日本业务团队基本都有在当地工作和生活的经历。同时作为一家中国律师事务所，金诚同达所也随时不忘保持和突出自身特色。

4. 中闻

中闻所采取的是最低标准的制度。统一服务质量主要是通过内部的制度建设及风控体系建设。在不同的法律市场，客户会有不同的需求，可能没有办法做到统一收费标准和统一事项安排，中伦所前期可能会根据不同的市场需求，制定一些最低的标准和要求，然后在这个最低标准的基础上，朝更高的标准努力。

5. 汉坤

汉坤所强调用语言、文化、法律、人才的本地化解决法律服务质量问题。在"一带一路"涉及的所有国家开设直营所或者联盟所是很困难的，在当地的法律服务质量很难得到保证，因此，除分析客户遇到的具体问题，结合大的法律环境外，最重要的是提高自己的服务水平和质量：首先，用非常熟悉当地法律、非常敬业的人来为当地提供服务；其次，用客户能够听懂的语言讲清楚当地的法律规定，同时也讲清楚中国的法律规

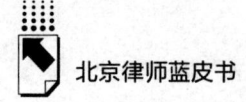

定；最后，通过和当地的知名学者或律师开展有效的合作，管控其他地域的服务质量。

6.大成

大成所强调通过传、帮、带实现质量统一。在最初的合并过程中，大成所选择的都是当地服务质量很好的律所，在后期的合并中仍然保持这个要求，寻求与当地非常优秀的律所合作。如其最近合并的一个律所，是韩国最大的律所之一。在新加坡，大成所选择的合并对象也是新加坡最大、历史最悠久的律所。合并后的问题就是如何提升统一性。服务质量的差别不会太大，尤其是一线所（如北上广深的律所），和其他外国律所的差距就更小，然后通过传帮带，对二线、三线律所做大量的培训、交流以及开设内部论坛等，包括参考全球经验更新和推行中国区统一标准文件模板。在全球化中大成所学习了先进经验，成立了新部门。我国大多数律所没有专门的商务发展部门或者市场部门，没有人做统一的模板管理、市场开拓、对外联络、数据积累和分析。大成所在和Dentons的合作中发现，欧美律所都有很完善的商务发展和市场部门，人员庞大、经验丰富，有专门的人员负责上述工作，极大地节省了律师的时间，因此大成所也设立了相应的部门。

7.盈科

盈科所通过三个层级实现全球质量统一，一是盈科中国，二是盈科全球法律服务联盟，三是直营机构（完全同国内一体化建设）。盈科所在不同的专业领域都会设立专业委员会，形成服务的标准，疑难复杂的案件会通过多个国家协作完成。在法律风险责任主体上，也会告知客户律所是按照哪国的法律设立的，隔离互相之间的风险。

（四）如何选择合伙人

律所设立境外分支机构时，往往会面临选择境外合伙人的问题。合伙人选择关系到律所的法律责任、经营管理、客户资源、业务能力等多个方面，是律所"走出去"需要特别重视的一个问题。

1. 金杜

金杜所选择合伙人时，不但考量对方的业务能力和客户资源，还考察对金杜所文化和价值的认同。当各方面都达到金杜所的预期时，其才有可能进入金杜所的境外平台。

2. 京师

京师所选择合伙人强调从认识到磨合的渐进过程。京师认为律所"走出去"要有试错精神，因此广泛接触当地律所律师，寻找有意向的合作伙伴。联盟—品牌许可—合伙人个人与当地合作伙伴合作—律所直接投资直接管理，紧密度不同，品牌和风控要求不一样；如不适合，可以止损。对于境外办公室合伙人的选择，京师需要有律所管理经验的本地精英，做到双方实地交流考察，强化理念认同，先松散合作，再逐步紧密，最后到合伙，有个循序渐进的过程。

3. 金诚同达

金诚同达所在合伙人选择上，注重做好品牌和风控，在业务和运营上都强调需要合适的合伙人。金诚同达所本着开放的心态，开展了一些青年合伙人的培养和招募计划，希望有更多优秀的合伙人能够加入。当前出于业务基础和熟悉程度的考虑，其境外分支机构的人员主要由国内派遣，但只要遇到合适的人选，不会以任何硬性壁垒限制当地人才的加入。

4. 汉坤

对于合伙人的选择，汉坤所强调价值观、沟通效果、归属感等方面。首先，因为汉坤所实行一体化的公司化管理，所以文化认同就显得尤为重要。只有认同汉坤所的文化，互相欣赏，才能为律所的建设提供一个良好的人员基础。所以，在选择合伙人的时候，汉坤所认为价值观尤为重要。其次，是让现有的合伙人与新合伙人进行沟通交流，综合各方反馈。最后，相比于选人，汉坤所认为吸引人才是最重要的。而吸引人才到来的重要一点就是要努力建设一个有吸引力的律所，做好自己的业务和事务所的管理，服务好自己的客户，努力做好事务所的文化建设，使员工对事务所有认同感、归属感、自豪感，这样才会逐渐建立一个有吸引力的品牌。

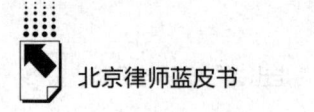

5. 盈科

盈科所在美国选择合伙人的标准包括基础背景、资历、能力、对律所的贡献等方面。对美国合伙人的要求是多角度的，主要考虑在境外的发展还处于前期阶段，在美国的规模并不大，但承接的业务规模很大，所以对律师的基础要求是通过背景调查，没有受过处分，没有犯罪记录，认可中国和中国客户，没有反华倾向或政治问题。在这个基础之上，希望合伙人有一定的业务规模。盈科虽然也招募了一些资历较浅（5~10年）的律师，但更倾向于招募有顶级律所背景，最好是在百强律所有5~10年执业经验的律师，这些律师的服务质量和能力更有保障。主要招募对象是有15~20年执业经验的律师，这样便于迅速提高服务水平，有能力承接一些比较重要的案子。从合伙人对律所贡献的角度来说，主要是两个方面：一方面，希望加入的合伙人愿意帮带新人，愿意带动律所服务水平提升，这对于起步阶段的律所来说是非常重要的；另一方面，希望他们能每周抽出一定的时间来帮助盈科美国、盈科全球进行业务拓展，包括市场拓展、品牌拓展、人才招聘、律所制度建设等方面。整体上来说，有两个目标群体，一个是在百强律师做过合伙人的华人律师，另一个是对中国业务或者是全球业务感兴趣的美国律所的资深合伙人。

6. 合弘威宇

合弘威宇所在合伙人选择方面，有四个方面的标准。第一，要考察合作伙伴的政治立场，对方必须尊重和热爱中华民族和中国，与现有的理念完全相符。第二，双方需要经过长期的磨合，形成一种心照不宣的默契。第三，对方也需要有一定的影响力，可以互相借势。第四，合作伙伴最好已经通过我国相关部门审查，获得官方认可。

（五）如何进行人、财、物管理

国际化的律所分支机构众多，覆盖的国家和地区广阔，各地的制度和文化存在差异，分支机构背后的从属关系较为复杂，因此，合理有效地进行律所人、财、物管理，是律所顺利开展国际化业务的前提和基础。

1. 君合

君合所在人、财、物管理上突出地体现了一体化和垂直监管两个特点。律所的管理模式决定了律所的行为模式。君合所采取人、财、物一体化的管理模式。在全球办公室采用统一的人才录用标准，人员录用权不在某一个办公室或者团队自身，而是由管委会和人事部门来把控。"财"也是同样，成本开支统一进行管理，不会让某一个办公室或者团队过度扩张。事务所对律师工时实时监控，通过各种动态报表来展示，把控律师团队的忙闲状态，不会让本身已经满负荷的律师再额外去做工作。"物"的方面，国际客户感知更为明显。每年君合所要接受 20~30 个国际客户的信息安全审计，主要审查事务所的 IT 建设、业务管理、行政管理和安全管控是否达到客户信息数据保密的要求。一体化的管理模式使得其可以根据自身业务发展的需要，适时适度地进行基础建设的投资，这些对于不少团队制的律所来说是难以做到的。

2. 中伦

中伦所在人、财、物管理上突出地体现了一体化和本地化相结合的特点。中伦所采取的是"一体化管理+本地化经营"的模式。人、财、物的管理方面由总部统一确定大的原则和标准，然后通过本地化的管理来具体实施。

3. 京师

京师所在人、财、物管理上的特点是针对不同的机构设立方式或不同的合作模式采取不同的管理方式。对于联盟、品牌许可的模式，由于相对合作松散，采用的是双方人、财、物完全独立，仅通过协议约定业务合作机制、风险责任承担、品牌使用规则的方式。对于合伙人参与境外办公室的模式，由合伙人个人直接投资、直接委派人员管理，合伙人个人与律所签订合作协议，约定风险控制、利益分配、品牌使用等。因为律所合伙人个人投资管理境外分所，大家利益紧密关联，便于律所加强对境外分支机构的控制。律所直接投资的境外分所和境外商务中心，一般都是由律所直接投资、直接管理，京师所将全球管理中心放在上海，并拟在全球直接投资建立四个区域总

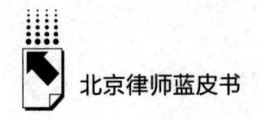

部,即北美总部、欧洲总部、莫斯科及中亚总部、中东及非洲总部。

4. 中伦文德

中伦文德所在人、财、物的管理上强调保持每个机构的独立性和因时因事制宜的灵活性。基本保持每个机构的独立性,不是采取直投模式,不能通过一本账管控所有细节。因为合作伙伴已经在市场上占据一定的地位,有成熟的管理模式,所以中伦文德所不会插手对方的管理。在内部流程上坚持以项目为中心,如果和公司制的律所合作,会尊重对方的模式,通过两家律所的合作来开展业务;如果对方是合伙制律所,也不排斥律所的合伙人之间进行合作,不一定要经过律所的管理层批准。在收益分配上,佣金和介绍费会放在全球法律联盟里,用于组织的发展,因为这是一个非营利的平台。有些国家规定律所之间不能支付佣金,中伦文德所也会尊重这些规定。无论是在国际联盟内部的合作,还是同律所、非律所或者合伙人的合作都是比较灵活的,其目的是促成更多的合作,所以在人、财、物的管控上比较灵活,并非采取某种单一模式。

5. 德恒

德恒所重点介绍了财和物的管理。其设立分所的主要目的不是营利,而是支撑国内客户,因此总部对大部分境外分所是不提取利润的。在后续发展过程中,对于部分出资设立的境外办公室象征性地收取发展基金,用作共享品牌和市场推广方面的支出。

6. 中闻

中闻所目前在国内是按照所有分所一体化,直投直管直营。但是在国外,由于还处在摸索阶段,会根据当地实际情况,进行制度考核安排。在总部的风控委、考核委和执委会讨论考察后才能确定最佳的合作模式,基本上能做到一国/一地一异。

7. 汉坤

汉坤所在人、财、物的管理上强调一体化和透明度。汉坤采取一体化的管理模式,所有的分所统一支付房租、工资等日常的费用。分配方面也有一套透明的机制,从而避免了在分配方面的争议。

六 北京律所"走出去"的特别经验

(一)北京律所"走出去"的人才培养

律所"走出去"需要人才,而且需要的是非常专业的或复合型的人才。律所"走出去"最重要的一项前提条件,就是人才。律所能否在国际化的道路上做大做强,一个关键因素也是人才。对于如何吸引人才、留住人才、培训人才,各律所有自己的经验。

1. 汉坤

汉坤所在人才培养方面内部有完善的培训体系,但还需要在实践中不断学习,不断积累经验。律所给律师创造更多的好的机会,提供优质客户,协助律师进行演练和复盘。同时,律所的合伙人通过言传身教培养年轻的律师。

此外,人才因素是汉坤所设立境外办公室最终获得成功的一项关键因素,为了吸引人才,留住人才,汉坤所一直在努力打造一个大家喜闻乐见的平台,营造良好的文化氛围,培养良好的团队,提高管理透明度,让大家有归属感。

2. 京师

京师所在国际化探索与建设中,同样面临涉外精英法律人才匮乏的困境。国际化的法律人才应是全面综合的复合型人才,优秀涉外人才不仅仅是法律行业的佼佼者,对外语的熟悉程度更是要达到高标准。为突破此发展局限,京师所已出台多项政策,培养和引进具有国际视野的法律人才。

第一,专业培训储备优秀人才。"打铁还需自身硬",京师所颁布政策大力发展法律考试与律师业务培训两个项目,把专业化做到极致。此前,为加强对青年律师的培养,储备后备力量,京师所推出了实习律师扶助政策,在生活服务、专业培训、执业晋升等方面资助和扶持实习律师,该政策广受褒奖,成效显著。截至2020年,京师所计划让更多行政人员在京师法考带领下通过法律资格考试，为更好地服务律师做准备；同时，通过"京师实务讲堂""京师律师网校""案例研讨沙龙""京师律师学院"等业务类高频次高效率的集训，有效提高青年律师执业水平和专业能力，为京师所专业化发展与全球化布局储备优秀人才。

第二，涉外法律人才培养计划。在推动中国律师"走出去"，加强涉外律师人才培养的发展背景下，京师所特别发布了"京师涉外法律人才培养计划"。将通过一系列扶持、培训政策，采取"内部精准培养和外部广纳人才"双战略吸收一批具有国际视野、通晓国际规则、善于处理涉外法律事务、能够参与国际合作与国际竞争的高端复合型法律人才。相关政策包括：（1）留学无忧：为符合条件的律师提供留学助学金，助其顺利完成学业；（2）考试无虑：雅思/托福考试报考费全额报销；（3）业务扶持：通过业务洽谈免积分、专业部门申报优先审核、配备免费办公位等措施为"一带一路"等涉外法律业务提供扶助；（4）项目助推：京师所将与设有"涉外法律人才培养基地"的高校达成项目合作，开设"研修班"，成立"实习基地"，为律师提供一个专业、高效的成长平台，快速提升律师从事涉外法律服务的水平；（5）培训赋能：通过"线上+线下"培训活动，充分发挥知识管理部等多个平台的作用，涉外律师业务培训与课程开发两手抓，从输入端与输出端提升涉外律师业务水平；（6）口语提升：涉外法律人才要求能熟练运用外语（尤其是英语），为此，京师将特设"英语角"，定期邀请专业口语老师授课，为律师开展涉外业务提供最基础的交流保障。

第三，建立涉外领军法律人才库。为整合京师所涉外人才资源，鼓励其开拓涉外业务，京师所特别发布了《京师涉外法律人才库建设方案（试行）》，根据司法部涉外律师人才库业务分类，将京师所涉外人才库按照国际经济合作、国际贸易、跨境投资、金融和资本市场、能源与基础设施、海商海事、跨国犯罪与追逃追赃、知识产权及信息安全、民商事诉讼与仲裁等九大专业领域分类。在事务所内部，京师所从以下多个方面多个维度为涉外法律人才创造条件。（1）行政资源优先享用。预定会议室、使用会议用品以及宣传推广免费，涉外专业部门成立优先审核，免除涉外律师年审费。

（2）享受部门主任同等待遇。涉外招标等政府业务优先推送，律协、商会等职权、荣誉优先推评，涉外案源专属承办。（3）媒体、形象宣传资源支持。律所助力涉外律师跻身钱伯斯等各大涉外榜单；设立人才库展示区，帮助客户选择最适合的涉外律师；为涉外人才举行证书授予仪式。（4）丰厚的现金奖励。根据律师个人年度涉外业务量，律所将定向给予高额返点激励。（5）提供专属私人订制服务。与境外办公室交换办公，享受全球资源；邀请国内外知名专家、学者开展专项论坛、讲座。

第四，组建 Jingsh Global Lawyer。为充分调动京师所体系内现有涉外法律人才资源，打造一支国际化法律人才队伍，充分发挥其在各个专业领域的特长，从而形成聚合优势，京师所在全球体系内招募律师，组建"京师全球律师联盟"。首批入选的 52 名律师经过双语能力、海外留学经历、涉外法律培训、多年的执业经验、国际化的专业或者业务经验、相关的专业表现、客户范围以及业务关系和来源、整体的专业声誉等多个标准的考核在众多报名者中脱颖而出。这些律师可以熟练运用外语，并结合不同领域的法律知识有效地处理法律相关事务，为国内外客户提供最高质量的法律服务和咨询意见。此外，京师所将在上海国际总部设立外国专家顾问团队，为京师所的涉外法律服务提供专业保障。

（二）如何处理法律和文化差异

律所"走出去"的一个重大困难是面临不同国家或地区的法律差异和文化多样性，而如何处理这种法律和文化差异成为律所全球化经营管理的一项重大课题。

1. 西山

西山所在印尼设有分支机构，与合伙人的文化不同会导致工作方式上的一些差异。比如接到案子需要加班，这在印尼就会受到挑战。因此该所尽量尊重当地文化，按照当地的工作习惯处理问题。

2. 大成

各国律师之间的文化差异影响到成案率，中国的律师需要考虑如何跟外

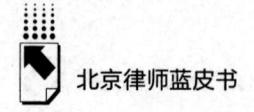

国律师合作，将案件拿到手。各国律师收费方式不同，比如中国企业很多是要固定费率或者不分情形的封顶价，而国外律所通常是按小时收费或者要求有条件限制的封顶价。这就需要律师们互相理解、认同。对此，大成所让各个区的合伙人交流自己所在区的企业的工作方式以及他们希望的收费方式。现在市场上相对比较活跃的是中国企业，更多的是根据中国企业的特点，包括国企招投标的方式、民营企业的工作方式及收费方式，去和境外同事做积极沟通。有时也会采取首单优惠的方式，让客户感受大成所的服务质量和水平，并逐渐建立良好的合作关系，来提高成案率。现在主要采用两种方式。一种是做内部宣讲。大成所在全球合伙人大会上专门安排了小会来讲中国区客户的收费方式和思维方式，来增进理解。另一种就是D2通道。D2通道的人员专门负责跨区域案件的对接，如果两个区域的律师在沟通中出现问题，他们可以很快发现并介入帮助沟通。

3. 合弘威宇

合弘威宇所强调和合作律所加强沟通来减少法律和文化差异。在业务合作上，做到"一事一议，一案一议"。总部把所有的信息共享给境外办事处，比如开辟了新的法律服务市场，获得了荣誉等，共同勉励，相互扶持。同时会收集这13个办事处在境外的信息，及时编辑新闻反馈到总部和各分所。

（三）如何看待一体化

在律所全球化经营管理中，一体化意味着高度的整合、垂直的管理和相同的制度。对于律所是否需要一体化，需要多大程度的一体化，如何实现一体化等问题，不同的律所有不同的经验和看法。

1. 君合

在国际化进程中，君合所始终强调一体化，在一体化的基础上确定品牌建设、风险控制和合伙人准入等方面的机制，君合所境外分所都是按照统一的标准来建立的，相互之间不是独立的关系。君合所是一体化管理的平台，意味着人、财、物都是统一进行管理。律师行业提供的是智力服务，服务质量由人才、知识储备与经验决定。君合所在人才引进、财务管理以及品牌建设等方面采用统一的标准，从而保证服务质量的统一与优质。在君合所，所有管理事务与管理策略都由管理委员会统一把控，不由业务团队自己决定。

2. 大成

大成所在全球扩张之后，面临内部融合、整合的难题。现在大成所的全球律师人数已经超过一万，很多人彼此还不够熟悉和了解。为使律师彼此间更熟悉，不同办公室的人员能更便捷地了解每一名律师的专业水平、业务能力、业务特长，大成所设立了专门的平台，让大家能面对面地交流，并在全球范围内设置了 D2 通道，每个区域、每个国家都有一个 D2 通道的邮件组，成员包括该区域的专职工作人员、区域 CEO 以及负责 D2 通道的合伙人。如果一个区域的律师在其他区域有业务需要协助，就可以向邮件组发邮件寻求支持。目前的响应时间通常在 24 小时之内。

（四）如何看待本地化

律所对全球化经营管理中的本地化，强调律所的境外分支机构要了解当地的法律和文化，具有提供当地的法律服务的能力。

德和衡所强调在国际化运营中，律所分支机构要提供"地方化"的服务。境外分支机构不能孤立运转，而是要加入德和衡所的国际化网络中，加强业务上的沟通交流。同时，分支机构需要提供地方化的法律服务，尽可能融入当地的环境。

以德和衡所俄罗斯分所的本地化服务为例。德和衡所在莫斯科设立分所之后，跟大使馆、贸促会、俄罗斯中国总商会及和平统一促进会等中国的机构和组织建立友好关系，针对一些重点法律服务领域开设公益讲座。与当地的律所和律师协会建立良好的关系。借助俄罗斯中国总商会成立了法律行业峰会，通过调研筛选了 100 家俄罗斯的优秀律师事务所并邀请其加入峰会，最终选取了 10 家俄罗斯律师事务所，组成"1+10"的法律行业峰会。邀请俄罗斯律师为中国企业开办公益讲座和培训。准备在俄罗斯

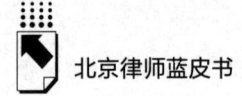

各州和各联邦分别选取一家律师事务所,组建一个覆盖俄罗斯全境的法律行业峰会,无论中国企业在俄罗斯哪个州经商,都可以为它们提供当地的法律服务。

德和衡所为了保证地方化的服务,首先需要地方化的负责人,其次需要了解东道国法律及语言文化的中国留学生,最后是按照中国企业的需求分行业选择当地优秀的律师。比如中国企业在当地合资建厂,就需要找公司法方面的律师,有些中国企业在当地从事工程建设,就需要寻找工程建筑领域的律师。保证律师服务质量的重要方式就是选择当地法学院的优秀毕业生,同时考察律师过往的工作经历。

七 北京律所"走出去"的困难和挑战

(一)关于人才方面的困难

律所的全球化经营需要吸引更多的国际化法律服务人才,有律所反映在人才的跨境流动上还存在一些程序性的障碍,比如引进外国律师、海外华人律师和专家到国内,以及从境内派遣人员到境外都还需要更有力的政策支持。此外,还有律所反映在人才培训方面也存在不足。

金杜所反映在人才的跨境流动上还存在一些程序性的障碍,需要吸引更多的国际化法律服务人才。比如引进海外华人律师和专家到国内,以及从国内派遣人员到境外都还需要更有力的政策支持。

德恒所认为,律师行业在人才流动、人才培养等方面存在不足。人才培养是律所面临的一大问题,例如在北京,由于户籍政策的限制,外地律师进京发展会相对困难。现在律协和司法机关开展了很多涉外律师培养的项目,但涉外律师只是律所人才的一部分,不能解决律所整体的人才需求。在人才吸引方面,北京有针对海外归国人才落户的政策,但只适用于应届毕业生,并且指标在不断压缩,在其他城市有工作经验的涉外律师进京会有一定困难。

汉坤所认为虽然国内律师的业务水平迅速提高,但和国外一流水平的律师仍存在差距。国际化进程中遇到的主要困难是人才缺乏。随着中国企业的国际化，律师的国际化也在加强，这是一个相辅相成的过程。解决这个问题的途径，就是在国际化进程中吸取各国的先进经验，通过国家、市场和各律所自主培养的方式补充人才，持之以恒地做下去。

（二）关于外汇管制方面的困难

有律所反映，在实践中，外汇管制对涉外法律服务律师收费、付费影响较大，尤其是中国律所做总包时，从客户处收取费用后，无法及时汇出给境外合作律所。关于外汇政策，虽然国家近年来对法律服务的国际化比较重视，主管机关针对律所境外分支机构出台了新的外汇政策，在一定程度上解决了部分外汇问题，但是在操作层面依然存在很多具体问题。

君合所反映，日常业务中的外汇汇出和汇入都存在一定困难。另一个亟须解决的问题是外汇管制问题，对于律所而言，日常业务中的外汇汇出和汇入都存在一定困难。君合所境外分所主要起到桥头堡作用，协助跨境业务"走进来"。以纽约办公室为例，案号虽然开在纽约办公室，但法律服务主要由国内团队来提供。当客户向纽约办公室支付费用，需要向境内汇回相应部分的服务费时，目前的外汇政策不支持境外办公室直接向境内支付，而是要求客户直接向境内账户支付，造成极大不便，这就需要政策的支持来改变这种现状。

德恒所反映，外汇方面的一些事务对于律所来说也存在一定的困难。在对外投资设立分所方面，德恒所在备案和审批上花费了很长的时间。现在虽然能解决外汇的问题，但具体操作依然很烦琐。例如在香港分所设立前，可以把资金汇到房东账户上，但分所设立后，主管部门要求资金必须汇到分所账户上，但当时分所的账户还没有开通。在香港设立账户需要三四个月，在这期间汇款问题就无法解决。

（三）关于税收政策方面的困难

对于北京律所"走出去"的相关扶持政策，大家普遍关注税收政策方

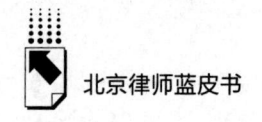

面的问题。具体的挑战包括重复征税,比如中国律所做总包牵头所,从客户处收取境内外律师费,需向境外律师付费时,会被认为是收入而征收所得税,实际上中国律所仅是代收代付,对境外律师费部分并无收入。对于律所"走出去"也缺乏相关税收优惠政策支持。另外,退税方面也存在流程烦琐等问题。

(四)关于对外宣传方面的困难

在深度访谈中,有律所反映,中国企业对中国律所涉外法律服务的了解还有待加深。很多中国企业在海外会简单武断地选择外国律师,但这些外国律师由于缺乏对中国企业的了解,最终服务质量不一定符合预期。

中伦所认为目前中国律师行业的成长可能需要国家出台相关的政策予以支持。有些企业,包括国有企业几乎不用中国本土律所,这不利于中国本土律所的成长和人才建设。在有些领域,中国在法律实践上确实有后发劣势,例如国际的油气开发、融资性贸易、金融产品尤其是衍生的金融产品相关的法律服务。在这些领域,中国本土律所的发展以及业务水平确实存在一定的不足,但是中国企业的成见无助于中国本土律师的成长以及发展,这方面可能需要国家出台某些扶持性的政策,例如要求国有企业必须同时聘用中国以及外国律师,这样可以使中国律师有学习和实践的机会。

金诚同达所负责人认为,目前来看还需要承认和外国同行之间的差距,而需要做的是提高业务水平,积累境外经验,逐渐提升行业的认可度。这种局面的扭转需要一个长期过程。一方面,当前中国律所在整体项目协调和综合法律服务等方面依然与国际大所存在些许差距;另一方面,中国律所的国际业务长期以外商直接投资(FDI)业务为主,而境外投资领域根基不牢,在路径依赖的作用下,中国企业出海投资会习惯性选择国际大所。中国律所需要不断累积涉外业务经验,提升业务水平,逐渐提升行业的认可度。同时希望中国的法律职业共同体能建立完善的沟通机制,使同行的业务范围信息更加透明。现在主管部门开展的相关调研对涉外律所是很好的推广,能让潜在客户知道律所的存在和优势。

（五）其他方面的困难

有的律所反映新冠疫情的冲击和国际贸易争端的升级给北京律所"走出去"带来了国际大环境方面的挑战。

金杜所反映国际大环境的变化是"走出去"遇到的主要困难，比如疫情的冲击和逆全球化趋势的蔓延。现在美国对中国的投资进行限制，加大对中国投资的审查力度，境外投资和并购的缩减会对法律服务产生巨大影响。此外，发达国家和地区的法律服务市场存在高度竞争，作为来自中国的合伙制律师事务所，凭借律所一己之力应对竞争需要克服很多困难。

八 北京律所对"走出去"的政策建言

（一）关于税收政策方面的建言

有的律所建议税务部门对律所境外分支机构的境外收入出台税收优惠政策，因为高额税负及重复征税不利于提高中国律师事务所在境外市场的价格竞争力，并且大部分直投设立的境外分支机构在初始阶段盈利的可能性不大，需要资金、税务上的政策支持。

金杜所负责人希望在税收政策方面得到一定支持，因为法律服务行业有其特殊性，投入境外的资金都是在国内取得的税后收入。

德和衡所认为，有关部门已经征求过很多意见，现在一部分政策开始落地，比如现在设立境外分支机构的律所可以登记购买外汇。在税收方面，希望税务部门对律所境外机构的境外收入出台税收优惠政策。现在跨国的税收太高，涉及重复征税。高额税负不利于提高中国律师事务所在境外市场的价格竞争力。

观韬中茂所建议，给予境外所得更合理的抵扣和优惠。中国律所做总包牵头所，从客户处收取境内外律师费，需向境外律师付费时，会被认为是收入而征收所得税，这是不合理的，中国律所仅是代收代付，对境外律师费部

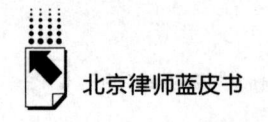

分并无收入。税务部门应将中国律所境外分支机构的业务收入数额抵扣该所在境内的应纳税所得额并给予税收优惠。

（二）关于外汇管制方面的建言

有的律所提出了针对律师行业调整外汇管制政策的建议。例如，观韬中茂所认为，外汇管制会影响境外分支机构的开设和运营，国家应当制定有针对性的外汇政策以解决这类问题。如支付房租、装修费用等，无正当汇出途径，外汇管理部门应该提供换汇审批、换汇额度、外汇汇出等方面的优惠和支持。

中伦文德所认为，应当调整汇率以保证律所的收益。现在有些企业在"走出去"时还面临外汇管制方面的问题，有可能发现了很好的项目，但是没有足够的外汇去投资。另外，"走出去"项目还面临汇率方面的问题，很多投资人投了跨境的基金以后，发现在境外进行收益分配是盈利的，但如果调回国内就变成了亏损的。希望有关部门能深入研究并解决这方面的问题，更好地保障投资收益。

（三）关于审批制度衔接方面的建言

有律所建议国内司法部门与东道国司法部门的审批制度能有效衔接，更有力地支持律所的全球化运营。例如，德和衡所提出，在加拿大设立分支机构需要司法机关开具同意函，但国内司法部门因缺少法律依据无法开具此类文书，律所在境外审批的过程中因此遇到很多阻碍。

大成所负责人认为，中国的司法部门和外国的司法部门建立沟通机制，会解决中国企业和中国律所在境外遇到的很多困难。由于各国司法机构的交流、沟通和商务机构的交流、沟通不太一样，希望中国的司法部门能和外国司法部门有比较好的沟通机制。中国企业和律所在外面遇到困难时，除了采取当地的法律手段外，会有一个协调机构来帮助推动问题的解决，类似于大使馆、外交部进行沟通工作，尤其对于"一带一路"沿线欠发达国家，外交层面的"走出去"会对律所及律师个人"走出去"起到帮助作用。

(四)关于建立长效沟通机制方面的建言

律所普遍反映非常希望能与政府相关部门建立长效沟通机制，通过这种沟通机制把律师的一些想法向上传递，也可以通过交流来发现律所运营中或者是律师行业内存在的其他问题。

中伦所反映："十分期待这种长效沟通机制。中国律所'走出去'仍然面临很大的挑战，如经验不够、能力不足、市场认可度低等，急需主管机关的指导和同行间的深度交流和经验分享。"

德和衡所反映："第一，在律所管理方面，遇到涉及境外分支机构管理的问题要及时向律协和司法机关反馈。第二，在业务开展方面，涉及需要政府部门出面协调的案件，要及时和律协及司法机关沟通。建议律协或者司法机关设立一个相关的联席会议，邀请律师代表和国家发改委、商务部、外交部等有关部门工作人员共同商议律所在境外面临的困难和解决方式。联席会议可以设置一个常设机构，作为闭会期间律所与主管部门沟通的窗口。"

京师所反映："非常希望能与政府相关部门建立长效沟通机制。希望政府主管机构或者行业主管机关能提供一些对国际新形势的解读。由于律所单方面接收的资讯有限，希望相关部门能将相关的国际资讯或政策直接下达。另外在协助境外拓展中的风险把控、当地资源的对接或提供信用背书、驻地大使馆协助、人才培训机制的建立等方面，都需要与主管机关进行沟通与对话。"

中伦文德所反映："非常希望有机会和主管机关进行沟通，把在实践中遇到的问题揭露出来，各主管机关可以从各自的事权入手，对'走出去'的企业给予综合的提示。现在一些机关发布了国别指南之类的资料，对共建'一带一路'国家的政治、经济、文化等进行介绍。除此之外，希望可以分项目出具相关报告，比如针对某类项目需要考虑哪些方面，这些信息对投资人来说更加对症下药。如果在'走出去'之前就可以接收到来自律师、保险、安保和外交等部门的专业意见，企业在'走出去'的过程中便能极大地减少信息不对称的问题。现在很多企业没有风险提示机制，在尽职调查方

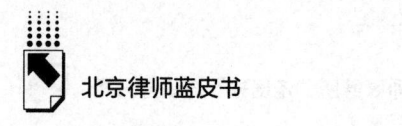

面也比较随意,有可能在没做尽职调查的情况下就径行'走出去'了。因此建议邀请各方面有经验的人士为'走出去'企业进行综合性的风险提示和解决机制的讲解,形式上可以通过讲座以及发放有针对性的手册等。"

德恒所反映:"首先希望建立一个和境外主管部门直接联络的通道,有这样一个信息交流渠道,很多手续的办理会变得更加高效。其次,希望建立律所同境外中资企业之间的交流平台,解决律所与境外需求之间信息不对称的问题。"

汉坤所反映:"必须建立一个长期的固定的对话机制。在全国大力推动法律共同体建设的情况下,一个长效固定的沟通机制,既符合国家依法治国的总体要求,也符合律师行业自身发展的要求。例如,可以安排一个固定的时间,就律师事务所的管理、收费、人才评价等问题进行沟通。在特殊时期,也可以就国外对中国的起诉提供相应的建议,例如是否应诉,如何应诉,在哪应诉,财产如何保护,人身如何保护,利益如何保护,如何宣传等。还可以通过这种沟通机制,把律师的一些想法向上传递。也可以通过交流来发现律所运营中或者是律师行业内存在的其他问题。""多组织各律所进行沟通交流,对重要、特殊的问题进行切磋和研讨。营造一个良好的氛围,让彼此都有一种共同体的感觉,促进事务所之间的互通与和谐。"

合弘威宇所反映:"期待建立这样一个长效沟通机制,及时向行政主管部门反馈在境外设立办事处遇到的困难和问题,以及各个国家对我国在这些方面的建议。""长效沟通机制应当有专人对接,比如在司法部下专设一个处,或者在全国律协专设一个国际部。"

(五)关于人才培养方面的建言

有律所建议有关部门投入更多资源培养涉外法律服务人才和拓宽人才引进渠道。例如,金杜所建议有关部门加强涉外人才培养,针对特殊领域制定人才培养方案,比如在美国出口管制以及全球合规等领域,希望主管部门、高校和律师事务所共同开展相关的人才培养项目。

君合所建议国家放松外国人担任法律顾问的条件,目前外国人担任中国法律顾问的条件还是非常苛刻。尤其是一些长期在中国发展的外国人，他们在中国已经工作和学习了相当长的时间，回到本国拿取执照和证书通常非常困难，而当前的政策要求他们取得中国法律顾问身份以获取境外执照和证书为前提，等于是将这一部分人拒之门外。要解决这个问题，还是需要政策层面的支持。

德和衡所建议有关部门投入更多的资源培养涉外法律服务人才。比如，全国律协和司法部每年会组织律师赴境外培训，希望北京也能提供更多涉外律师培训的机会。

大成所建议优化涉外律师培训课程的内容。朝阳区律协和北京外国语大学组织了涉外律师培训课程，主要课程是国际仲裁、争议解决方面的。北京虽然有四万多名律师，但是有双语能力，能做涉外业务的律师比较少。希望具备涉外业务能力的律师能出来分享经验，让更多的律师能成长为有双语能力的涉外律师。参照外国律所来中国的经验，在国际并购、国际投资的交易以及涉外仲裁方面提供培训。在一些领域，比如当地的劳动纠纷、知识产权纠纷、环保纠纷，还有诉讼，中国律师是不能直接参与的，一定要找当地律师。中国律师一方面可以利用自己的优势帮他们协调国外律师，另一方面，可以帮助中国企业做国际并购、国际投资业务。全球投资的规则目前基本是依照英美法，中国的律师不具备英美法背景，这是一个劣势，但现在也有很多海归人才。律师能够真正在这方面发挥领头的作用，参与设计规则，参与客户讨论，争取做到让对方确认合同中是否有违反其强制法的部分，没有的话就按中国的规则来做。这才是中国律师能够真正起到作用、能够深入进去的事情。关于涉外仲裁，很多合同会约定适用中国法律，而在律师很熟悉仲裁规则的情况下，就可以实际出庭参与纠纷解决。所以，希望对涉外律师的培训可以增加国际并购、国际投资的领域。

（六）关于引导中国企业选择中国律所方面的建言

不少中国企业在跨国项目中仍会首选一些国际大所，对于如何让中国企业转变固有的观念，让中国律所能更紧密地参与其中，发挥中国律所为中国

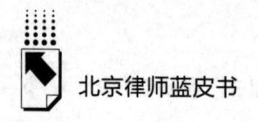

企业"走出去"保驾护航的作用，许多律所建议有关部门加强宣传或引导。

金杜所希望对中国企业选择中国律所进行一些引导。中国企业对中国律所涉外法律服务的了解有待加深。很多中国企业在境外会简单武断地选择外国律师，但这些外国律师由于对中国企业缺乏了解，最终服务质量不一定符合预期。有关部门应当对中国律师事务所的涉外法律服务进行更多引导和推动。

中伦所建议国家出台扶持性政策，保证中国律师参与到国际项目之中。例如要求国有企业必须同时聘用中国律师和外国律师，使中国律师有学习和实践的机会。另外，某些国有企业的最低价或者价格优先的招标采购制度，不利于业务精湛的涉外法律服务团队的竞争和发展，助长了恶性低价竞争的风气，不利于涉外法律服务人才的发展和长期培养。

德和衡所建议有关部门出台强制性规定，要求国企境外投资由中国律师提供法律服务。一方面，中国企业负责人了解中国律师在境外提供法律服务的能力，中国律师在语言和提供法律服务的能力方面足够支撑中国企业"走出去"，和中国律师沟通，相比和外国律师沟通，质量更高；另一方面，国有企业"走出去"面临的风险中可能涉及国有资产流失，政府部门应当多鼓励境外的中国客户寻找中国律师提供法律服务。

观韬中茂所建议有关部门对律所境外分支机构加强宣传。律所向当地使领馆报备，当地使领馆推荐其担任当地中国企业和公民的法律顾问、提供当地法律服务，与当地商会、侨界、中资企业交流等。

九 关于支持北京律所"走出去"的政策建议

（一）加大相关政策扶持力度

在调研过程中，受访者表达了北京律所对进一步走向国际舞台、投入"一带一路"建设的热情和信心，这不仅得益于律所自身发展规模的壮大和发展战略的推进，也得益于国家支持企业对外投资的政策措施、支持律所跨境经营和沟通交流的相关举措。依托首都的科技、文化、金融、人才等综合优势，北京律所在"一带一路"框架下起到了跨境发展排头兵的作用，率先积累了"走出去"的成功经验，也率先体会到"走出去"面临的困难和挑战。从外部环境来说，外汇和税收是北京律所跨境发展策略制定和实施面临的主要困难。面对境外激烈的法律服务市场竞争，北京律所不仅期待抓住中国企业境外发展的机遇，赢得与中国法律制度相关案例的商业机会，也期待在与境外的当地律所平等、开放的竞争下得到更多客户的信任。"走出去"是北京律所境外发展的第一步，而"走得远""站得高"则需要在税收和外汇角度获得更为直接的政策支持，结合深度专访和国内相关政策制度研究，围绕北京律所关注度最高的税务和外汇方面提出相关支持政策的建议。

1. 税务方面

（1）现状与问题

尽管国家制定出台了一系列针对一般企业"走出去"的税收优惠政策，如"外国税收抵免"等，但目前专门针对律所或者律师"走出去"的税收政策还比较少。法律服务的业务模式与一般企业有所不同：律所"走出去"目前一般通过合作联营或者签订联盟协议等比较松散的方式，与境外律师事务所形成战略合作关系，互相推介业务、共享品牌等，财务一般分开核算。在对外投资设立分所方面，律师事务所和其他企业的地位不同，在如何适应相关规定方面是个特例。除此之外，律所涉外业务活动中目前遇到的主要问题还包括：对外索汇涉及10%的税，形成事实上的双重征税；会计列支不合理，人员交互往来支出不能列入；退税流程不明确；等等。

（2）实务指引

第一，重复征税问题。以中国律所和国内客户在境内签订业务合同并将部分业务分包给境外合作律所为例，从企业所得税角度来说，分包出去的业务支付的费用属于支付给外方的服务费，这笔费用可以在税前扣除。在境外分所的层面上，如果境外律师在境外提供服务，不在中国境内形成机构场所或者常设机构，则境外分所的服务费在中国也无须缴纳所得税。从增值税的角度来说，中国律所是总包商，按照向客户收取的服务费开具发票，计算销

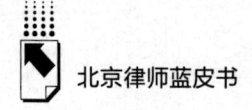

项税，支付给境外的费用是向境外律所采购服务，相应的进项税额可以抵扣。从法律层面上来说，重复征税的问题是可以解决的。

第二，境外人员交流费用的扣除问题。理论上来说，只要有合理的票据，并且是和正常生产经营相关的活动，在限额内都是可以税前扣除的。在当前对律所的征税方式改为查账征收的背景下，律所应注意加强成本、费用的归集和票据管理，除发票外，还需要其他一些支持性证据，如招待人员明细、会议议程、人员签到单等。

第三，退税问题。按照国家政策，服务出口可以享受免增值税待遇。按照目前增值税法规的要求，享受免增值税待遇的出口咨询服务限定为向境外单位提供的、完全在境外消费的服务。对于"向境外单位提供、完全在境外消费"，各地税务机关的理解可能不同。有的税务机关可能会看两点。一是接受服务单位的股东是不是中资企业。比如接受服务、支付服务费的是一家香港公司，这家香港公司是一家国企的子公司，这种情况下就不能免税，因为税务机关认为律所实际上是在为一家内地客户提供服务。二是要求证明提供的服务跟中国完全无关。比如律师事务所为一家境外客户的境外收购项目提供服务，税务机关可能倾向于允许适用免增值税待遇。但如果律师事务所为一个境外客户就收购一家中国境内公司提供服务，税务机关可能倾向于认为这个服务不属于完全在境外消费的服务，不能免增值税。这样实践中就可能使服务出口免税的适用范围较为狭窄。

与税务部门积极沟通、了解政策的具体适用是解决问题的关键。这就要求律所的财务人员提高专业水平，在面对税务问题时能够积极主动地和税务机关沟通，在符合税法要求的前提下争取权益。

(3) 政策需求

针对律所的特殊业务形式，更为合理的会计制度和税制是律所的共同呼吁。律所"走出去"在税务方面的政策需求主要包括：从中国律师事务所境外分支机构的业务收入数额中抵扣该律师事务所在境内的应纳税所得额并给予税收优惠；涉外律师人才境外培养的相关培训费用允许税前扣除；在出现大环境回落的局面时，希望得到税收方面的优惠扶持，以保证中国律师事务所在当地生存；等等。

2.外汇方面

（1）现状与问题

外汇管制对开设和运营境外机构影响较大。在对外投资设立分所方面，律师事务所和其他企业不同，在如何适应相关规定方面是个特例，此前需要在国家发改委备案、完成国家外管局的审批，流程烦琐、耗时较长。境外机构初设时没有盈利，支付房租、装修费用等都需要国内律所支持，而外汇管制导致资金无正当汇出途径。外汇管制对涉外法律服务收付费影响也较大，尤其是中国律所做总包时，从客户处收取费用后，无法及时汇出给境外合作律所。另外，"走出去"项目还面临汇率方面的问题。

（2）实务指引

《司法部 国家外汇管理局关于做好律师事务所在境外设立分支机构相关管理工作的通知》（司发通〔2020〕29号）规定，律师事务所设立境外分支机构，在按照《律师事务所境外分支机构备案管理规定》办理备案时，应根据实际需要向司法行政机关申报境外分支机构投资总额、境内方出资比例、境内方出资总额、出资币种等。律师事务所通过司法行政机关备案后，凭备案回执及相关外汇管理法规规定的材料，在所在地银行办理境外直接投资外汇登记。律师事务所完成外汇登记后可依法在外汇指定银行办理境外直接投资资金汇出或境外资本变动收入汇回及结汇。律师事务所境外投资经营收益汇回，可保留在经常项目外汇账户或直接结汇。

（3）政策需求

建议外汇管理部门提供换汇审批、换汇额度、外汇汇出等方面的优惠和支持。在办理流程上，也需要进一步优化，例如在分所设立前，主管部门要求资金必须汇到分所账户上，但分所的账户尚未开通，这就导致在分所账户开设前的一段时间内外汇问题无法解决。此外，很多情况下案件由境外分所开立，但是法律服务主要由国内团队来提供，涉及分配境内部分服务费时，外汇制度不支持境外办公室直接向境内支付，而是要求必须由客户直接向境内账户支付。这些情况都需要相关政策的明确与支持。

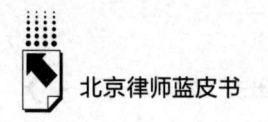

（二）加强人才培养和拓宽人才引进渠道

涉外法律服务人才的培养和吸纳，境内外法律专家的交流和互动，境外业务机会的拓展和把握，都是北京律所"走出去"的发力点。发展涉外法律服务业需要加强涉外法律服务队伍建设，培养储备一批通晓国际规则、具有世界眼光和国际视野的高素质涉外律师人才。这样才能更好地为"一带一路"建设，为中国企业和公民"走出去"提供优质高效的法律服务。为此，司法部建立了全国涉外律师人才库，形成了《全国千名涉外律师人才名单》，供律所开展业务时参考。该名单亦可通过司法部全国千名涉外律师人才查询系统（http：//www.bcisz.org/plug/lawyerquery/）查询。北京市律师协会发布了《关于扩充北京市律师协会涉外律师人才库的通知》（2020年6月5日），旨在进一步健全涉外法律服务人才储备机制，充实北京市涉外律师人才队伍，提升北京市涉外法律服务水准和国际影响力。人才库在为律协开展相关工作服务的同时，能够为律所"走出去"的人才建设提供参考。

目前，司法部有序推进涉外律师领军人才数据库建设，设置财政专项经费，用于支持中华全国律协组织的涉外法律领军人才培养计划。该数据库内容会及时更新，入库的律师主要是各省市司法厅局和地方律协推荐的符合条件的精英律师，考评参考律师的教育文化背景、英语语言能力、对涉外法律的熟悉和运用程度以及相关工作经验等。2017~2022年，中华全国律师协会着手培训一支通晓国际规则、具有世界眼光和国际视野的高素质涉外法律服务队伍，主要从事国际投资和并购、反倾销、反垄断、知识产权保护、环境保护以及国际商事仲裁等领域的法律服务。

除此之外，北京市律师协会分别与中国法学会、北京外国语大学、对外经济贸易大学、中美法律交流基金会等合作举办了"扬帆计划"。该项目加强了北京律师涉外法律服务队伍建设，提高了北京律师涉外法律服务能力，培养了一批具有国际视野、通晓国际规则、能够参与国际法律事务和国际竞争的涉外法律人才。

随着中国和东盟在贸易、投资、旅游、教育和文化领域的合作，部分律所与新加坡、柬埔寨、缅甸、老挝、马来西亚等国家的律所机构建立了实质稳定的合作伙伴关系。除英语、俄语、日语、法语等语种之外，通晓其他语种的涉外人才匮乏，希望相关主管部门能够在语种人才培训计划、相关培训费用等方面给予一定支持。同时，在世界发展的新形势下，针对特定业务领域，例如在美国出口管制以及全球合规等领域，建议主管部门、高校和律师事务所能够共同开展相关的人才培养项目，投入更多资源培养涉外法律服务人才。

另外，律所在境外设立分支机构，在招聘本地律师时，往往需要事先在国内建立联系，例如聘请其来中国为"走出去"的企业提供服务。但是在律所聘请外籍律师方面，目前的政策对律所的限制较多，如外国法律顾问数量与本所专业律师数量占比、开展工作的试点城市、签证政策等。这些政策不利于律所与境外律师建立联系，为境外机构做人员储备。同时，目前国内律所无法正式聘用外国执业律师，不利于涉外人才交流，限制了涉外律所的人员储备。此外，目前对于外国人担任中国法律顾问的要求比较严格。适时放开对外籍律师在国内执业的部分限制，有利于加强中国律所的涉外法律人才储备。

最后，除自己培养涉外法律人才之外，很多中国留学生毕业之后会选择留在当地。除可以提供法律服务之外，他们还有一个重要的作用，即利用语言优势协助中国在当地的管理人员进行沟通。此外，一部分人留学之后在所在国家的当地律所工作多年，拥有非常丰富的经验，这些当地人才如果能够跟中国律所合作，为中国企业"走出去"提供服务，可以在很大程度上提高中国律所涉外法律水平，是中国律所在当地分支机构的重要人才来源。但是目前在中国法律业务方面没有对这部分人的资格认定，其在中国律所管理模式下也没有归属感，导致他们在中国律所境外机构的参与度不高。如何增强中国在境外的法律人才进入当地中国律所分支机构的工作意愿，把这部分人引入中国涉外法律服务队伍中，是值得研究的课题。

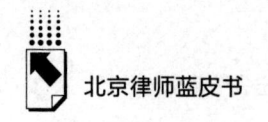

（三）建立长效沟通机制

为促进"走出去"建设，引导企业平稳有序开展对外投资合作，商务部国际贸易经济合作研究院、商务部对外投资和经济合作司联合中国驻各国（地区）使领馆合作编写了《对外投资合作国别（地区）指南》（以下简称《指南》），《指南》对各国家和地区投资环境作出详细而全面的介绍，内容涵盖各地市场环境、投资相关制度及政策、投资相关手续等方面，对企业投资合作业务时普遍关注的问题进行了客观介绍，并针对可能出现的各种问题给予提示。《指南》着力研判和防范化解各类风险，提升企业"走出去"的能力和境外经营水平，有效抗击境外各类风险，促进对外投资合作不断向高质量发展迈进。

在信息平台建设方面，商务部作为企业"走出去"的牵头部门，建立了"走出去"公共服务平台，包含服务"一带一路"、国别（地区）指南、境外经贸合作区、境外安全风险防范、投资合作促进、统计数据、政策法规及业务指南、在线办事及咨询、金融服务、疫情防控等十个板块。大多数板块内容为实时更新，如申报、核准、备案事项、对外投资数据统计等。"走出去"公共服务平台既有管理功能，同时兼备服务功能，是对企业"走出去"起到"百事通"作用的全过程服务，能够满足经济主体在信息咨询、信息共享、政策咨询、项目对接方面的需求。

在机构建设方面，2018年最高人民法院国际商事法庭正式成立。国际商事法庭是"一带一路"商事争端解决机制和机构的重要组成部分，是中国法院服务和保障"一带一路"建设的重要司法创新。国际商事法庭对于中国企业境外投资，尤其是在共建"一带一路"国家的投资项目所产生的争议解决将产生重大影响。最高人民法院积极营造法治化营商环境，为助推中国营商环境全球排名跃升做了大量工作。国际商事法庭自成立以来，出台了一系列司法解释和司法文件，创新制度、优化机制；建立"一站式"国际商事纠纷解决平台；努力实现公正、高效、便利、快捷且低成本地解决国际商事纠纷的目标。截至2020年4月，国际商事法庭已经受理了

13起国际商事案件，涉及产品责任、委托合同、公司盈余分配、股东资格确认、损害公司利益责任纠纷等类型。企业境外投资决策者与参与者、管理者以及相关法律服务机构可以持续关注国际商事法庭最新动态、审判案例及研究文件。

　　随着律所"走出去"需求的提升，律所与国家相关部门、组织的业务沟通、问题解决渠道有待明确，境外经营也离不开国家层面的沟通，建立与境外法律业务相关的长效沟通机制呼声很高。借由沟通机制，律所可以向行政主管部门反馈在境外设立机构过程中遇到的困难和问题，以及各个国家对我国的具体建议。长效沟通机制的作用可能体现在以下方面：就律师事务所境外机构的管理、收费、人才评价等问题定期进行沟通；在特殊时期，就国外发生的针对中国企业的诉讼案件提供相应建议，如是否应诉、应诉方式、应诉地域，财产权及人身权的保护以及企业利益维护、宣传口径等；通过定期交流来发现律所境外运营中存在的其他问题。除此之外，国家相关部门与国外对接部门的良好沟通，也将对指导律所境外工作、协助企业维权发挥重要作用。此前，相关部门帮助中国企业维权，路径不清晰，当地政府对中国企业维权的推进非常低效，这也是中国企业"走出去"之后遇到的典型问题。有鉴于此，国家层面的沟通工作，尤其是对"一带一路"沿线欠发达国家，长效沟通机制将会减少问题解决过程之中不必要的阻力，对律所及律师"走出去"起到推动作用。

　　关于该长效沟通机制的运行机制，可以考虑成立常设机构和由专人对接，建议在律协或者司法机关设立一个相关的联席会议，邀请律师代表和国家发改委、商务部、外交部等有关部门工作人员，共同探讨律所在境外面临的困难和解决方式。联席会议可以成立一个常设机构，作为闭会期间律所与主管部门沟通的窗口。关于该长效沟通机构可以沟通的范围，在律所管理方面，遇到涉及境外分支机构管理的问题，可以及时向律协和司法机关反馈；在业务开展方面，涉及需要政府部门出面协调的案件，也可以及时和律协及司法机关沟通。

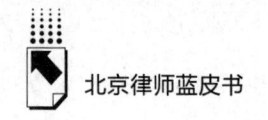

（四）扩大对国内律所涉外法律服务能力的对外宣传

律所"走出去"能够更好地为中国企业"走出去"保驾护航，但是目前很多中国企业在跨国项目中仍会首选国际大所。这种现状一方面是由中国企业的固有观念造成的，另一方面也与企业对中国律所的业务实力缺乏了解有关。此前，有中国企业在发展国际业务时，盲目委托外方机构，导致信息泄露。中国企业负责人和相关部门对当今中国律所涉外服务的能力有所低估。经过20多年与全世界各个国家公司和律师的业务交流，当前有一批专业水平、专业技能乃至语言能力过硬的中国律师，使中国律所可以在国际项目中发挥主办律所的作用。在以往的案例中，很多中国律所牵头组织当地甚至不同国家的律师事务所为客户提供全方位服务。这个过程既提高了中国律所的能力，同时也在建立声誉方面取得了显著成果。中国律所为"走出去"的中国企业提供法律服务具有天然优势，但当前对中国律所的宣传较少。如果相关部门能够提供宣传平台与政策支持，让企业能够顺利、精准地定位国内的涉外律所，将有利于解决企业与中国律所业务对接不佳的情况。在境外分支机构的宣传方面，行政主管部门可以考虑向当地使领馆报备，当地使领馆以聘请中国律所分支机构担任其法律顾问的方式，以及推荐其担任当地中国企业和公民的法律顾问的方式，搭建中国律所境外机构与当地商会、侨界、中资企业交流沟通的桥梁，提升中国律所在海内外的知名度。

首先，国有企业"走出去"面临的风险中可能会涉及国有资产流失，建议政府部门多鼓励海外的中国客户寻找中国律师提供法律服务。要实现这一目的，可以从大环境角度加强对海外风险管理的宣讲，同时也要对个体的风险进行分析和判断，设身处地地为企业着想，同时律所应该努力提高自身的服务水平、业务水准。

其次，司法部或律协可以向各级国资委进行呼吁，甚至发文要求"走出去"的中国企业委托中国律师来挑选外国律师，尽量规避在选择外国律师时可能遇到的风险。

再次，行政主管部门可以考虑加强境外分支机构的宣传推广。律所向当地使领馆报备，当地使领馆推荐其担任当地中国企业和公民的法律顾问，提供当地法律服务，与当地商会、侨界、中资企业交流等。

最后，建议有关部门推动国有企业建立完善的法律合规制度和全球律师资源库。

（五）拓宽跨境思路和落脚本地市场

跨境目的地的选取，跨境方案的设计，跨境时机的选择，是诸多因素共同作用的结果，北京律所基于自身特点，结合外界环境，走出了适合自己的多样化道路。

将不同形式的跨境发展模式进行对比，会发现其各有优势与不足。与境外律所合作的密切程度以及对境外机构的控制程度，都不是衡量一家律所"走出去"是否成功的因素。

中国律所在跨境合作中的价值发挥，也不局限在提供法律服务这一个方面。国家间法律制度存在差异，执业范围产生壁垒，同时中国律所在当地的市场竞争中在语言和文化方面处于劣势。服务中国企业进行海外投资固然是传统业务机会，但从客户需求的角度来说，把控风险是最核心的需求之一，即使客户在其他业务事项中没有选择中国律所作为法律服务的直接提供者，中国律所也可以立足全局，发挥沟通优势，帮助客户应对外国律所服务过程中可能存在的风险。这既是中国律所争取主导权的有效方式，也是更广泛地参与跨境项目的思路选择。

发展思路是多样化的，不变的是"实现本地化为赢"的规律总结。本土化意味着，中国律所在境外法律服务市场中有着与当地律所趋向相同的人才储备、品牌影响、业务机会、信息资源。不论跨境发展在律所整体发展战略中处于怎样的地位，从成功在国际市场上占据一席之地的经验总结中，建议尚未"走出去"的北京律所，在跨境经营中将进一步推动本土化作为策略选择，在此基础上，结合自身特点和现实条件，不拘一格地走出适合自己的道路。

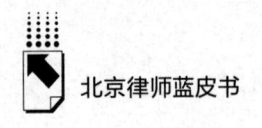

（六）进军发达国家市场和把握"一带一路"机遇

"走出去"的北京律所在跨境发展布局中首先会瞄准法律服务市场相对成熟的发达国家和地区，从根本上来说，这种布局是在跟随中国企业的脚步；除此之外，在国际律所联盟组织和跨境联营中，学习欧美成熟律所先进的管理模式和优质的服务产品也是北京律所"走出去"的目的之一，抱着学习初心、服务长远的发展目标；同时，发达国家市场通常还具备更大的潜力，在未来能够开辟出具有一定规模的业务市场来反哺境内业务。

从北京律所在发达国家的发展路径来看，其发展通常是一个渐进的过程，从与当地律所建立合作关系开始，借助外部力量规避分支机构的投入成本和当地激烈的市场竞争。从业务范围来说，特定的业务范围和服务对象也是北京律所在发达国家取得优势地位的精准考量，比如涉及中国法律制度及中国企业境外投资业务等。世界贸易、国际并购大部分是基于英美法，英美法系的律师有天然的语言和法律制度背景优势，而中国律师要"走出去"，在语言和法律文化方面就存在很大障碍，这时，中国律所作为国内客户对外业务的一个联络点，给客户提供一些简单的基础性服务，也是发挥自身价值、增加业务机会的途径。

"一带一路"建设是中国企业的国际化，为中国律所的国际化提供充分的空间。北京律所通过多种形式参与到"一带一路"建设中，比如在重点领域和重点项目上为中国企业提供服务；在内部建立研究和促进中心，打造连接客户、研究机构以及当地法律服务机构和其他专业机构的平台；和共建"一带一路"国家律师事务所达成合作关系，酝酿在当地设分所和建联营所的计划；牵头成立律所联盟组织，与各国在资金融通和贸易互通的大背景下共建共享。

在热忱投入的同时，北京律所也应充分意识到共建"一带一路"部分国家的法律环境欠佳，法律服务水平不足，蕴藏政治风险和法律风险。由此，建议北京律所和主管机关进行沟通，充分反映实际问题，各主管机关可以从各自的事权入手，对"走出去"的企业给予综合的提示。建议机关部门联手学术机构，将国别指南的更新常态化，对共建"一带一路"国家的政治、经济、文化等进行介绍，这对律所开展业务和企业成功"走出去"都是非常有意义的信息参考。同时，律所也可以为"走出去"的中国企业进行综合性的风险提示和解决机制的讲解，通过讲座和手册等形式，在了解客户需求的同时增加业务机会。

（七）打磨信任关系和完善风控制度

北京律所在"走出去"的过程中，将面临各种信任关系的建立，包括在律所联盟组织中与其他律所的了解信任，在联营关系中与对方律所的利益分配，在法律服务项目中与境外团队的沟通配合，在分支机构管理中与负责合伙人的沟通合作等。从共同打造一个国际化律所品牌，到为相识律所推荐一个业务机会，再到建立信任关系，最终都是以时间为基础、业务为桥梁、结果为导向。

信任关系的建立有其自身的规律，同时律所也应当发挥自身的能动性，为促进良好的沟通互动、识别复杂的投资风险和业务风险提供制度层面的支持。例如汉坤所成立了风控委员会，直接负责风控问题；金杜所在每一个境外办公室都有专门的合规和风控人员，根据当地的执业要求进行风控管理，包括全球执业保险的安排以及全球风控管理委员会的设立；中闻所则设置了一套考核安排，对于不同地区的拓展模式，要在总部的风控委、考核委和执委会讨论考察后才能确定最佳方案。这些做法都为律所的国际化道路将要面临的风险提供了一道谨慎决策、严格把控的制度防线，值得北京其他律所在今后的跨境发展道路中学习借鉴。

（八）培养中国企业的法律风险意识

一些主管机关发布了国别指南之类的资料，对共建"一带一路"国家的政治、经济、文化等进行介绍，这些内容很重要。除此之外，希望主管机关可以分项目出具相关报告，比如针对某类项目需要考虑哪些方面，这些信息对投资人来说是对症下药。如果在"走出去"之前就可以接收到来自律师、保险、安保和外交等方面的专业意见，企业在"走出去"的过程中便能极大地减少信息不对称的问题。现在很多企业没有风险提示机制，在尽职调查方面也比较随意，有可能在没做尽职调查的情况下就径行"走出去"。建议邀请各方面有经验的人士对"走出去"企业进行综合性的风险提示和解决机制的讲解，形式上可以通过举办讲座以及发放有针对性的手册等。

B.4 新冠疫情对北京律师行业的影响及应对

周琰

摘　要： 2020~2022年，新冠疫情对北京律师行业的影响十分严重，中小律所普遍遭遇生存危机。中小律所所受影响涵盖业务发展、收支平衡、应急管理等方面。相对来说，大型律所的运营虽然也受到疫情影响，但是大型律所因为具有较强的品牌吸引力、较雄厚的资金储备以及先进的管理方式，仍能在某些方面保持增长和扩张的能力。疫情的影响总体上是负面的，但是也在客观上催生了一些新型律师业务，加速了网络法律服务、虚拟法律服务等新生事物的诞生与发展。

疫情发生以来，北京律师行业及时采取了应对措施。一方面，行业管理部门迅速动员和组织广大律师和律所支持社会各界抗击疫情，为社会各界的疫情防控提供专业法律服务；另一方面，行业主管部门全力服务广大律师和律所，支持律师行业在疫情环境中求生存谋发展。行业管理部门的服务和保障又包括两个方面：对外，争取惠及律师行业的各种优惠和减免政策，协调解决疫情带来的各种执业难题；对内，明确纪律，加强管理，升级智能化的技术和设备，调整办公方式和议事方式，为广大律师和律所优化和改进执业方式提出对策建议。

关键词： 新冠疫情　法律服务市场　中小律师事务所　互联网律师事务所　虚拟律师事务所

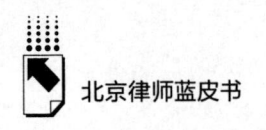

一 新冠疫情对中国法律服务市场的影响

2020~2022年新冠疫情造成的影响波及各行各业，法律服务行业亦无法幸免。疫情虽然影响了律师和律所的业务和收入，但也带来一些可能重塑法律服务市场格局的新变化。

（一）疫情冲击法律服务市场

疫情给法律行业带来以下影响。一方面，各律所及法律服务机构的营收停滞，但办公租赁费用、人力支出的费用等并没有减少。法律行业的商业交易主要是以线下面谈签约的方式进行，而受到疫情的持续影响，大部分律所短期内面临无实际成交的状况，中期内的交易成单也面临下滑局面。另一方面，市场上的法律需求减少。假期延长，员工出行受限，工厂开工也受影响。在疫情面前，中小企业首当其冲，遭受重创。房租、员工工资、水电费、贷款利息等，并不因疫情有所减免，每停工一天，就是一天的经济损失，停工一个月，就可能濒临破产。在我国，中小企业贡献了50%以上的税收，60%以上的GDP，70%以上的技术创新，80%以上的城镇劳动就业，90%以上的企业数量。一旦大量中小企业破产，法律需求也必将骤减，这对法律行业的打击也是致命的。

（二）律师行业受到严重影响

疫情对律师的会见、开庭等都产生了较大影响。南方财经法律研究院曾通过"问卷调查+访谈"的方式，了解疫情对律师业务的具体影响。在受访的律师中，超过90%的律师表示，疫情给其业务和收入带来了负面的影响，只有9.1%的律师表示几乎没有影响。在对收入的影响幅度方面，31.8%的律师表示，疫情导致其业务收入减少30%以内；27.3%的律师表示业务收入减少30%~50%；18.2%的律师表示疫情导致业务收入减少70%以上；另有13.6%的律师表示，疫情导致业务收入减少50%~70%。由于受访律师、律所地理位置分布较广，业务范围相对多元，各地疫情严重程度有差异，律师业务受到的影响也不尽相同。

受疫情及相关防控政策的影响，差旅的不确定性增大。在受访的律师中，81.3%的律师认为主要的影响是出差不便；77.3%的律师认为主要的影响是客户的付费能力下降；54.6%的律师认为主要的影响是客户的业务量减少；45.5%的律师认为影响最大的是新业务拓展和获得新客户；分别有40.9%和36.4%的律师认为主要的影响是会见、开庭变得困难和与当事人面对面交流变得困难。

业务量和收入普遍存在降低的趋势，但是律所的租金、员工工资等却是"硬成本"。受访律师中，59.1%的受访律师认为办公室租金是律所最大的成本；22.7%的律师认为最大的成本是员工工资；18.2%的律师认为最大的成本是社保。

（三）疫情影响两极化明显

尽管遭受疫情的影响，但国内大型律所仍显示出较强的发展势头。2020年10月，《美国律师》（*The American Lawyer*）公布上一年度全球百强（Global 100）律所排名。其中，以律师人数排名来看，有6家中国律所进入前十行列，比2019年增加1家；以创收来看，中国则有10家律所挺进全球两百强。这也表明在规模扩张和市场发展方面，中国律所并未止步。相比之下，中小型律所似乎面临更大的挑战。2020年4月，北京市朝阳区律师协会对北京、保定和杭州的466家中小律所进行了调查。结果显示，在第一季度，77%的受访律所存在费率同比下降的情况，75.9%的律所创收同比下降。大型律所基于其原有体量、规模，有较为充足的后备支持，抗风险能力明显强于中小律所。中小律所则更多直面疫情与经济波动带来的影响，往往面临更多"生死攸关"的考验，逐步寻求新的发展之道。疫情让很多中小律所重新思考发展问题，律所合并或者加盟其他全国性品牌大所的方式逐渐被更多中小律所接受。据不完全统计，2020年上半年合并的律所有近10家，包括江苏宿迁4家律所合并，上海申浩与业盈律师事务所合并，天津2家律师事务所合并。律所合并将在未来一段时期内成为常态。

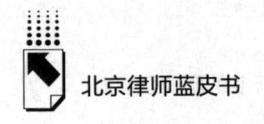

（四）区域律所的崛起

大所合并的消息频出之后，更多合并向区域靠拢。区域律所合并的消息不断传出。2014年，吉林功承、吉林融鉴、吉林格尚合并为吉林功承；2015年，陕西海普、陕西睿诚合并为陕西海普睿诚；2018年，辽宁同格、东来、诚信为民合并为观策。目前，我国的区域性法律市场已经诞生了多家百人以上、亿元体量的大所，如浙江泽大、浙江金道、湖南天地人、广东广和、江苏剑桥颐华等。除去合并，依托所在的城市群展开分所布局也是这些律所巩固、抢滩区域市场的方式。以中心城市为引领的城市群是支撑中国经济高质量发展的主要平台，是中国当前以及未来发展的战略重点，其中京津冀协同发展、长江经济带发展、粤港澳大湾区建设、长三角一体化发展带来的机遇较多。自2014年起，围绕都市圈、城市群，中国的区域性法律市场迎来更快的发展。基于国家政策和本土市场的需求，区域性律所深耕当地市场，寻求战略升级和突围之道是当前中国律师业的发展主题之一。

（五）部分领域业务需求表现良好

就业务需求而言，中国法律市场在疫情峰值过后面临迅速增长期，尤其以破产、合规监管、资本市场、争议解决等业务为典型。这种增长符合我国近年来破产案件发展趋势。自2014年以来，全国法院受理的破产案件数量逐年增长。到2019年，全国破产案件数量超过1.8万件，是2014年的9倍。2020年中共中央、国务院在《关于新时代加快完善社会主义市场经济体制的意见》中提出推动个人破产立法。可以预见，随着未来个人破产制度的建立，这种增长趋势仍将持续。

争议解决业务需求同样呈现激增态势。以中国国际经济贸易仲裁委员会（CIETAC）数据为例，2020年上半年，商事纠纷尤其是涉外纠纷案件无论从数量还是争议标的额上都呈现大幅增长。到2020年7月，CIETAC办理的案件标的总额已突破1000亿元，堪比2019年全年标的总额。而在众多纠纷中，国际贸易、并购、股权转让、工程还款等类案件在争议解决案件中占较大比重。除此之外，未知的国际局势、国家数据监管的加强以及金融市场的波动等也导致合规监管、资本市场等业务需求增加。

（六）公司法务部由合作转向竞争

继普华永道、德勤、毕马威、安永等四大会计师事务所入驻法律市场后，中国律所又将面临公司法务部带来的人才竞争的压力。2020年初，字节跳动招录大量法务人员，并持续招聘；多家互联网公司分别为内部法务人员调薪；科技公司、高校加强办公室AI系统的研发。公司法务部正在加强自身实力是不争的事实。人才战略似乎已成为公司削减外部法律服务开支计划的一部分。除此之外，更直观的体现则在于公司支付费用的减少。2020年多家律所表示，对企业端客户在费率计算上有所减免。

二 疫情对北京市中小律所发展的影响

所谓中小律所，是指执业律师人数在30人以下的律师事务所。在北京，律师人数多，律所数量庞大，其中中小所的数量占律所总数的比例接近90%。中小律师事务所的发展一直是北京市律师协会关注和关心的重点。疫情给律师行业的方方面面带来了深刻的影响，尤其是中小律师事务所更是面临业务量骤减、成本不减反增、管理秩序无法适应远程办公需求等多重压力。

（一）疫情对中小律所业务发展的影响

1.中小律所业务量骤减

疫情的负面影响几乎波及所有的行业，餐饮业、旅游业等传统服务业受到极大影响，制造业、金融行业等也面临极大困境。律师行业虽然并非只为经济主体提供法律服务，但是伴随律师行业朝专业化方向发展的趋势，尤其是大多数走上专业化、精品化发展路线的中小律师事务所，其业务发展早已与某个细分行业的发展和命运息息相关。

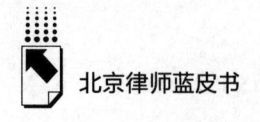

在业务发展方面，中小律所受到规模、人才、资源等方方面面的限制，向来难以与综合型大所竞争高端业务市场。中小律所更多地选择服务中小企业以及寻求在更细分的专业领域纵深发展。然而在此次疫情之下，遭遇生存困境的恰恰是中小企业。所服务客户的经营活动停摆甚至面临破产倒闭风险，导致客户的法律服务需求萎缩，直接造成中小律所原有业务类型的业务量骤减，服务细分的专业领域也可能因为所服务行业遭受疫情的影响大而导致业务量大幅下滑。

为防控疫情蔓延，从2020年1月底开始，全国31个省区市根据疫情发展状况，陆续启动了重大突发公共卫生事件一级响应，全国各地政府陆续发布延期开工公告，北京市还进一步提出了非生活必需的娱乐室等公共场所一律关闭的具体要求。

当受到大环境影响，中小律所面向的客户大多将精力和成本用于自身的发展甚至生存问题时，法律服务作为企业的一项附加成本，极大程度上成为大部分企业第一时间选择放弃的成本项目。因此，随着疫情的持续，其对于中小企业或者某些细分行业的不利影响凸显，中小律所固有业务便会受到影响，进而导致业务量锐减。

2. 诉讼业务陷入停滞状态，后期又造成积压

诉讼案件代理占中小律所业务总量的比重较高，大多数中小律所仍然是以诉讼业务作为最主要的业务方向。在疫情期间，全国各级法院大多发出通知，除公告开庭案件外，原有的诉讼案件开庭时间大多进行了延期，大部分案件的程序陷入停滞状态。

受疫情影响，大面积推迟开庭和会见日期是对已经进入程序的案件的主要影响，庭前准备工作遇到一定障碍。对于即将进入程序的案件，由于受理机关的面对面服务窗口暂时关闭，不具备网络处理条件的当事人与律师在沟通时存在障碍，法律文件传输受到一定条件限制。此外，律师出差异地办案、离京返京和出入疫情相对严重地区后，需要隔离观察，工作效率和工作时间受到较大影响。

疫情期间大部分法院通过线上系统或邮寄，可以缓解部分诉讼业务的压

力,在疫情过后,各地各级法院陆续重启工作安排,又导致诉讼案件的积压。中小律所由于规模和人员的限制,面对诉讼案件的集中安排,遭遇较大的压力。此外,在执行方面,被执行人和执行申请人可能因疫情而发生主体变化和可执行财产变化,又因为执行周期被拉长而产生执行案件情况复杂化的问题。

3. 非诉讼法律事务和法律顾问业务受影响严重

从签约习惯上,每年的元旦和春节过后是法律顾问服务协议签新约、续旧约的主要时段。此次疫情,导致中小企业经营者面临暂时甚至非常严重的困难,在疫情发生前拟签约的客户,节后因受疫情影响经营决策变动、经营情况变化等,无法或无力继续签署法律服务协议。疫情的延续和经济环境的走势影响了客户自身的业务,进而对律所的非诉业务和法律顾问业务产生很大的负面影响。

除原有业务量减少外,在原有业务领域的业务拓展也受到负面影响。中小律所的业务来源主要是依靠律所成员的亲朋好友介绍,律所值班接待上门咨询和老客户续约等。本次疫情的发生,客观上使得中小律所工作人员无法与潜在客户进行面对面的直接沟通,因而丧失一部分通过传统方式拓展业务和客户的机会。在未恢复正常工作秩序时期,往常主要依靠外出拓展业务的中小律所,案源开拓工作陷入停滞。这种情形对青年律师的影响尤其大。一方面,提供大量案源的中小企业陷入倒闭潮;另一方面,青年律师客户资源和业务积累不足,急需新的稳定的案件来源渠道。

4. 新类型业务潜力大

尽管访谈的一部分中小律所运营者都表达了疫情期间业务发展方面遭遇的困境,但从一些律所的公开信息和负责人的建议中可以发现,疫情对于北京市中小律所的业务发展不只有负面的影响。

一方面,疫情防控期间无法恢复正常生产经营,可能导致大量的违约风险、劳动争议、潜在的破产清算、资产重组需求等,在疫情过后可能会有较多的相关纠纷案件,或许能给中小律所的业务发展带来机遇。

另一方面,在疫情防控期间,一些中小律所善于利用这段时间进行管理

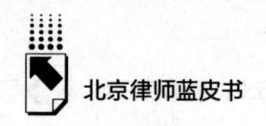

优化、知识积累和品牌宣传，部分律所就疫情期间企业关心的复工问题、用工问题、违约风险问题、专利申请问题、商标登记问题等撰写和发布文章，获得了很高的关注度，拓展了客户关注群，为疫情结束后新客户的积累和新类型业务的开拓打下了良好基础。

基于上述情况，同时应中小企业的需求，北京市律师协会特组织全市中小律所积极参与，成立"北京市中小微企业律师服务团"，为本市中小微企业在经营中自身受疫情影响遇到的企业合规、合同履行、风险防范等法律问题提供法律服务，为本市中小微企业提供咨询、代理、法治体检等相关法律服务，助力中小微企业渡过难关，也为中小律所发展新客户和开拓新业务提供稳定的渠道。

（二）疫情对中小所收支的影响

疫情最直接的负面影响是企业无法恢复正常的生活和工作秩序，对于任何行业、任何规模的企业而言，它们都面临相同的难题：收入锐减，成本却不减反增。疫情对北京市中小律所造成的收支方面的负面影响更为突出。

北京市内办公场所的租金和用人成本都明显高于绝大多数省份，疫情致使律所无法正常办公，但办公场所的租金、物业费用以及税费缴纳仍是必要的固定支出。同时，采用集中管理（公司制）而非提成制的律所还面临用人成本的支出，包括工资、税费和支付社保、公积金等费用。

与同在北京市的综合型大所相比，中小律所在面临同样的收支难题时明显需承受更多的压力。中小律所一般服务于中小型企业，而由于疫情影响，中小型企业受到的冲击较大，因此，中小律所面临"对外丧失客户，对内裁员降薪"的发展困境。2020年第一季度、第二季度，中小所收入及律师收入受到极大影响，这对于中小所而言，不可不谓之关乎生存的问题。

是否能顶住疫情期间的支出压力，顺利迎来疫情后的恢复工作和业务回暖，取决于两个方面：一方面是中小律所的资金储备；另一方面是中小律所在疫情后的业务恢复能力。

疫情对中小律所的收入既有当下的不利影响，也有长远的不利影响。从短期来看，新增的诉讼代理收入、非诉项目收入和法律顾问收入均几乎为零，仅有部分在疫情之前已签署协议的项目可能获得支付。从长期来看，依赖外出拓展业务的中小律所，在疫情期间业务拓展工作几乎停滞，尤其是青年律师客户资源和业务积累不足，服务的大量中小型企业在疫情后存在倒闭风险，可能进一步丧失法律顾问收入。

（三）疫情对北京市中小律所管理的影响

中小律所人员较少，人员结构相对简单，没有综合型大所复杂、精细化的管理需求。但是在面对疫情这样的突发事件时，中小律所缺乏体系化的管理结构会导致在应急处理和迅速转型方面出现明显的劣势，这也是中小律所受到疫情负面影响更大的原因之一。

没有明确的部门设置和岗位职责是中小律所普遍存在的状况。很多中小所并没有设置专门的行政、人事、财务等岗位，而是由律师或律师助理兼职处理。这次突发的公共卫生事件挑战着我国的应急能力，中小律所也同样面临管理层面的大挑战。一方面，在疫情发生之后，部分中小律所无法成立专门的应急负责工作组对律所的人员动向和健康状况进行及时了解，无法对疫情防控作出有效安排，可能会影响律所的管理结构和人员凝聚力。另一方面，在春节假期结束后，部分中小律所被迫进入远程办公状态，短时间内无法适应远程办公的需求，对于人员远程办公的工作效率和质量无法有效监督。

三 中小所在后疫情时代的恢复措施

疫情导致企业的经营压力骤增。即便是疫情进入平稳期、缓解期，甚至在疫情结束后的相当长一段时间内，一部分行业的恢复和发展仍然会面临艰难的挑战。基于北京律师协会的相关调研，就疫情过后中小所的应对措施而言，我们从以下三个方面给出建议。

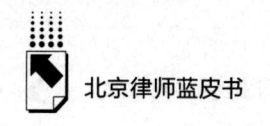

（一）团队建设方面：稳定队伍，迅速进入线上协同工作模式

这次疫情对于很多中小律所的团队稳定性是一个巨大的考验。但是，疫情总会过去，如果律所能够赢得这场考验，一定会得到团队更大的回馈。

1. 立即展开线上工作，为度过疫情积蓄势能

疫情防控期间，所有聚集性、面对面工作都受到严格限制，因此，律所应充分挖掘可以线上开展的工作内容，比如客户培训、客户关怀等，通过电话、微信等方式，保持和当事人及客户的联络。同时，各级法院暂停了窗口接待及现场开庭，鼓励大家通过诉讼服务网站、微信公众号等信息平台在线开展立案、缴费、调解、查阅档案等诉讼活动。

自2020年2月3日开始，北京市各级法院纷纷开启网络办公、轮流值班模式。过去因为法官开庭而经常无人接听的固定电话，疫情期间反而相对容易接通，可以和法院就案件进展、代理意见等问题进行充分的沟通，为疫情之后重启工作提前做好准备。

2. 提高会议频率，让团队成员尽快进入工作状态

2020年的"超长春节假期"使不少员工无法迅速恢复工作状态，加上在家办公无法与其他成员进行即时有效的沟通，缺乏监督，容易导致团队涣散。因此，可以适当提高会议频率，比如将每周例会改为每日例会，临时召集大家举行在线的案件复盘会、新的法律法规学习研讨会等，让团队成员闲不住、停不下，在家也能保持工作的仪式感、存在感和获得感。至于远程会议工具，可选择范围很多，如钉钉、腾讯会议、飞书等。

3. 使用远程协同软件，确保在家的工作可视化、可量化

过去，律师起草或审核文件都是助理起草初稿，发送给律师，律师再下载、修改、发给助理。而WPS在线文档、腾讯文档，都可以实现多人同时填写修改同一份文字及表格文件，极大地提高了律师的工作效率。疫情期间，引导员工使用并习惯线上协作工具，疫情结束后，规范化的在线工作习惯也将成为律所管理、律师数据积累的重要基础。

（二）财务管理方面：盘点现金，做好开支筹划

每一个律所负责人都会考虑，在收入骤降的情况下，律所能否持续运营？除少部分一体化律所外，大量的中小律所采取提成制，律所账上并没有大额的现金储备，律师助理也是由各个合伙人分别聘用并承担费用，律所并没有进行统一的管理。因此，除了盘点现金，对抗疫能力做到心中有数外，律所应从如下几个方面着手。

1. 根据工作需要，对人员结构进行合理调整

在响应人社部"尽量不裁员、少裁员"的大背景下，对疫情期间工作量大量减少的员工，比如律师助理、前台接待、财务人员等，可以停发绩效工资，或者适当地降低薪酬。此外，考虑到实习律师的实习期在转所后重新起算，尽量不要解聘实习律师，避免前期的培养和投入浪费。

2. 进行应收应付款的管理

争取减少律所的应收账款，把应收账款尽快收回。应付款方面，比如房租，可主动与房东联系，争取缓交或免费延长期限。比如应支付的合作费用，可积极与商家进行沟通，争取更长时间的账期。

（三）业务开展方面：打磨产品，创新模式

在疫情发生之前，产品、知识管理、业务研究，这些都是很多律所想做却很难推动律师去做的事情。因为律师要么忙于案件，要么忙于事务，不太愿意，也没有紧迫感去做这些短期内看不出成效的工作。律所可以组织团队从如下几个方面着手。

1. 打磨本所服务产品，优化内部流程

通过整理过往案件，沉淀自身业务，梳理各类文本，办案流程，尽可能地把自身的优势服务具象化、标准化，提供符合本所、本团队特色的法律服务产品。

2. 输出知识成果，扩大线上影响力

传播靠线上，转化靠线下。各种新媒体，文字类的如微信公众号、微

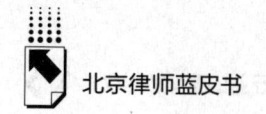

博、今日头条，视频类的如抖音、快手、B站，问答类的如知乎，直播类的如微吼、千聊，都可以利用起来。这些都可用于输出律所知识成果、对律所专业形象进行展示。在线上积累了足够多的潜在客户，后期就有机会对他们进行线下转化。现在大家对网络内容的关注度足够高，贴近客户需求、能解决人们关注问题的内容，比过去更容易获得传播。同时，在线文章、问答、直播，又反过来促进了律师团队的研究、写作和演讲能力，与打造律所专业品牌、提升在线获客能力形成了良性的循环。

四　律师协会对律师行业今后发展的建议

为更好地应对、克服新冠疫情对律师行业的严峻挑战，助力律师行业化解疫情负面影响，推动首都律师行业持续健康有序发展，尤其是帮助中小型律师事务所渡过难关，经向北京市全体律师代表及各区律师广泛征求意见，北京律师协会调研形成了应对常态化疫情防控措施的建议。

（一）加快律师事务所税制改革，支持律师行业稳定健康发展

在税制改革方面，针对律师行业核定征收，加大税前抵扣范围。

首先，税收政策事关律师行业健康稳定发展大局，建议立即启动沟通协调机制，请求主管部门允许律师事务所采取"核定征税"方式，修改《中华人民共和国税收征收管理法》第35、37条的有关内容，在其中增加"对不宜查账征税的法律服务行业，可以选择适用核定征税"的规定。

其次，在对律所采用"核定征税"方式的制度确立以前，请求主管部门允许我国各省区市税务局根据本地实际情况，准许律师事务所加大税前抵扣范围（含无票抵扣），主要包括个人所得税和增值税两方面，激发律师行业活力，为律师行业克服疫情影响提供坚实的政策保障。

（二）扩大政策扶持范围，切实解决律所经营困难

北京市人民政府及各区人民政府均制定相关政策，为辖区中小微企业提

供切实的支持与帮助,建议北京市律师协会和北京市司法局商请相关主管机关,将北京市律师事务所纳入北京市中小微企业范畴,同等享受《北京市人民政府办公厅关于应对新型冠状病毒感染的肺炎疫情影响促进中小微企业持续健康发展的若干措施》及各区人民政府的所有扶持政策,切实解决中小规模律师事务所实际经营困难。

(三) 成立公益基金会,实现律师行业守望相助

为克服新冠疫情对中小规模律所的负面影响,同时建立常态化的应对行业困难和实现律师行业内互帮互助机制,建议北京市律师协会成立北京市律师行业公益基金会,进一步凝聚律师行业力量,减轻新冠疫情对律师行业的负面影响,同时为律师行业应对突发性公共事件,解决未来律师行业改革与发展问题积累和探索经验,促进律师行业健康有序发展。

(四) 减免会费,同心携手,共渡难关

适当减免中小规模律师事务所及其律师的会费。受新冠疫情严重负面影响,律师事务所普遍反映各项业务均大幅减少并将持续较长时间,各律师事务所特别是中小规模律师事务所将面临严峻挑战。为更好地预防与控制疫情,北京市律师协会也会相应地减少各项活动,运营成本会相应降低。

(五) 倡导远程办公,引领行业适应时代变化

毫无疑问,疫情将加速改变律师行业管理和运营模式。随着互联网技术的发展,律师行业逐步适应远程办公,通过视频、微信、电话、邮件等各种通信方式联通客户与内部管理。疫情将加速律师行业远程办公和律师行业办公科技化进程,建议北京市律师协会高度重视,采纳和推动律师行业远程办公机制,以大幅提高工作效率与降低运营成本,为首都律师行业领先时代提供技术保障。

为发挥集中采购的优势,针对全行业通用的互联网远程办公及管理系统,可以考虑采取类似于律师体检的采购模式。此举可提高整个北京律师行

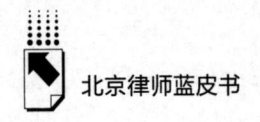

业的管理水平、远程办公的安全和效率，进而使北京律师行业在全国乃至全球的激烈竞争中不断超越和领先。

五　疫情促进新型律所的诞生

（一）互联网律所的兴起

疫情之下，各地法院从2020年2月3日开始陆续恢复工作，部分法院的案件通过视频连线的形式开庭，让互联网法院的运作模式在短时间内得到了推广。同时，越来越多的律所与律师在"不得复工"与"自我隔离"的要求下，选择借助互联网开展远程法律服务，也有越来越多的律师事务所开始酝酿向互联网律所的转型。

1.互联网律所的定义

通过互联网处理法律业务的律所，或是专门从事互联网业务的律所，都可称为互联网律所。但是，律所通过互联网处理业务的方式已经非常普遍，几乎所有的律师都在使用电子邮件系统、官方网站、微信群来办公，另外，像北大法宝、威科、Westlaw这样的数据库也是律所采购清单上的常客，还有一些团队会购买专门的协同办公软件来做案件与知识管理。专门从事互联网业务的律所也已经出现，聚焦于"网络法"的服务。但是，专门从事"网络法"的律所与其他律师团队之间并不存在本质的区别，在业务中涉及互联网的律师团队或律师也不在少数。因此，当我们谈论互联网律所时，无法以简单的标准去进行判断，互联网律所不止于使用互联网工具，也要比从事网络法的团队具备更多的内涵。从互联网法院很容易联想到互联网律所，互联网法院的定位对互联网律所有足够的借鉴意义。

根据《最高人民法院关于互联网法院审理案件若干问题的规定》，互联网法院的特殊性一方面在于着眼于解决互联网上的各种争议，另一方面更具特点的是"采取在线方式审理案件，案件的受理、送达、调解、证据交换、庭前准备、庭审、宣判等诉讼环节一般应当在线上完成"。

因此，杭州、北京、广州的互联网法院在裁判了大量互联网典型案例的同时，在智能合约、大数据、人工智能运用于司法领域进行了大量积极的探索，并开始构建互联网司法裁判规则体系。

参考互联网法院，互联网律所的定位可能也在于互联网法律服务，以律所为单位积极探索通过互联网提供法律服务的各种可能性。

2. 互联网改变了什么

互联网改变了法律的面貌，互联网上的新型纠纷与法律中新设的互联网条款不胜枚举，同时出现了新型法律关系、新型法律主体与客体，这些是显而易见的改变。

而在更深层次，互联网对法律服务的改变远比想象中深远。为了在互联网上保护版权，各种先进的技术被广泛应用。法院"身先士卒"，杭州互联网法院的智能证据分析系统可以对文章、图片、视频是否相似进行比对，并且会给出重复率，以及判断是否疑似侵权；北京互联网法院推出天平链电子证据区块链平台，直接对接从版权确权到诉讼的一条龙工作。

企业也不甘落后，视觉中国的"鹰眼系统"也随着黑洞照片事件被放到聚光灯下。"鹰眼系统"利用自动全网爬虫、自动图像比对、授权比对自动生成报告等方式，自动处理大量数据，追踪并提供授权管理分析、在线侵权证据保全等一站式的版权保护服务。阿里巴巴设立了"原创项目保护平台"，对首发创意方案与短视频进行保护，承担了一部分登记机关的职能。根据《2018阿里巴巴知识产权保护年度报告》，2018年阿里巴巴在原有的商品大脑、假货甄别模型、图像识别算法、语义识别算法、商品知识库、实时拦截体系、生物实人认证、抽检模型、政企协同平台等打假黑科技基础上，开创性地将语义情感分析、商家全景视图、直播防控体系等新技术应用于知识产权保护，将可疑商品、可疑商家拒之门外。传统上争议解决主要通过法院、仲裁机构进行。但在互联网上，迫于侵权责任法"避风港"原则所带来的压力，互联网巨头们除了技术以外，在制度上也采取非常激进的创新措施，承担了大量争议解决的工作。从争议解决的数量上来看，没有法院能够比得过微信、淘宝（天猫）、新浪微博这些互联网平台。版权保护的对象是表达而不是思想，创意本身并不受保护，但是互联网平台并不拘泥于传统版权法理论，开始将创意也纳入保护范围。根据《2019微信知识产权保护报告》，微信专门对游戏的关卡设计、玩法、美术风格等创意内容进行保护。微信还引入"洗稿合议机制"，邀请部分公众号原创作者参与其中，协助平台对有争议的"洗稿"内容进行合议。知乎为了判断内容是否合规，也引入"众裁"机制，把是否违规交给用户判断，并根据用户的判断训练算法。所以，对互联网律所来说，如果其没有办法对标先进技术，那么在这场控制法律风险的"军备竞赛"中就已经落得"后手"。更进一步，阿里巴巴、微信的投诉规则与判定标准的重要性并不亚于法律法规与司法解释。对这些激进规则的研究，需要互联网律所投入资源，构建相应的互联网法律知识库。

3. 疫情如何催化互联网律所

在疫情期间，律师在家办公成为常态。在家办公让律所内部原本就分散的分所、团队被拆解得更加零散，团队内部的成员被迫分散在不同的物理空间，通过互联网连接。传统上律所内部以团队为分割节点，因为疫情变成以个人为分割节点，知识节点也因此分散，直接的影响是沟通成本上升，原本团队内部转个头就可以交流的内容现在需要在群组里面"圈人"，原本两句话可以解释清楚的文件需要通过电话、邮件来多写几句。此时，律师也不得不更加依赖协同办公软件，把自己的工作搬到云端。

相对于IT行业通过版本控制工具来协调代码的更新，律师通过电子邮件、即时通信软件、文件的重命名来协同更新文件，还是显得相对落后，不仅容易导致文件版本混乱，也不利于知识的积累。律所内部面对面办公的技术构架、组织构架可能都需要因为疫情而升级，以更有效地连接律所内部每一位律师，继续让律师之间、团队之间能够高效配合。律所内部的协同固然重要，但并不涉及互联网律所的实质。疫情真正催化的是律师与客户之间关系的改变。

在律师与客户的关系中，"信任"对于法律服务来说至关重要，"百闻不如一见"，没有什么方式比面对面交流更容易获取信任。面对面交流能够提升可信度与亲和力，电话与屏幕里再动听的声音也比不过面对面交流。但鉴于病毒传播的可能性，常见的线下讲座、研讨会在疫情期间较难开展。

律师与客户之间将会带着距离感开始工作。在这样的背景下，律师们可能会将更多精力用在线上课程的讲授以及专业文章的写作上。对律所来说，能否搭建好有效的平台将成为关键。律所搭建的平台绝对不是建立一个官方网站加微信公众号这么简单。很多律所的网站并不具备实时更新的能力，没有办法很好地关联律师的文章与官网上的简历，更不要说去关联微信公众号、小程序了。在这样的局面下，律师会寄希望于拥有自己独立的平台和渠道，毕竟开设微信公众号及知乎专栏相对容易操作。

4. 疫情之下需要什么样的互联网律所

互联网，顾名思义是网络的互联。而互联网律所，需要通过互联网连接律所内部的每一个团队，连接团队里面的每一个成员，连接客户，甚至连接能够解决争议的机构。

工信部披露，2020年春节假期期间，移动互联网消费了271.6万TB流量，同比增长36.4%。随着人们生活、工作的重心向互联网倾斜，线上娱乐、线上办公越发普遍。

线上消耗时间的增加无疑会带来更多的互联网纠纷，而处理这些纠纷需要律师与律所做好准备。最为直观的例子是，当法庭决定线上开庭，律师与代理人该在哪里出庭，家中还是律所？通过笔记本自带的摄像头还是专门的摄像头？当办公室的Wi-Fi卡顿时，是否有备用的线路？类似的问题不一而足，这些问题都是互联网律所需要考虑的。互联网律所能否提供更优质的在线开庭环境，会影响案件胜诉的概率。

律所最核心的竞争力来自旗下律师团队。互联网律所的任务还在于如何让自己的律所、团队、律师更好地呈现在互联网上。律所需要以更专业的方式让律师在合适的场合出现。将最能够反映律师能力的文章、报告、在线课程、媒体采访甚至抖音短视频有机整合在一起，力求完整地对律师进行画像，避免出现干巴巴的"纸片人"。互联网律所需要具备全面处理互联网纠纷的能力，比如互联网取证。大家对"以事实为依据，以法律为准绳"耳熟能详，当所有律师用的数据库都差不多的时候，发现事实的能力就显得尤为重要。公证机构很多情况下并不能够胜任在网络空间发现事实的任务。比如，在乐动卓越诉阿里云侵犯著作权案中涉及确定运行 App 平台的问题，乐动卓越一方法律团队使用 Wireshark 这款软件抓取网络数据，确定数据来源，获取并记录手机端 App 访问服务器的 IP 地址，发现该 IP 地址属于阿里云，确定阿里云与本案的联结点。① 而 2015 年最高人民法院发布的第 45 号指导性案例中，百度公司即通过 Wireshark 的运用，发现在青岛地区劫持其流量的是联通公司。

除了互联网取证，互联网律所也需要充分利用法律科技的成果，通过各类协同软件进行法律知识的积累，完成从手工作坊到流水线、从匠人到工人的升级。

互联网早已渗透到各行各业，在数字化、智能化转型的浪潮中，线上线下的界限早已模糊。互联网律所亦是如此，律所、律师线上与线下的界限也将日益模糊。或许有一天，"互联网律所"将成为每一家律所的标签，每一家律所都具备在网络空间处理业务的能力。那时，我们会处在一个更加数字化、智能化的法律服务市场中。

（二）虚拟律所的崛起

疫情不仅改变了我们的生活方式，同时也改变了一些商业运行的法则。随着疫情期间一些行业被淘汰，一些新型商业模式形成，对于律所来说这是一次无法预料到的"技术练兵"，虚拟律所从中崛起。

1. 什么是虚拟律所

所谓虚拟律所，也被称作"云端律师事务所"，是指不受传统律所物理办公空间束缚，运用技术手段为客户提供法律服务的律师事务所。

虚拟律所并不是一个新概念。在 1997 年，就有硅谷律师公开撰文提出建立依托网络的"虚拟法律公司"的主张，任何在家办公的律师都可以被

---

① 《从乐动卓越诉阿里云一案讨论新技术对信息网络传播权的影响》，搜狐网，https://www.sohu.com/a/338146340_120310885，最后访问日期：2023 年 3 月 15 日。

称为"虚拟律师"。根据维基百科，世界上有记载的首家虚拟律所是 1996 年设立于英格兰的 Woolley & Co.，创始人名叫 Andrew Woolley。

随着互联网技术的发展，在世界范围内，依赖"云技术"实现网络办公的律师事务所被越来越多的客户所接受。几年前，美国律师协会曾将提供新型法律服务的法律公司 Axiom 定义为当时全球最大的虚拟律师事务所。2017 年，Axiom 创收超 3 亿美元。目前，它在全球已拥有超过 2000 名员工，成为一家"全球领先的替代性法律服务提供商"。因此，无论虚拟律所的准确定义是什么，基于网络技术，没有传统意义上的办公空间或仅设少量办公场地供运营需要，比传统律所工作方式更为灵活是这类律所的主要特点。

2. 虚拟律所的优势

虚拟律所同传统律所相比有哪些优势？

第一，远程办公，可以节约办公场地开销及运营成本。Fisher Broyles 全球联合管理合伙人 Michael Pierson 曾在一次采访中介绍，虽然 Fisher Broyles 在美国多个城市都设有小型办公室，但绝大多数律师采取远程工作的方式，这使其运营成本减少了近三分之一。

第二，商业模式使虚拟律所在费率上比传统律所更具竞争力。美国虚拟律所 Culhane Meadows 的创始合伙人 Kelly Rittenberry Culhane 曾表示，律所合伙人的小时费率仅相当于美国大型律师事务所中年级律师的费率。据她介绍，Culhane Meadows 的许多合伙人在之前任职的律所每小时收费在 900 美元左右，而现在，他们的收费均价为每小时 550 美元。然而，低费率并未影响律师的收入。通常虚拟律所仅在律师收入中提取很小比例，大部分收入归律师个人所有。Fisher Broyles 的创始人 James M. Fisher 曾表示，该所合伙人收入是美国较大型律师事务所的两倍。

第三，虚拟律所的工作方式更加灵活，律师能自由支配工作时间。许多加入虚拟律所的律师表示，他们厌倦了过去每年超过 2200 小时的计时工作，不愿成天待在办公室，更倾向于选择灵活的办公方式或居家工作。加入虚拟律所后，他们仅需根据客户需求来安排行程，而不会对律所造成任何消极影响。

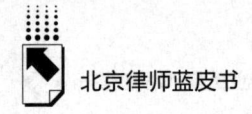

3. 虚拟律师事务所的业务能力

虚拟律师事务所的业务能力或许可以从这类律所规模扩张的步伐间接地得到说明。继2015年美国俄亥俄州的Roetzel & Andress律师事务所诉讼团队8名律师集体加盟Fisher Broyles之后，Fisher Broyles没有停止从传统律所中"挖人"的步伐。Fisher Broyles在自己的官网上不无炫耀地推介说："我们的合伙人或者来自最高端的公司的法务部门，或者来自政府机构，或者来自全美最大规模和最有声望的200家律所，例如Allen & Overy, Cravath, Baker McKenzie, Davis Polk, Dentons, Gibson Dunn, Jones Day, King & Spalding, Kirkland & Ellis, Morgan Lewis, Paul Hastings, Sidley, Skadden, Sullivan & Cromwell, White & Case, WilmerHale, 等等。"①

目前Fisher Broyles知识产权团队的客户中，既有高科技初创企业，也有财富美国500强企业。2019年10月，亚马逊推出知识产权加速器（intellectual property accelerator），帮助电商卖家在亚马逊平台快速找到知识产权律师，办理包括商标申请在内的业务。在首批"上架"的11家提供商标服务的律所中，Fisher Broyles是其中唯一的"完全服务提供商"。据Fisher Broyles的创始人介绍，能够提供固定成本的服务是律所被亚马逊选中的原因之一。Culhane Meadows的创始合伙人Kelly也曾表示，外界对于虚拟律所只做廉价低端业务的刻板印象是不正确的，Culhane Meadows每年会承接几十宗一亿美元以上的交易，合伙人也会像大型律所那样组建团队，协同办理业务。

通过从大型律师事务所"挖角"律师和合伙人，虚拟律所在许多业务领域已具备一定实力。但也有专家表示，目前大型上市公司在选择法律服务提供者时会面临诸多压力，很难想象这些公司会将高风险的法律事务交给一家虚拟律所去做。这也是许多虚拟律所都会碰到的"天花板"。

并且，特有的商业模式要求虚拟律所的律师拥有极强的单兵作战能力，

---

① 参见Fisher Broyles官网，https://www.fisherbroyles.com/people，最后访问日期：2022年11月20日。

但是相应地，在依靠团队及跨团队协同作战、同客户保持密切沟通等方面，虚拟律所存在一定不足。

此外，传统大型律师事务所拥有长期以来建立的品牌优势，有专业的市场和品牌运营部门，而降低成本的经营模式使虚拟律所在品牌、市场影响力方面无法与传统大型律所相比。

4. 未来虚拟律所将迎来哪些机遇

首先，依托新技术的虚拟律所具有后发优势。美国法律媒体Law360在2018年发布的一篇文章中提到，近几年美国400强律所的人数年均增长率在1%～2%，营收增速也趋于平稳。而依赖远程办公和云技术的虚拟律所的人数年均增长率达15%～30%，营收增长率高达50%。

其次，在经济下行环境中，虚拟律所更具竞争优势。在经济危机中，律所大多通过裁员及整合客户资源来应对营收压力。2008年国际金融危机发生后，从2008年初至2009年6月中旬，美国律所解雇了超过1.25万名员工，其中有1.05万人都是在2009年被裁。而虚拟律师事务所的兴起，也与2008年国际金融危机导致的经济衰退密切相关。正因为经济的低迷，客户对服务产生了降低费用的需求，这才有了成本和费用更低廉的虚拟律所的一席之地。

最后，"弹性"工作制或将成为未来的工作趋势。近年来，许多国外知名律师事务所开始推行灵活的工作制度。例如，2015年以来，高伟绅律师事务所（Clifford Chance）和史密夫斐尔律师事务所（Herbert Smith Freehills）均在伦敦办公室开始推行"弹性"工作制。高伟绅鼓励律所合伙人采取居家工作方式，史密夫斐尔则允许律师每周在家工作一天。然而，大多数律所仅将"弹性"工作制作为平衡员工工时的福利政策，或是作为吸引优秀人才的手段。这同依赖远程办公降低运营成本的虚拟律所经营模式存在一定区别。

目前，在伦敦设立首家海外分所的Fisher Broyles已将眼光瞄准了新加坡、印度、中国香港和意大利米兰等地。那么，随着新技术、新商业模式的不断出现，虚拟律师事务所在未来可能对传统律师业造成冲击。

B.5
北京律师行业宣传成就与经验

穆宇　田国红　李凯

摘　要： 近年来，北京市律师协会始终坚持以习近平新时代中国特色社会主义思想为指引，以"举旗帜、聚民心、育新人、兴文化、展形象"为宗旨，按照司法部、北京市委和北京市司法局党委部署，立足北京律师人数多、律所规模大、综合实力强、社会影响力大等特点，形成"党委领导、矩阵发力、多元传播、注重实效"的全媒体宣传新格局。(1) 适应新媒体发展，打造行业宣传阵地；(2) 坚持政治引领，策划重点宣传；(3) 加速媒体融合，打造亮点活动；(4) 聚焦重点工作，开展专项宣传；(5) 发挥行业职能作用，提升普法宣传成效；(6) 树推先进典型，弘扬行业正能量；(7) 注重品牌建设，策划暖心推送；(8) 讲好律师故事，赢得各界关注与认可。

关键词： 宣传阵地　普法宣传　树推典型　品牌建设

前　言

近年来，北京市律师协会始终坚持以习近平新时代中国特色社会主义思想为指引，以"举旗帜、聚民心、育新人、兴文化、展形象"为宗旨，按照司法部、北京市委和北京市司法局党委部署，立足北京律师人数多、律所规模大、综合实力强、社会影响力大等特点，形成"党委领导、矩阵发力、多元传播、注重实效"的全媒体宣传新格局，坚持稳字当头、稳中求进、以稳求进、以进固稳的工作基调，在以下三方面下足功夫，确保行业宣传工作取得实效。

坚持"导向为魂"。把握宣传工作"时、度、效"，强化政治引领，及时传达重要会议精神；聚焦行业重点工作，全面展示律师工作成果，提升行业向心力。

坚持"内容为王"。紧抓热点话题，以小切口切入大主题，做精爆款推送；深耕文案创作，讲好律师坚守初心、履职尽责的感人故事，传递行业正能量。

坚持"创新为要"。加强与新闻媒体融合发展，打造亮点宣传活动，提升行业社会影响力；打造二十四节气品牌，策划节日暖心推送，增强行业文化自信。

一　适应新媒体发展，打造行业宣传阵地

北京市律师协会顺应移动互联网时代行业发展需求，为广大会员提供更为优质便捷的服务，持续推进协会信息化建设工作，形成"北京市律师协会"微信公众号、"北京律协"官方微博、"首都律师网"网站、"首都律师"App、《北京律师》会刊以及抖音、头条号、央视频、法治号等多个平台的北京市律师行业信息及宣传阵地。同时，统筹融合北京市律师行业媒体资源，深化与各新闻媒体的合作，加强与电视媒体的协作，在权威行业杂志和重点网络媒体平台开设专区，增强行业宣传的传播力、引导力、影响力和公信力。

（一）搭建"两微一网多端"自媒体平台

1. 开设"北京市律师协会"微信公众号

"北京市律师协会"微信公众号于2017年5月8日上线运行。以"守护法治信仰，共筑行业家园"为办号原则，精心打造二十四节气及节日问候系列海报，增强会员幸福感；高品质策划制作妇女节、青年节、母亲节、

儿童节及父亲节等律师专辑，展现律师别样情怀；推陈出新，建立"行业新闻""基层党建""各区资讯""京律学苑""律师视点""律师解读""公益法律服务在身边""首都涉外律师营"等专栏，立体宣传和展示北京律师正能量，受到北京律师广泛关注。2018年微信公众号推文《风雨无阻！专业敬业的首都律师刷爆朋友圈》阅读量超过10万次。该篇推文荣获北京市2018年度政法新媒体作品一等奖及2018全国司法行政系统"十佳新媒体案例奖"。北京市律师协会微信公众号长期位列全国省级律师协会榜单和北京市司法行政系统微信矩阵前三名，多次荣登榜首，其他各项统计数据均位居前列。截至2022年6月，在微信公众号累计发布推文3698篇，粉丝83523人，累计阅读量470余万次，北京市律师协会微信公众号已成为北京市律师行业宣传主阵地。

2. 开设"北京律协"官方微博

"北京律协"微博于2017年12月25日注册。通过实时发布行业动态及重要活动，及时转发各类涉及行业的重点信息，对展现北京律师风采、弘扬北京市律师行业正气起到了有效的宣传作用。截至2022年6月，累计发布微博5495篇，粉丝2.62万人，阅读量超过4000万次。2018年8月，"北京律协"官方微博获得北京市司法行政系统十大最具影响力新媒体称号。

3. 开通"首都律师网"官方网站

北京市律师协会官方网站"首都律师网"于2003年3月24日正式开通。目前开设有"行业动态""行业党建""专业领域""会员培训""行业法规""会刊之窗"等20余个栏目，使北京律师能够及时获悉行业各类信息，展示北京律师风采。截至2022年6月，累计访问量达3370余万人次，业已成为北京律师的网上家园。

4. 上线"首都律师"App

北京市律师协会官方App"首都律师"于2016年8月30日正式上线。"首都律师"App是面向公众和北京律师提供行业资讯和会员服务的移动互联网应用项目，包括"协会简介""行业动态""会员中心""公众服务"等功能模块，内容已实现与"首都律师网"同步推送，北京律师可随时随地获取行业最新动态信息。

5. 开设多个专区和平台账号

2018年，北京市律师协会在腾讯企鹅号开设专区，在今日头条、抖音平台注册"北京律协"官方账号。2020年，在法治号、央视频平台开设"北京市律师协会"官方账号。借助丰富立体的媒体平台资源优势，即时发送行业动态、重要活动及行业先进典型等推文，全面展现了北京律师风采，提高了社会对北京市律师行业的认知度和关注度。截至2022年6月，企鹅号累计发布文章2605篇，粉丝4482人；头条号累计发布文章1940篇，粉丝8694人；抖音累计发布文章488篇，粉丝2.6万人；法治号累计发布文章1150篇；央视频累计发布文章1048篇，粉丝1266人。

（二）优化《北京律师》会刊

《北京律师》创刊于1983年6月，是全国律师界创办最早的内部交流资料之一，目前为双月刊。该刊始终秉承记录行业发展、探究理论前沿、评析法治热点、传播律师文化的办刊宗旨，兼具专业性和可读性，贴近律师的实际工作需要，有"卷首语""律协动态""封面专题""特别报道""特写""律师实务""文化视角"等栏目。

近年来，为增强服务会员属性，突出引领行业发展作用，《北京律师》围绕展现北京市律师行业发展进程、记录北京市律师行业服务大局、服务为民的实践，持续丰富内容，优化"发行"方式，采用线下发行和线上电子会刊仿真阅读相结合，业已发展成为首都律师宣传的主要阵地和品牌展示的重要窗口。截至2022年6月，《北京律师》已推出224期。

（三）上线激活微信矩阵

2020年1月，北京市律师协会微信矩阵正式上线，由全国律协"中国律师"微信公众号，北京市司法局"京司观澜""北京掌上12348"微信公众号，北京市公证协会"北京公证"微信公众号，北京市高级人民法院"京法网事"微信公众号，北京市人民检察院"京检在线"微信公众号，各

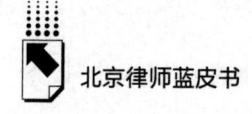

区律师协会微信公众号及36家律师事务所微信公众号共同组成，全方位整合宣传资源，为行业新闻宣传工作又添崭新平台。近两年，不断激活矩阵效能，在重大会议活动宣传中，加强宣传协同，汇聚矩阵合力，推动行业宣传工作再上新台阶。

（四）加强新闻媒体联络

北京市律师协会目前已与新华社、《人民日报》、中央广播电视台、《法治日报》、法治网、《北京日报》、北京广播电视台、《北京晚报》、《北京青年报》、《中国司法》、《中国律师》、中国网、人民网、千龙网、腾讯网等20余家主流新闻和网络媒体建立长期合作关系，并在《中国律师》、法治网开设专栏，建立纸媒、网媒及电视媒体等多元化的宣传系统。2019年以来，主流媒体报道北京市律师行业新闻稿件800余篇，在讲好北京律师故事与助力行业发展方面作出积极贡献。

二 坚持政治引领，策划重点宣传

北京市律师协会始终坚持行业宣传工作的正确政治方向，植根北京律师群体，精心策划行业重点宣传工作，全方位展示北京律师的良好精神风貌，引领北京市律师行业永远跟党走，奋进新征程。

（一）深入学习宣传贯彻习近平法治思想

为引领全市律师不断增强"四个意识"，坚定"四个自信"，做到"两个维护"，助力中国特色社会主义法治国家建设，北京市律师协会依托自媒体平台，及时跟进国家重大事件和会议精神宣传，带领全市律师深入学习宣传贯彻习近平法治思想。

1. 及时传达学习重要会议精神

北京市律师协会通过发布《一图速览总理记者会》《一图读懂北京市第十三次党代会报告！》等推文，带领全市律师全面了解相关会议内容，及时传达"北京冬奥会、冬残奥会总结表彰大会""庆祝中国共产主义青年团成立100周年大会"等会议精神。2020年，在微信公众号推送《首场中共中央新闻发布会，解读五中全会精神，信息量很大！》等主题推文，动员全行业学习党的十九届五中全会精神；推出《北京市各律师事务所党组织深入学习贯彻党的十九届五中全会精神》等主题推文，在全行业掀起学习贯彻党的十九届五中全会精神高潮。2021年，在微信公众号推出《中共中央关于党的百年奋斗重大成就和历史经验的决议（全文）》等主题推文，引导全市律师坚定信心、凝心聚力，以昂扬的精神面貌，为服务首都高质量发展谱写新篇章。2022年，在微信公众号推出《坚定理想，面向未来——首都青年律师收看学习庆祝中国共产主义青年团成立100周年大会》等主题推文，引导全市律师投身法治中国首善之区建设。

2. 策划习近平法治思想宣传片

2021年，北京市律师协会制作《光辉引领，祝福新征程，北京市律师协会学习贯彻习近平法治思想暨新春祝福》视频短片。视频采访拍摄了北京市律师协会会长、监事长、10位副会长及两个具有代表性的北京律师家庭（"抗疫显大爱"石清盼律师一家、"勇救落水者"郑小强律师一家），并于春节之际通过新媒体平台以"云端贺岁"的形式推出，更加直观地展示北京市律师行业认真学习习近平法治思想的扎实成果。

3. 丰富宣传媒介

依托《北京律师》会刊平台，策划行业政治引领主题专刊。2020年《北京律师》第一期以"形成最大公约数，画出最大同心圆——北京市律师行业新的社会阶层人士联谊会正式成立"为封面专题，聚焦北京市律师行业新的社会阶层人士联谊会的成立展开。2022年《北京律师》第一期以"北京市律师行业深入学习贯彻党的十九届六中全会精神"为封面专题，旨在展现北京市律师行业精心组织、周密部署，市区两级行业党组织充分发挥作用，通过多种方式深入学习贯彻党的十九届六中全会精神的浓厚氛围，不断增强全市律师学习贯彻的政治自觉，更加奋发有为地开创律师工作发展新局面；第三期以"行而不辍，踔事增华——首都青年律师勇毅奋进，谱写

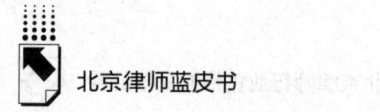

时代华章"为封面专题，通过组织广大青年律师收看学习庆祝中国共产主义青年团成立100周年大会等内容，展现新时代的青年律师深切感悟建团精神，彰显青春担当，抒发爱国情怀，凝聚奋进力量的卓越风采。

为充分发挥《北京律师工作记事簿》的宣传媒介作用，加强律师队伍建设，北京市律师协会在2022年《北京律师工作记事簿》中增加习近平法治思想相关内容，并向全市律师发放，扩大了宣传覆盖面，丰富了学习形式。

4. 展示全市律师行业党建成果

2020年，在中国共产党建党99周年之际，为总结、宣传和推广全市各级律师行业党组织贯彻落实中央全面从严治党和司法部党建引领发展"四大工程"要求的创新做法和成功经验，配合行业党委工作组织开展了党建工作亮点报道，开设"党建创新引领行业发展"系列栏目，连续推出专栏文章17篇，集中展示全市律师行业党建创新项目成果和典型案例。

2021年，北京市律师行业党委在市委机关党校举办了北京市律师行业党组织负责人政治轮训示范班。24位政治过硬、阅历丰富、工作成效突出的律师行业党组织负责人走上讲台，围绕读党史、讲故事、谈感悟、话担当、论发展等主题作报告。北京市律师协会微信公众号推出系列报道，展示近年来全市律师行业抓党建、带队建、促所建的发展成果。2021年《北京律师》第六期以"抓党建、带队建、促所建，北京市律师行业党组织负责人政治轮训示范班"为封面专题，以北京市律师行业党委举办的"北京市律师行业党组织负责人政治轮训班"中的负责人发言为主要内容，以点带面，展示北京市律师行业坚持政治统领、党建引领，积极履行责任，服务保障人民权益，维护社会公平正义的使命担当。

（二）开展庆祝新中国成立70周年系列宣传

2019年是新中国成立70周年。北京市律师协会统筹策划庆祝新中国成立70周年宣传工作，全方位、新视角、多层次地展现北京律师与党同心同向同行、共担新时代历史责任与使命的决心。

1. 开展国庆献礼相关活动

在新中国成立70周年之际,北京市律师协会在微信公众号、官方微博、头条号、抖音号同步上线国庆献礼片《祝福您,我的祖国》,推出"庆祝中华人民共和国成立70周年"系列海报,发布《北京市律师协会热烈庆祝中华人民共和国成立70周年》H5作品,以多种形式送上北京市律师行业最真挚的礼颂与祝福。

2. 开展"我和我的祖国"主题活动

北京市律师协会组织北京律师参与全国律师协会筹划拍摄的中国律师版《我和我的祖国》MV,并制作北京律师版《我和我的祖国》MV,在歌声里凝聚北京律师发自内心对祖国的忠诚与热爱;响应"拍吧,我是中国人""我和国旗同框"微博话题,发起"我是北京律师,我爱我的祖国""我和国旗同框"主题活动,各律师事务所、律师纷纷上传与国旗的合照,以实际行动发出爱国之声。

3. 制作《70年与法同行》特别节目

北京市律师协会携手北京广播电视台《法治进行时》栏目组开展"与法同行 保家护航 庆祝祖国华诞70周年普法宣传活动",制作《70年与法同行》特别节目,对与百姓关系密切的18部法律进行普法介绍,纪念和展现我国法律体系建设的发展历程。

4. 开设特色专栏展示北京律师初心

为认真贯彻落实全国律师行业"不忘初心、牢记使命"主题教育动员部署会议精神,扎实推进北京市律师行业主题教育深入开展,北京市律师协会在微信公众号开设"全市律师行业党组织扎实开展'不忘初心、牢记使命'主题教育"专栏,共推送40余篇稿件,展示行业主题教育成果,确保主题教育取得成效。

5. 策划专题推送记录盛世庆典

在庆祝中华人民共和国成立70周年大会现场,众多北京律师的优秀代表认真聆听习近平总书记的重要讲话,观看气势磅礴的阅兵式、群众游行。北京市律师协会策划"观礼感言""见证辉煌"等系列报道,第一时间对参

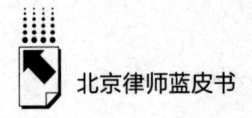

加广场阅兵、群众游行和现场观礼的 100 余名北京律师的真情实感进行宣传报道，礼赞新时代。

6. 推出专刊凝聚北京律师爱国情

2019 年，《北京律师》共策划推出三期律师行业庆祝新中国成立 70 周年主题专刊。其中：第四期以"10 月 1 日我们与祖国共度生日"为封面专题，特别邀请数位与中华人民共和国共度生日的首都律师，畅谈特别的生日记忆，回望国家的发展历程，憧憬律师行业的美好未来，表达对祖国的衷心祝福；第五期以"踏石留印，奋进前行"为封面专题，通过 40 位对行业发展有突出贡献的北京律师视角，展示北京市律师行业在律师制度恢复重建这 40 年的成长、成熟和对中国法治进步的贡献；第六期以"凝聚爱国情，礼赞新时代——北京市律师行业热烈庆祝新中国成立 70 周年"为封面专题，全面盘点北京市律师行业丰富多彩的系列庆祝活动，记录感动、传递喜悦、分享收获。

（三）开展庆祝建党百年系列宣传

2021 年是中国共产党成立 100 周年。北京市律师协会坚持以习近平总书记在党史学习教育动员大会上的重要讲话精神为指引，切实把建党百年宣传工作与党史学习教育作为重大政治任务，在全行业掀起建党百年宣传热潮，为党史学习教育深入开展营造良好宣传氛围，确保律师行业建党百年宣传工作与党史学习教育取得实效。

1. 举办建党百年主题报告会

为生动展示首都律师的良好形象，全面总结首都律师行业近年来取得的丰硕成果，2021 年 6 月 19 日，北京市律师协会举办"永远跟党走，奋进新征程——北京市律师行业庆祝中国共产党成立 100 周年主题报告会"。报告会通过党建工作访谈，村（居）法律顾问情景剧表演，参与服务疫情防控和"1+1"中国法律援助志愿者行动的律师汇报演讲等不同角度和形式，立体展示了首都律师行业近年来坚持政治统领，党建引领，积极履行职责使命，努力服务经济社会发展，保障人民群众合法权益，维护社会公平正义，促进社会和谐稳定取得的丰硕成果。同时，通过红色经典歌曲演唱和舞蹈，深切表达律师行业对伟大中国共产党的真诚赞美和热爱。《法治日报》、人民网、北京广播电视台等近20家主流媒体从多个角度予以了报道。

2. 策划《情系初心——身边的党员律师》专题片

北京市律师协会与中央广播电视总台社会与法频道（CCTV12）联合制作《情系初心——身边的党员律师》专题报道。专题报道时长45分钟，2021年7月3日于中央广播电视总台社会与法频道（CCTV12）黄金时间首播，并重播三次。通过深度报道两家荣获"全国律师行业先进基层党组织"荣誉的北京律师事务所和四名荣获"全国律师行业优秀共产党员"荣誉的北京律师的动人故事，以党员律师日常工作为切入点，力求小切口大立意，以点带面、全景展示北京市律师行业在党的领导下取得的巨大成就，深入宣传北京市律师行业党建典型，引导广大律师守初心担使命、争先锋做表率。

3. 开展"永远跟党走"歌曲传唱活动

北京市律师协会响应全市司法行政系统党史学习教育领导小组办公室《关于组织开展"永远跟党走"歌曲传唱活动的通知》要求，广泛组织协会领导班子成员、多家律师事务所、律师代表、律师子女代表等，定制"永远跟党走"红色T恤衫和宣传手牌，通过独唱、小合唱、大合唱、快闪等方式，精心策划开展"永远跟党走"歌曲传唱活动，录制歌曲传唱短片并于国庆节当天在新媒体平台推出，引领首都律师行业唱响时代主旋律。

4. 开设建党百年特色专栏

在庆祝中国共产党百年华诞的重大时刻，党中央决定在全党集中开展党史学习教育。北京市律师行业党委、北京市律师协会在官方微信公众号开设"党史学习教育"专栏，下设"党史百篇百读""工作动态""优秀征文""我的入党故事""'北京党史'慕课"等栏目，共推送300余篇，带领首都律师重温党的奋斗历史，传承党的优良传统，续写党的时代华章。为全面展示党史学习教育的成果，北京市律师协会在官方微信公众号开设"我为群众办实事"专栏作为全行业学史力行重要展示窗口，推送22篇宣传广大律所深入基层开展公共法律服务、民法典宣讲、法治体检、法律援助等公益法

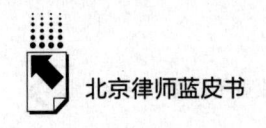

律服务活动的文章，传递行业正能量。

5. 策划建党百年主题推文

2021年4月23日，在世界读书日邀请广大律师读党史，重温峥嵘岁月，分享从党史学习中激发信仰、获得启发、汲取力量的学习感悟，通过微信公众号推出《世界读书日，一起读党史》推文。7月1日，汇聚北京市律师行业100位优秀共产党员律师的100句心声，在微信公众号推出《永远跟党走，建党百年，百名北京优秀共产党员律师表心声》专题推文，激发爱党爱国情怀，弘扬敬业奉献精神。

6. 策划建党百年专刊

2021年，《北京律师》共策划推出三期律师行业庆祝建党百年主题专刊。其中：第三期以"建党百年启新程，赓续初心担使命，市律师行业党委深入开展党史学习教育"为封面专题，积极响应党史学习教育的政策部署，从不同角度对北京市律师行业各级党组织开展的特色鲜明、形式多样的学习教育进行了集中展示，为建党百年营造良好氛围；第四期以"首都律师庆祝建党百年，凝心聚力谱写光辉未来"为封面专题，用北京市律师行业内容丰富的爱党爱国活动展现实际行动献礼建党百年，特邀"光荣在党50年"的党员律师分享感悟，百名优秀共产党员律师表达爱党爱国情怀；第五期以"我为群众办实事，首都律师行业务实笃行"为封面专题，扎实推进学史力行，对行业开展的"为民办实事"工作进行阶段性总结。

（四）举办主题开放日活动

北京市律师协会定期举办开放日活动，邀请人大代表、高校学生、社区居民等社会各界人士走进律师事务所，走进北京市律师协会，通过普法课堂、法律咨询、发放普法宣传资料等多种形式，使更多的群众了解、关注、支持北京市律师行业。

1. 弘扬宪法精神，推进国家治理体系和治理能力现代化

2019年，北京市律师协会举办"弘扬宪法精神，推进国家治理体系和治理能力现代化——司法行政70年""司法行政在身边——北京市律师协会开放日"活动,邀请30余名首都高校法学院在校学生、20余名普通市民走进北京律协,发放《中华人民共和国宪法》《北京律师公益法律咨询服务指南》《寻求律师法律帮助时应当注意的问题》等资料,通过实地参观、交流互动等方式了解北京市律师行业。志愿律师在北京市律师协会公益法律咨询中心通过电话和现场咨询的方式,为来访来电市民群众解答法律问题。

2.人民律师心向党,我为群众办实事

2021年,北京市律师协会举办"人民律师心向党,我为群众办实事——北京市律师协会开放日"活动。既有老、中、青三代律师代表讲述在为人民服务的过程中追求律师职业价值的实践与收获,还邀请律师行业外的人大代表和政协委员、媒体记者、不同行业的企业代表及高校学生等参加活动,畅谈对律师行业服务经济社会发展的认识和建议。开放日进一步营造了开门纳谏、倾听民意的浓厚氛围,促进社会各界对律师行业以及律师职业的了解、理解与支持,在开放交流中提升北京市律师行业法律服务水平,推进"我为群众办实事"实践活动走深走实。《法治日报》官方微信公众号以《Vlog | 这体验,没够!》为题,对开放日进行了报道,当日阅读量达8000余次。

三 加速媒体融合,打造亮点活动

北京市律师协会加速媒体融合步伐,积极创新宣传方式,围绕发挥律师行业职能作用,展示律师行业风采,联合主流媒体策划推出一系列亮点活动,提升北京市律师协会在行业内外的影响力。

(一)举办"改革开放四十年北京律师成果展示——优秀辩护词代理词原音重现"活动

2018年10月,北京市律师协会举办"改革开放四十年北京律师成果展示——优秀辩护词代理词原音重现"活动。将视角锁定律师日常工作,通过律师在法庭(仲裁庭)发表辩护(代理)意见以及办理非诉讼法律服务

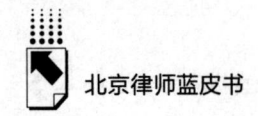

工作的执业场景重现，真实还原律师工作状态，折射出活跃在社会经济生活中的北京律师的工作缩影，全方位展现新时代北京律师在维护当事人合法权益、维护法律正确实施、维护社会公平正义方面所发挥的不可替代的重要作用。活动首次采用新媒体矩阵方式，实现腾讯、北京时间等十余家主流媒体在线同步直播，实时在线观看人数达12万余人，累计观看人数达78万余人次。北京电视台新闻频道《都市晚高峰》栏目、法治网、网易新闻、北京青年网、《中国律师》等媒体对活动进行了报道。

（二）举办"时代新人有律师"主题演讲活动

为庆祝中华人民共和国成立70周年，律师制度恢复重建40周年，北京市律师协会联合中央广播电视总台社会与法频道《律师来了》栏目共同举办北京市律师行业"时代新人有律师"主题演讲活动。13位律师倾情讲述，他们或温婉柔和讲述律师执业生涯的成长心得，或慷慨陈词展现律师在刑事、民事、劳动等专业领域的所思所想，或声情并茂阐述优秀律师的先进事迹，或将律师服务社会、回报社会的所言所行娓娓道来，充分展现新时代北京律师的使命与担当。北京时间、腾讯、爱奇艺等十余家主流网站媒体及客户端进行全程直播，实时在线观看人数近80万，累计观看量突破120万人次，显著提升了北京市律师行业传播力、影响力和美誉度。

（三）开展央视《律师来了》栏目出镜律师招募

为助力《民法典》学习、宣传和贯彻，2020年，北京市律师协会与中央广播电视总台社会与法频道联合组织开展以《民法典》普法为内容的央视《律师来了》栏目出镜律师招募活动。活动自2020年8月正式启动，通过广泛征集及集中审核，最终有39名北京律师从150余名报名律师中脱颖而出，入围现场演讲环节。经过激烈的角逐，来自北京市律师协会和《律师来了》栏目组的六位评审嘉宾根据律师选手的临场表现，从专业知识、大众化、语言表达、仪表形象以及综合台风等五个维度逐一进行评分，最终18名律师获得央视《律师来了》栏目出镜资格。同时，为了将更多优秀律师纳入北京市律师行业宣传队伍，增强北京律师公益普法服务力量，北京市律师协会还向本次入围律师选手颁发了"北京律协新媒体矩阵出镜律师"证书。

（四）推出大型日播普法栏目《民法典通解通读》

2021年，《民法典》正式施行后，北京市律师协会联合北京广播电视台科教频道推出大型日播普法栏目《民法典通解通读》，录制100余期《民法典》系列短视频，根据日常生活中遇到的法律问题，围绕《民法典》涉及的不同领域，由资深律师从实践层面，结合案例进行深入浅出的通解解读，并在《法治进行时》及北京市律师协会各新媒体平台播放，让人民群众了解民法典，懂得运用《民法典》维护自身合法权益，充分化解矛盾纠纷，促进社会和谐稳定，确保《民法典》得到全面有效的执行。

（五）制作《"崇法益众 向善致远"，北京市律师行业投身公益法律服务与承担社会责任报告片》

2022年，北京市律师协会策划推出《"崇法益众 向善致远"，北京市律师行业投身公益法律服务与承担社会责任报告片》。报告片通过展示多年来北京市律师行业在服务党委政府中心工作，发展涉外法律服务业，开展公益法律服务等工作中的辛勤付出与工作成效，充分展现北京律师不忘司法为民初心，彰显服务"国之大者"的使命担当，抒发北京律师践行执业为民的情怀。2022年1月7日，报告片在腾讯浏览器获首页推荐，并在腾讯、网易、优酷、搜狐、北京时间、北京政法网等多家媒体宣传平台同步上线。北京市律师协会首次与腾讯微信平台合作，在6个政府机构所在区域定点投放，宣传北京市律师行业承担社会责任的实践与成效，提升行业形象和社会影响力。发布当日，报告片推文在北京市律师协会微信公众号平台阅读量达2.4万次，并荣登2022年1月北京司法行政微信十大热文榜首。

（六）举办《民法典通解通读》讲师团第一季邀请赛

在《民法典》实施一周年之际，2021年12月至2022年3月，北京市律师协会与北京广播电视台科教频道中心、融媒体中心和北京时间联合举办《民法典通解通读》讲师团第一季邀请赛活动。活动通过网络知识竞答初赛、宣讲视频评选复赛、现场竞选决赛三个环节，选出首批20位《民法典通解通读》讲师团成员，组织开展走进社区、校园宣讲民法典系列活动。

第一阶段的《民法典知识问答》网上知识竞赛答题环节，除了广大律师积极参与以外，还吸引众多市民参与答题。第二阶段的普法视频复赛环节，初选出31名律师的普法视频在北京时间App进行网络公开投票。根据律师的法律功底，仪态表达，《民法典》掌握和讲解清晰情况等综合表现，结合网络投票情况，最终20名律师入围讲师团。2022年3月30日下午，《民法典通解通读》讲师团第一季邀请赛活动在北京广播电视台成功举行，通过北京时间、北京广播电视台科教频道新媒体矩阵端口开放直播，并设置了在线观众互动环节。活动在北京时间、今日头条、百度、新浪微博、新浪新闻、爱奇艺、哔哩哔哩、抖音等平台总观看量突破100万人次。北京广播电视台《北京新闻》《法治进行时》栏目对活动进行了报道。

随后，北京市律师协会通过微信公众号"民法典通解通读"专栏，陆续推出20名入选讲师团律师的现场普法演讲视频，进一步扩大普法宣传成效。

2022年6月，为响应"《民法典》宣传月"的"美好生活·民法典相伴"主题，用《民法典》解答好疫情期间群众工作生活中遇到的法律问题，北京市律师协会与北京广播电视台联合策划制作《战疫有"典"》系列短片。由《民法典通解通读》讲师团成员通过一个个生动易懂的案例为大家详细解读。2022年上半年，北京广播电视台《民法典通解通读》栏目、北京时间App"战疫有'典'"专栏、北京市律师协会微信公众号"战疫有'典'"专栏等平台陆续播出《战疫有"典"》系列视频26期。

四 聚焦重点工作，开展专项宣传

北京市律师协会聚焦全市律师行业重要会议、重大事件及律师工作取得的新经验、新成效和新亮点，特别是广大律师积极投身疫情防控工作的突出成绩和优秀事迹，统筹开展专项宣传工作，充分展现北京律师的责任与担当。

（一）举办首次全市律师行业新闻宣传工作会

为展示北京市律师行业新闻宣传工作取得的丰硕成果，推动首都律师行业新闻宣传工作再上新台阶，2020年1月8日，北京市律师协会成功举办首次全市律师行业新闻宣传工作会议。会议通过《传行业美誉，谱锦绣新章——北京市律师行业新闻工作巡礼》视频短片，展示了近年来北京市律师协会新闻宣传工作取得的丰硕成果；成功开启"北京律协新媒体微信矩阵"，为行业新闻宣传工作又添崭新平台；通报2019年北京市律师行业十大亮点工作；向21位记者颁发"首都律师行业正能量最佳传播者"奖牌。北京广播电视台新闻频道《北京您早》栏目对大会进行视频报道，同时法治网、中国新闻网、人民政协网、央广网、《北京日报》客户端、《北京青年报》客户端、北京时间等10余家新闻媒体进行文字报道。

（二）统筹宣传协会换届、代表大会等重点工作

1. 宣传2019年北京市律师协会换届工作

2019年换届是北京市律师协会的重点工作，在北京市第十一次律师代表大会筹备期间，多项宣传工作同步开始。策划拍摄反映4年工作的专题片——《砥砺奋进新时代，凝心聚力创未来，第十届北京市律师协会工作回顾》；依托"首都律师网"、北京市律师协会微信公众号，宣传第十届北京市律师协会亮点工作与创新举措以及各区律师协会服务辖区会员的特色做法；设计会议主视觉，烘托换届气氛。会议期间，首次使用大会微网站全程展现会议全景，上传各项报告、文件方便代表查阅，多方位记录代表参会情况。通过微信公众号和"首都律师网"，及时跟进相关报道，邀请多家媒体进行报道。5月20日，《北京日报》整版刊登《引领行业创新发展，组建法治首善之区》一文，总结第十届北京市律师协会的工作成绩。北京广播电

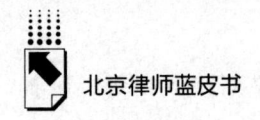

视台对第十一次律师代表大会召开进行报道。2019年，《北京律师》第二期以"我们的答卷——第十届北京市律师协会工作回顾"为封面专题，对第十届北京市律师协会理事会的工作成果进行全面深入总结；第三期以"行业同心开新局，奋楫扬帆启新程——北京市第十一次代表大会全记录"为封面专题，对第十一届律师代表大会进行全面纪实。

2. 宣传第十一届律师代表大会第三次会议

2020年，第十一届律师代表大会第三次会议召开恰逢"七一"前夕，为全面总结2019年律师行业党建工作成果，北京市律师协会策划制作推出行业党建工作宣传片——《奋力谱写首都律师行业党建工作新篇章》，并于会议当天播放，取得良好效果。为全方位、及时展示本次代表大会全过程及年度亮点工作，在会议召开当天通过官方微信公众号推出多篇会议相关报道，图文并茂报道大会召开情况，全面展现行业发展情况；刊发2019~2020年度市律师行业党委相关表彰名单宣传先进典型；推文《数说 | 2019年北京市律师行业发展》以翔实数据全面呈现全市律师行业的发展成绩。"中国律师""京司观澜"等政务媒体予以转载报道。北京时间当日推出《抓常规！强重点！创特色！北京市律师行业党建工作晒出这张成绩单！》，推送协会《奋力谱写首都律师行业党建工作新篇章》宣传片，点击量突破186万次。人民视频、央视频、腾讯视频、爱奇艺、搜狐视频等网络平台同步予以推送。法治网、中国律师网、人民政协网、《北京日报》客户端、千龙网、北京政法网、北京时间、《北京青年报》客户端、新浪网、人民网、法治进行时等近20家新闻媒体予以报道。

3. 宣传党史学习教育暨突出问题专项治理推进会

2021年4月，北京市律师行业先后召开北京市第十一届律师代表大会第四次会议和北京市律师行业党史学习教育暨突出问题专项治理推进会。北京市第十一届律师代表大会第四次会议期间，北京市律师协会开通会议图片通道，实时传递会议进程，展现代表履职画面。会后制作会议纪实短视频，通过自媒体平台发布。北京市律师行业党史学习教育暨突出问题专项治理推进会后，法治网、千龙网、北京政法网等10余家主流媒体对此进行专题报道。《中国律师》（2021年第4期）和《中国司法》（2021年第4期）分别对北京市律师行业党史学习教育推进情况进行深度报道。

（三）服务疫情防控大局，展现责任与担当

面对新冠疫情考验，北京市律师协会及时发布疫情防控最新政策，挖掘北京市律师行业助力疫情防控志愿服务的故事，并通过人物采访、图说等方式策划专题推文，多角度展示律师行业疫情之下的责任担当，引领更多律师事务所和律师加入抗疫队伍，共铸疫情防控坚实屏障。

1. 发布疫情防控相关动态、信息

新冠疫情发生后，北京市律师协会充分发挥自媒体平台作用，连续刊发疫情防控类推文，及时把政府的防疫政策、防控措施和工作要求传递给广大律师，指导全市律师行业依法、科学、有序做好和参与疫情防控工作，多篇文章阅读量过万次，总阅读量达100余万次。

2022年上半年，面对新一轮疫情，北京市律师协会在清明节、"五一"劳动节等重要节日节点及疫情防控关键期，及时整理发布北京市最新疫情防控政策和律师行业疫情防控工作信息，方便律师及时了解并遵照执行。

2. 报道首都律师抗疫事迹

2020年，推出《众志成城，同心同行，北京市律师行业在行动，为打赢疫情防控阻击战贡献力量！》《探寻突破疫情困局之道》等推文，开展行业支援抗疫专题报道，累计推文120余期，介绍北京市律师行业捐款捐物、共抗疫情的生动事迹。同时，对接20余家主流媒体，集中推出300余篇北京律师发挥职能作用服务疫情防控的新闻报道。《法治日报》整版刊发题为《积极投身防控疫情阻击战，首都律师彰显责任担当》的专题报道，《北京日报》专版刊发题为《积极投身防控疫情阻击战，首都律师彰显责任担当》的专题报道，人民网、中国新闻网等多家媒体予以转载。

2020年，《北京律师》共策划推出三期律师行业抗击疫情相关主题专刊。其中：第2期以"法律天使，铿锵玫瑰"为封面专题，歌颂抗疫英雄，赞美爱心事迹，讲述感人瞬间；第3期以"2020年的春天，我们为未来播

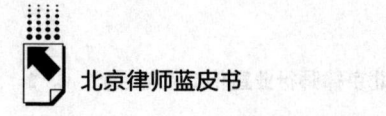

下一颗种子——记北京市律师协会'京律学苑'和律师事务所精品直播培训"为封面专题，展示北京律师在居家办公期间，积极参与"京律学苑"以及律师事务所精品直播培训课的收获；第五期以"凝神聚力，共克时艰——新形势下北京律协多举措推进行业稳定健康发展"为封面专题，邀请北京市35家律师事务所、14家区级律师协会共同举办四场研讨会，全面探讨首都律师行业在新冠疫情发生后面临的困难、出现的新问题、采取的新举措。

2022年，微信公众号开设"'疫'不容辞"专栏，共推送32篇文章，详细报道160余家律所积极参与核酸检测、流调溯源、物资搬运等防疫工作纪实，多角度展现北京律师助力疫情防控与经济社会发展的故事。

3. 讲好首都律师抗疫故事

2020年，推出《大疫之中显大爱，一个律师家庭的抗"疫"故事》等热文，报道北京律师投身抗疫的感人事迹；策划《逆势飞扬，北京律师用音乐抒发抗"疫"情怀》推文，用动人旋律向所有抗疫英雄致敬；推出《暖心故事，践行人类命运共同体，北京律师携手全国多名律师驰援海外送温暖》推文，展现山川异域、风月同天的抗疫情怀，向境外疫情严重的地区伸出援手。

2022年，发布《"疫"路追光，疫情之下尽心竭诚的北京律师》推文，深度报道北京律师接到居家办公通知后心系服务职责，立即化身"货车司机"搬运工作资料，解决客户法律问题的故事；发布《全家总动员，"疫"路相随，爱了爱了》推文，深度报道北京律师动员家人助力社区抗疫志愿服务，在岗位上发出别样的"520"表白，为大家带来一段夫妻携手变"大白"、女儿全力支持做好后勤保障的抗疫佳话。《"疫"路追光，疫情之下尽心竭诚的北京律师》获《北京日报》、法治网、千龙网、北京政法网和北京广播电视台等多家媒体登载报道。2022年上半年，10余家主流媒体从不同角度刊登近20篇北京市律师行业多种形式助力疫情防控大局的报道。

4. 开展依法防疫普法宣传

2020年，北京市律师协会微信公众号开设"抗击疫情，北京律师在行动"专栏，发布20余项北京市律师行业结合疫情期间人民群众可能遇到的各类法律问题给出的专业意见和建议；北京市律师协会与北京市司法局联合拍摄并在北京市律师协会微信公众号开设"系列视频，'战疫'法律小贴士"专栏，推出20期，引导群众了解疫情防控法律知识；北京市律师协会微信公众号开设"全力以'复'，助力企业复工复产，北京律师在行动"专栏，推出10余期，介绍北京市律师行业为中小微企业复工复产提供坚实法律保障的实践和成果。

2022年上半年，北京市律师协会微信公众号及时发布《新冠疫情防控期复工达产等重点政策汇编》及新版《新冠疫情下企业复工复产法律指南》，"律师视点"专栏推送5篇疫情相关业务成果，为企业复工达产提供法律建议。

（四）宣传法治护航冬奥，营造良好氛围

2022年是北京冬奥之年，北京市律师协会充分挖掘律师行业助力冬奥的精彩故事，结合热点策划推文，营造律师行业喜迎冬奥、助力冬奥的良好氛围。

1. 宣传冬奥会公益法律服务团

北京市律师协会在"首都律师网"开设专栏，在官方微信公众号进行专题推送，介绍冬奥会公益法律服务团服务对象、服务内容等信息。2022年1月18日，国际体育仲裁院官方网站公布冬奥会公益法律服务团的相关情况和联系方式。经与北京冬奥组委协调，1月31日，在冬奥会官网"新闻中心"栏目以中英双语公布冬奥会公益法律服务团相关信息，便于各国（地区）运动员等知晓公益法律服务团有关情况及联系方式，及时寻求法律帮助。

2. 营造喜迎冬奥氛围

冬奥会开幕前发布赛程预告，提升全行业对冬奥会关注度，营造良好观赛氛围。策划《贺新春，首都律师的公益"年味儿"》《浪漫春雪与双奥之城的邂逅》等推文，营造浓厚冬奥氛围。

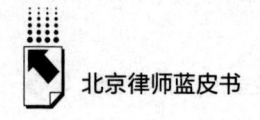

3. 讲好服务冬奥律师故事

广泛征集挖掘律师事务所、律师服务冬奥会事迹素材，通过北京市律师协会微信公众号等自媒体平台宣传报道北京律师从法治保障、站点值守、公益捐赠和火炬传递等角度服务保障冬奥会的工作情况，弘扬律师行业服务"国之大者"的志愿精神。

《法治日报》"冬奥经纬"栏目，《法治日报》微信公众号，法治网、光明网、中国新闻网、北京广播电视台等主流媒体，以及中国司法部官网、"中国律师"微信公众号等政务媒体和《中国律师》杂志等从不同角度刊登10余篇北京市律师行业发挥专业优势，法治护航冬奥会相关工作情况的报道。

五 发挥行业职能作用，提升普法宣传成效

为充分发挥北京市律师行业的专业优势和职能作用，营造全民尊法、守法、用法的良好氛围，北京市律师协会积极与主流新闻媒体合作开展系列亮点活动的同时，充分发挥自媒体宣传平台优势，创新普法宣传的方式方法，持续策划主题推文，提升普法宣传成效。

（一）推送新法新规亮点解读

北京市律师协会微信公众号按时推送每月新法新规，及时推送《重磅！我国有了〈法律援助法〉》《一文读懂，反不正当竞争法司法解释》等与最新生效的法律法规有关的推文，提升普法宣传时效性。《中华人民共和国民法典》颁布后，通过《〈民法典〉将如何影响你我？七大看点解析来了》《〈民法典〉与关联法规新旧对照》《北京律协专业委员会主任热议〈民法典〉》等主题推文，介绍《民法典》立法亮点。

（二）策划重要节日普法特辑

在植树节、消费者权益保护日、世界知识产权日、"六一"儿童节、世

界环境日、全民国家安全教育日、世界地球日、世界法律日等宣传节点，策划相关专题普法推文。在"三八"妇女节、世界环境日等重要节点策划推出《走进〈民法典〉，妇女权益保护新篇章》《把握〈民法典〉"绿色条款"，护航新时代美丽中国》等专业推文，从不同角度宣传《民法典》，持续营造学习宣传贯彻民法典的浓厚氛围。

（三）开设特色专栏持续普法

1. 开设"律师解读""律师视点"专栏

为展现北京律师的专业素养和敬业精神，开展行业交流与分享，2020年12月开始，北京市律师协会通过微信矩阵内各律师事务所，收集以律师专业视角诠释法律观点和解读新出台法律法规的业务成果，通过"律师解读""律师视点"专栏持续推送。截至2022年6月，专栏推送了116篇依法防疫及最新法律、法规、司法解释的律师解读与案例实务类文章。

2. 展示学习研究《民法典》业务成果

为充分发挥律师行业专业优势和实践优势助力《民法典》学习贯彻和实施，2020年6月开始，北京市律师协会邀请相关专业委员会负责人，从律师视角以案释法解读《民法典》，通过"律师视角下的《民法典》"专栏推送23篇文章，展示律师行业学习研究《民法典》的业务成果。2020年8月开始，北京市律师协会面向全市各律师事务所征集学习宣传贯彻《民法典》的举措，通过"亮点纷呈，北京市律师行业学习宣传贯彻《民法典》系列报道"专栏，介绍各律师事务所通过多种形式推进《民法典》学习、宣传、解读、实施工作，掀起学习宣传贯彻《民法典》热潮。2020年《北京律师》第四期以"盛世铸典，恰逢其时——北京律师热议《民法典》"为封面专题，探讨《民法典》实施后律师如何更好地理解和运用这部法典的立法精神和要旨，在具体实务操作中提升业务能力和水平，并对《民法典》进行专业解析。

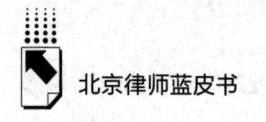

（四）创新普法方式

为做好《中华人民共和国数据安全法》宣传工作，北京市律师协会联合中央广播电视总台《律师来了》栏目录制10集《数据安全法亮点解读》系列普法短视频，对热点法条进行详细解读。方便广大读者在新媒体平台学习《中华人民共和国数据安全法》。相关视频同时在央视频平台与学习强国平台上推出。

（五）发布最新行业动态

为提升律师业务素质，引领律师行业为经济社会发展提供更加优质高效的法律服务，北京市律师协会依托"京律学苑"学习平台，邀请专业委员会（研究会）律师及其他行业嘉宾在线授课，并通过微信公众号"京律学苑"专栏每周发布课程预告。课程扫码即可观看，不限群体和地域，丰富了法律学习的形式和内容。同时，通过"专业动态"专栏，及时发布各专业委员会（研究会）的业务研究成果，以惠及更多律师和群众。截至2022年6月，共发布126次"京律学苑"课程预告、44篇专业委员会（研究会）最新动态。

六 树推先进典型，弘扬行业正能量

为展示首都律师的初心使命，激励引领首都律师学习先进、争做先进，北京市律师协会积极宣传律师事务所和律师先进事迹，仔细打磨人物事迹稿件，以点带面反映全体律师良好精神风貌，弘扬行业正能量。

（一）推送模范先进典型事迹

为介绍北京市律师行业获得表彰奖励的优秀律所与律师事迹，引导广大律师见贤思齐，近年来，北京市律师协会通过"喜报"专栏共推送18篇，对北京市律师行业荣获"全国维护职工权益杰出律师入围证书""全国先进基层党组织""全国优秀律师""全国优秀律师事务所""全国维护妇女儿童权益先进个人""全国劳动模范""北京市劳动模范"等荣誉的律师、律师事务所先进事迹进行宣传报道。2021年北京市司法局开展"北京榜样·最美法律服务人"评选活动,"喜报"专栏推出"北京榜样·最美法律服务人"系列人物事迹稿,共推送30位最美法律服务人的先进事迹,传递行业正能量。

(二)宣传北京律师的社会责任与担当

多年来,北京市律师行业一直积极履行社会责任,持续开展多种形式的公益法律服务,在法治保障党委和政府中心工作、助力基层治理、为困难群众提供法律援助、公益普法宣讲等方面,贡献着首都律师的智慧与力量,打造了一支永远跟党走、始终践行"人民律师为人民"宗旨的律师队伍。

1. "法律援助志愿律师"专栏

2009年以来,240余名北京律师投身"1+1"中国法律援助志愿者行动和援藏律师服务团,足迹遍及青海、西藏等15个服务地,以他们精湛的专业知识、良好的工作作风和舍家忘我的情怀,用实际行动传承法律援助志愿精神,为法律服务资源短缺县的人民群众解决急难愁盼问题,带去党和政府的关怀,送去法治阳光。北京市律师协会微信公众号策划推出"北京'1+1'法律援助律师""援藏律师团"等专栏,邀请30余位参与"1+1"法律援助和援藏律师团的律师,讲述北京律师的法援故事,分享心得感悟。

2. "公益法律服务在身边"专栏

为展示首都公益律师的良好精神风貌,带动更多律师参与公益法律服务事业,2021年,北京市律师协会微信公众号特开设"公益法律服务在身边"专栏,讲述首都律师参与公益法律服务工作背后的故事。截至2022年6月,专栏共推出36期。

3. "公益案例"专栏

法治日报社联合中国政法大学律师学研究中心面向全国征集的"首届律师公益(社会责任)典型案例"正式发布,北京市律师行业多个公益(社会责任)案例入选。2022年,北京市律师协会微信公众号开设"公益案例"专栏,介绍北京市律师行业在参与脱贫攻坚、创新公益方式、立法普法宣传、公益品牌、重大事件处置、法律援助、捐资助学、抢险救灾抗疫、互联网+公益法律服务、涉法涉诉公益调解等领域入选的典型案例与提名案例。截至2022年6月,累计推送21篇文章。

4."爱满京城"专栏

2022年3月5日,是毛泽东等老一辈革命家为雷锋同志题词发表59周年纪念日。北京市律师协会积极开展"爱满京城"学雷锋志愿服务主题宣传,大力弘扬雷锋精神和志愿精神。通过微信公众号和官方微博以"重读《雷锋日记》,向雷锋学习"为题,号召广大北京律师一起重读《雷锋日记》,以实际行动,让雷锋精神薪火相传。并在北京市律师协会微信公众号开设"爱满京城"专栏,介绍北京市律师行业多家律所践行雷锋精神,用优质的法律服务提升社区居民的法治获得感的生动实践。

5.《北京律师》专刊展示

《北京律师》聚焦律师行业承担社会责任的担当与作为,策划推出多期专刊。其中:2019年第1期以"以首善标准,建设北京市公共法律服务体系——北京律协深入参与公共法律服务项目平台建设"为封面专题,直观展现北京律师在公共法律服务体系中发挥的重要作用;2021年第2期以"坚守公益初心,彰显行业担当"为封面专题,展现北京律师积极投身公益,热心支持公益的价值导向和核心追求。

(三)讲述北京律师涉外法律服务故事

作为法治中国首善之区,北京涉外法律服务队伍不断发展壮大,涌现出一批具有国际视野、通晓国际规则、善于处理涉外法律事务的涉外律师。北京市律师协会微信公众号先后开设"首都涉外律师营"和"护航'走出去' 首律在行动"专栏,树推北京市律师行业涉外法律服务领域的优秀律师和律师事务所,让属于北京涉外法律服务工作者的精彩故事传遍四方。

1."首都涉外律师营"专栏

2018年4月,为进一步加强对涉外法律服务工作举措、成效的宣传,树推先进典型，营造良好工作氛围，不断调动律师和律师事务所开展涉外法律服务工作的积极性和主动性，北京市律师协会发出"首都涉外律师召集令"，在全市范围内对律师参加国际律师组织情况进行信息采集，并开设"首都涉外律师营"专栏宣传报道各位优秀的北京涉外律师。专栏累计发稿22期，从教育背景、专业领域、典型案例、资格荣誉、发表文章、媒体采访等不同角度，全方位介绍了42名北京优秀涉外律师。

2. "护航'走出去'首律在行动"专栏

2019年10月，为更好地记录北京涉外法律服务工作的过去、现在及将来，梳理北京涉外法律服务工作的奋进历程，向社会各界展现首都涉外律师（律所）的风采，北京市律师协会向所有参与北京涉外法律服务工作的律师事务所、律师个人征集涉外法律服务提供过程的经典案例，从事涉外法律服务工作的心得体会，律师事务所国际化发展的全景展示，对新一代涉外法律人才的悉心培养等故事，并开设"护航'走出去'首律在行动"专栏。专栏累计发稿21期，介绍了各律师事务所通过多种方式和途径"走出去"的国际化发展之路。

3. 会刊专刊总结回顾

《北京律师》2021年第1期以"行远自迩，卓厉奋发，为涉外法治建设贡献北京力量"为封面专题，围绕涉外法治建设展开，通过《北京市律师事务所"走出去"调研报告》《北京市律师协会涉外法律优秀案汇编Ⅰ》等展现北京律师涉外法律服务工作成果。

（四）介绍北京律师履行职责、参政议政情况

近年来，在全国两会召开之际，北京市律师协会开设专栏，推出相关文章52篇，集中报道北京市律师行业人大代表相关议案、政协委员相关提案的新闻报道，展示北京市律师行业人大代表和政协委员发挥专业优势和职能作用，以高度的责任感和使命感，忠诚履职尽责，紧紧围绕党委和政府工作大局，积极踊跃献发展之策、应民生之问、交履职答卷，及时传递北京律师履行职责、参政议政声音。2022年，《北京律师》第2期以"立足本职，关

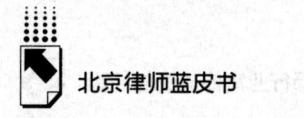

注民生，建言发展，北京市律师行业人大代表和政协委员参政议政显担当"为封面专题，对北京市律师行业的各级人大代表履行职责、政协委员参政议政工作予以报道。

（五）分享律师事务所文化建设

为进一步加强律师事务所的品牌形象、团队文化建设与宣传，促进律师事务所之间的分享与交流，2018年6月，北京市律师协会面向全市开展律师事务所文化及品牌建设展示征集活动，并通过微信公众号"京城所事"专栏进行宣传展示。专栏累计发稿23期，以图文并茂的形式展示各律师事务所的成长历程和不同的文化特色，精彩纷呈，广受好评。

七　注重品牌建设，策划暖心推送

为打造温馨的会员之家，提升广大律师的归属感，北京市律师协会微信公众号策划打造特色节气推送品牌，策划律师喜闻乐见的节日专篇，全方位立体化展现新时代北京律师风采。

（一）打造节气宣传品牌

北京市律师协会积极打造节气宣传品牌，微信公众号在立春、雨水、惊蛰、春分、清明、谷雨、立夏、小满、芒种、夏至、小暑、大暑、立秋、处暑、白露、秋分、寒露、霜降、立冬、小雪、大雪、冬至、小寒、大寒等节气准时与大家见面，确保全年二十四节气不缺席，用一篇篇接地气的暖心推文，传递温暖，增强文化自信，凝聚行业正能量。

（二）策划节日节点暖心推文

在全年各个重要节日节点，挖掘律师在法律服务之外的故事，寻找反映律师行业精神风貌的新闻线索，策划推出不同主体的专题宣传，展示律师行业的人文情怀和法治温度。比如："五一"劳动节以"他们，专注本心执着匠心坚守初心"为题,向可亲可爱可敬的北京律师致以节日的问候;"五四"青年节以"看,青春蓬勃的北京青年律师群像"为题,凝聚向上力量,汇聚向前动能,展示多家律所举办的"五四"青年节主题活动;母亲节以"最美的祝福送给最爱的妈妈"为题,听北京律师讲母亲的故事,大声向心中的女神、良师益友勇敢"表白";在"六一"儿童节策划宝宝特辑,透过律宝与父母的互动、才艺表演,展示律宝们缤纷多彩的童年;在父亲节倾听律师与父亲、律师与孩子的纸短情长,回忆执业初心,畅谈对孩子的期望。

八 讲好律师故事,赢得各界关注与认可

全方位、多层次、立体化的宣传方式,宣传先进、弘扬行业、拓展认知的宣传理念,使北京市律师行业新闻宣传呈现出崭新的气象,为北京市律师行业的持续健康发展营造了良好舆论氛围,赢得社会各界的广泛关注和认可。2018年,北京市律师协会荣获全市司法行政系统新闻宣传工作先进单位,获得全国律协"2018年度律师宣传好新闻"守正出新奖。2020年,荣获"运用《法治日报》,推动媒体融合创新先进单位"。

总之,北京市律师协会以习近平新时代中国特色社会主义思想为指导,深入学习贯彻党的二十大精神,顺应互联网时代的发展要求,充分发挥宣传工作的导向作用,系统策划行业整体宣传工作,立足自身"两微一网一端一刊多平台"宣传矩阵,创新宣传理念,完善运行机制,汇聚更多行业资源,深化与各类新闻媒体的合作,不断增强宣传的传播力、影响力和公信力,传播北京市律师行业好声音,讲好北京律师故事,促进北京市律师行业持续高质量发展。

大事记
Key Events

B.6
2020~2022年北京律师大事记

2020年

1月（8）

1月6日 北京市律师协会申请律师执业人员面试考核考场优化设置后，迎来新年第一考。北京市司法局二级巡视员、市律师行业党委书记王群现场就进一步做好申请律师执业考核工作，强调了三点意见：一是要切实加强组织管理和考核；二是要切实做好面试考核工作；三是要切实加强考官队伍建设。

1月8日 北京市司法局党委书记苗林，党委委员、副局长徐明江，二级巡视员王群等一行到北京市律师协会调研座谈。与会律师围绕律师办理扫黑除恶案件、民商事案件、法律援助案件中遇到的问题以及对深化律师制度改革的意见建议等话题进行交流发言。

1月9日 北京市律师协会和北京市高级人民法院在北京知识产权法院

大法庭联合举办知识产权模拟法庭。此次活动围绕侵害专有出版权的案件展开，30余位法官和来自近百家律师事务所的150余名律师、实习人员到现场观摩。《北京青年报》官方微博、北京知识产权法院官方微博、北京头条客户端及央视频、新浪、凤凰、腾讯等10余家平台在线同步直播。截至1月9日下午，各平台点击量总计超过80万次。

1月9日 为感谢北京市律师协会的大力支持，北京市总工会法律服务中心主任何跃红、副主任柳艳、法规科科长杨雪峰一行到访北京市律师协会，并向北京市律师协会及劳动与社会保障法律专业委员会赠送"敬业为民办实事，促进和谐显大爱""厚德重法，专业精湛"锦旗。

北京市总工会高度肯定了金晓莲、胡洁、马照辉、郝云峰、方富贵、周亚楠、崔明明、崔杰、徐华、张丽琴、张立杰、李庆军、马晨、裘卫国、卢爱芝、张建华、杨保全、付勇、曹颖、张甜、栗晓勉、何力、徐占全、靳亚兰、胡丽丽等25名律师在审卷工作中认真负责的态度、精湛的专业素养以及所展示的首都律师的良好精神风貌。

北京市律师协会对上述律师提出表扬，并倡导全市律师继续发扬志愿服务精神，踊跃参与公益法律服务活动，在帮助解决劳动争议、维护社会和谐稳定、推进全面依法治市中作出新的更大的贡献。

1月14日 北京市高级人民法院与北京市律师协会召开调研座谈会。与会人员就民事审判方面裁判尺度统一问题、类案检索等话题进行深入交流。双方达成共识，建立常态化沟通联络机制和培训机制，为进一步规范民事判决、统一裁判尺度工作打下基础。

1月14日 北京市律师协会举办2019年公共法律服务项目平台建设工作总结会暨项目宣讲会。会议介绍了2019年公共法律服务项目工作开展情况，宣读入选项目名单，并颁发了项目入选证书；13个入选项目的负责人分别介绍了各自项目的主要内容和设计思路。

1月18日 北京市律师协会召开全市律师行业新闻宣传工作会议。会上通报了2019年北京市律师行业亮点工作，向21位记者颁发了"首都律师行业正能量最佳传播者"奖牌，朝阳区律师协会、海淀区律师协会、金杜所、君合所代表介绍了各自开展宣传工作的做法和体会。

1月 北京市律师行业党委积极组织开展2020年春节走访慰问活动，并与部分回京援藏援疆律师进行座谈。截至1月20日，全市共组成慰问调研活动工作小组4个，召开慰问座谈会7次，走访律所5家，慰问人数30人次，发放慰问金32.4万元，发放价值4000元慰问品。

2月（4）

2月7日 北京市司法局党委书记苗林到北京市律师协会检查调研新冠疫情防控期间相关工作。苗林分别听取了市律协、盈科所、京师所负责人就本单位疫情防控期间相关工作的汇报，调研疫情对律师行业业务发展的影响，并高度肯定了全市律师行业和市律师协会在疫情防控关键时期所做的各项工作。苗林代表市司法局党委向疫情防控一线的同志表示慰问和感谢，并对市律协进一步做好全市律师行业疫情防控工作，组织引导广大律师积极为党委、政府、企业、群众提供相关法律服务作出了部署。

2月18日 北京市委政法委离退休干部处处长娄连军、副处长李阳一行到北京市律师协会检查指导新冠疫情防控期间相关工作。娄连军一行查看了市律协办公楼疫情防控工作落实情况，听取了市律协在疫情防控期间相关工作的汇报，并就疫情对全市律师行业业务发展的影响进行了调研。

2月26日 北京市律师行业党委召开会议，认真学习习近平总书记在统筹推进新冠疫情防控和经济社会发展工作部署会议上的重要讲话精神，传达市委、市政府及市司法局党委关于加强疫情防控工作的系列指示和要求，研究贯彻落实市司法局《关于应对新冠疫情影响，支持本市律师行业持续健康发展的措施》的具体工作方案。北京市司法局二级巡视员、市律师行业党委书记王群主持会议并讲话，市律师行业党委委员及有关人员参加会议。

2月28日 《北京日报》专版刊发题为《积极投身防控疫情阻击战 首都律师彰显责任担当》的专题报道，从"坚持党建引领，扛起防疫责任""坚持主动履职，强化法律服务""坚持公益捐助，履行社会责任""坚持服务会员，确保行业稳定""坚持严格管理，确保落到实处""坚持正向宣传，增强抗疫信心"等六个方面报道了首都律师行业坚决贯彻落实党中央、国务院、市委市政府关于疫情防控工作的指示、部署，组织引领全市律师积极有效作为，主动服务大局，在全面做好疫情防控和相关法律服务工作中体现了首都律师的责任担当。

3月（9）

3月3日、4日 北京市司法局党委书记苗林深入大成所、衡宁所检查调研疫情防控和服务经济社会发展工作，就进一步做好疫情防控和发挥律师职能作用服务企业复工复产和经济社会发展工作，苗林强调了六点意见：一是要为党委、政府组织打赢疫情防控阻击战当好"智囊团"；二是要为复工复产、恢复发展经济当好法律"服务队"；三是要为在疫情中受损失的群众理性依法维权当好"引导员"；四是要为律师行业全面持续健康发展当好"主心骨"；五是要为提升法律服务特别是涉外法律服务水平当好"领头羊"；六是要为强化党对律师工作的领导当好"示范所"。

3月6日 北京市律师协会为了满足广大律师在抗击疫情的同时不断充电学习的需求，设立网上直播培训平台"京律学苑"。当晚，《主任分享》栏目第一讲准时开讲。"京律学苑"平台不设听课人数上限，听课方式简单便捷，无须提前报名，通过扫课程对应二维码即可登录观看直播或回放。

3月8日 北京市律师协会女律师工作委员会、女律师联谊会联合举办"法律天使，铿锵玫瑰"庆三八·律媛行主题诗歌朗诵比赛活动，入选决赛的12个作品依次在线播放。活动通过北京时间、爱奇艺、百度、今日头条四大平台同步进行线上直播，5000余名观众同步在线观看。据平台统计，当天收看人数突破45万人次。活动筹备期间，各区律协共选送作品30部。最终，评选出特等奖2个、一等奖1个、二等奖3个、三等奖6个、优秀奖18个。此外，10个区律协荣获优秀组织奖。

3月9日 申请律师执业人员首期网上集中培训班正式开班，504名学员在线参加学习。受新冠疫情防控影响，北京市律师协会于2月3日起暂停了全市申请律师执业人员现场集中培训工作。为认真贯彻落实中央、市委市政府统筹做好新冠疫情防控和稳增长促发展的工作部署，妥善有效应对疫情影响，保障本市律师行业持续稳定健康发展，经与中国政法大学继续教育学院研究，决定在疫情防控期间开展申请律师执业人员网上集中培训，这是北京市律师协会和中国政法大学继续教育学院在疫情防控期间贯彻落实"停课不停学、停课不停训"要求的一次创新尝试。

3月10日 北京市律师协会行业文化建设委员会召开2020年第一次线上工作会议。会议主要围绕疫情期间北京市律师协会文化旅游法律专业委员会应当如何积极发挥职能作用，如何利用网络媒介开展律师文化建设以及2020年落实重点工作等方面进行了讨论。

3月13日 第十一届北京市律师协会理事会通过微信工作群召开第五次会议。会议审议通过了《北京市律师协会申请律师执业人员实习管理实施细则修正案（草案）》《北京市律师协会申请律师执业人员实习考核规程实施细则修正案（草案）》《北京市律师协会会员重大疾病互助金管理办法修正案（草案）》《北京市律师协会关于减免2020年度律师个人会员部分会费及核减会费预算方案》及关于推迟召开第十一届北京市律师代表大会第三次会议的议案，通报了北京市律师协会关于进一步优化律师执业准入手续工作方案及推进情况，就《北京市律师协会理事会2019年工作报告》和《北京市律师协会2020年工作计划》征求了意见和建议。

3月25日至4月1日 北京市律师协会"民营企业法治体检"律师专家组与北京商务服务业联合会合作，通过"互助汇"平台，以在线直播的形式向企业宣讲法律知识和相关政策。

3月26日 北京市律师协会申请律师执业人员网上面试考核平台启用，40名面试人员依次在线进入"网上考场"参加面试考核。本场网上面试考核是北京市律师协会受疫情影响暂停申请律师执业人员现场面试考核工作后的首场网上面试考核。考核流程整体平稳顺畅，面试人员普遍反响良好。

3月30日 北京市律师协会通过首都律师网站和微信公众号对外发布《企业复工复产法律指引》。该指引由11个章节组成，内容涵盖劳动用工、合同履行、企业经营管理、商业房屋租赁、司法行政事务及诉讼、金融税收、上市公司、建设工程及房地产、涉外事项、刑事、政策扶持等多个方面，同时汇编了74个法规及扶持政策。

4月（9）

4月2日　北京市律师协会党建工作委员会召开2020年第一次全体工作视频会议。会议总结了疫情期间的各项工作，并对下一步的疫情防控重点工作作出了部署。

4月9日　北京市律师行业新的社会阶层人士联谊会召开会长班子视频会议。会议研究了"新联会"的组织建设和制度建设，总结了"新联会"在疫情防治方面的工作，并对第二季度的重点工作进行了安排和部署。

4月12日　北京市律师协会律师培训基地圆满完成集中观察点服务保障任务。3月中旬，根据全市统一安排，怀柔区积极与东城区对接，全力配合东城区做好境外返京人员的集中观察保障工作，选定怀柔区律协律师培训基地为境外返京人员健康观察点。截至4月2日，律师培训基地共安排90人入住，共65个房间。在此期间，东城区国资委负责的境外返京人员及所有隔离工作人员核酸检测全部为阴性，没有一例发病或疑似病例。

4月13日　北京市律师协会律师业务智能工作平台在线诉讼服务模块正式投入使用。平台可以满足律师进行诉讼案件及非诉项目中全流程管理、协同办公、任务管理、时间管理等需求，帮助律师快捷高效地完成工作。

4月20日　北京市律师协会收到北京市知识产权维权援助中心（"北京12330"）发来的感谢信。感谢信高度肯定了孙茂成、胡占全、王韵、刘玥、林蔚、张志同、李景健、蒋寿辉、陈志兴、马德刚、赵虎、刘蕊等12名律师作为首都保护知识产权志愿专家，积极参与中小微企业服务、知识产权书籍编写等志愿服务活动，为北京建设全国科技创新中心和知识产权首善之区建设贡献力量。

4月22日至5月9日　为广泛听取各区律师协会对行业发展工作的意见和建议，北京市律师协会会长高子程率队先后赴石景山、门头沟、通州、大兴、怀柔、密云、房山、昌平、顺义、平谷、延庆 11 个区律协，围绕中小律师事务所生存与发展，为平安中国、平安北京建设建言献策等主题开展座谈交流。

4 月 24 日　北京市高级人民法院与北京市律师协会就北京法院 2020 年服务营商环境建设工作进行调研并召开座谈会。会议介绍了 2019 年以来市高院优化营商环境的举措。与会人员就进一步推进优化营商环境工作提出意见建议。

4 月 26 日　北京市律师行业党委召开扩大会议，部署启动推进党建引领发展"四大工程"相关工作。会议传达学习了司法部《律师行业党建引领发展"四大工程"的实施意见》、全国律师行业党委有关文件精神和市司法局党委关于《律师行业党建引领发展"四大工程"工作方案》；宣布建立北京市律师事务所党委党建联盟并为 13 家党建联盟成员单位授牌。

4 月 28 日　北京市妇女联合会、北京市人力资源和社会保障局、北京市总工会联合发布《关于表彰北京市三八红旗奖章和三八红旗集体的决定》，表彰 2019 年首都妇女先进典型。其中，任燕玲（天元所）、王慧婕（两高所）、李彦馨（五辰所）荣获北京市三八红旗奖章称号，北京市致诚律师事务所、海淀区律师协会女律师工作委员会荣获北京市三八红旗集体称号。

5月（8）

5 月 4 日　北京市律师协会、央视社会与法新媒体携手举办"青春之歌，奋斗与传承"五四青年节主题对话活动。活动分为蓄势篇、赋能篇和希望篇三个篇章。此次活动在北京律协"京律学苑"直播平台和央视频同步进行直播，共有 1000 余名青年律师同步在线观看。

5 月 15 日　北京市律师协会女律师工作委员会召开座谈会，对《北京市女律师职业状况调查问卷（初稿）》进行讨论，并提出修改和完善建议。此次调研于 4 月初开始启动，调查问卷涉及女律师的基本情况、职业心理与能力状况、家庭与工作平衡情况、职业生涯规划、工作投入度、性别差异认知等内容。会后，课题组进一步修改调查问卷。

5月18日 第十一届北京市律师协会监事会通过微信工作群召开第四次会议。会议审议通过了《关于提请律师代表大会审议〈北京市律师协会监事会2019年工作报告〉的议案》。

5月18日 第十一届北京市律师协会理事会通过"现场+视频"方式召开第六次会议。会议审议通过了《关于提请律师代表大会审议〈北京市律师协会理事会2019年工作报告〉〈北京市律师协会2019年度会费预算执行情况报告〉〈北京市律师协会2020年工作计划（草案）〉〈北京市律师协会2020年度会费预算（草案）〉的议案》，并决定于6月底召开北京市第十一届律师代表大会第三次会议。

5月18日 北京市司法局召开2020年全市律师事务所年度检查考核工作部署会。市司法局部署2020年律师事务所年度检查考核工作，北京市律师协会通报2020年全市律师年度执业考核工作方案。

5月18~26日 为认真贯彻落实北京市委统战部和北京市律师行业党委要求，北京市律师协会副会长、市律师行业新的社会阶层人士联谊会会长高警兵带队先后赴东城区、丰台区、石景山区律师协会和大成所调研，围绕建立并发挥"新联会"作用等内容进行座谈交流。

5月20日 首届"2020年京沪粤涉外云论坛"成功举行。论坛由北京市律师协会、上海市律师协会及广东省律师协会三地联合主办，旨在加强京沪粤三地律师相互交流，促进业务合作，推动中国涉外法律服务业的发展。本次论坛由上海市律师协会承办。北京市律师协会副会长韩映辉、上海市律师协会副会长朱林海、广东省律师协会副会长陈方应邀参会并致辞。此次云论坛主题为"新形势下涉外法律服务机遇和挑战"，论坛分为"研讨交流会"与"法律服务大咖说"两个部分。京沪粤三地律师协会领导以及从事涉外业务的律师共200余人参加了论坛。

5月底 在北京市有关部门的牵头指导下，北京市律师协会组建工作专家组，顺利完成2020年世界银行营商环境改革措施英译审校核验工作。6月5日，2020年世界银行营商环境评价政策磋商会圆满结束，市律协英译核验专家组的工作得到了相关单位和领导的高度肯定。

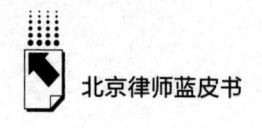

6月（5）

6月1日 北京市律师协会会长高子程等一行6人先后到北京市高级人民法院、北京市人民检察院进行调研并座谈。会议就建立《民法典》共同培训常态化机制以及培训师资、内容、形式等进行了深入探讨并达成广泛共识。

6月4日 北京市律师协会权益保障委员会召开半年工作会。会议总结了上半年工作完成情况，并对下半年的工作计划进行了部署和分工；汇总整理了《关于依法保障律师调查取证权若干规定》修改意见。

6月5~10日 北京市律师协会先后召开6场律师代表征求意见座谈会。会议就《北京市律师协会理事会2019年工作报告》《北京市律师协会监事会2019年工作报告》《北京市律师协会2019年度会费预算执行情况报告》《北京市律师协会2020年工作计划》《北京市律师协会2020年度会费预算》征求律师代表意见建议。第十一届北京市律师协会200余名代表参加会议，提出意见建议97条，部分律师代表通过微信或邮件反馈意见建议3条。

6月17日 北京市司法局党委书记苗林一行到北京市律师协会检查调研疫情防控工作。苗林听取了市律协在疫情防控期间相关工作情况的汇报，深入了解了疫情防控期间全市律师行业面临的困难和实际需求，与有关人员就疫情对律师行业的影响进行了座谈。

6月28日 北京市律师协会以"现场+视频"的形式召开了市第十一届律师代表大会第三次会议。会议听取了《北京市律师协会理事会2019年工作报告》等相关内容的说明，高票通过了《北京市律师协会理事会2019年工作报告》《北京市律师协会监事会2019年工作报告》《北京市律师协会2019年度会费预算执行情况报告》《北京市律师协会2020年工作计划（草案）》和《北京市律师协会2020年度会费预算（草案）》。

7月（11）

7月13日 北京市律师协会行业规则委员会线上召开主任例会。会议回顾和总结了2019年的工作，讨论确定了2020年的工作分工、分组情况及进度安排，并议定了全体委员会召开的时间、议题等事项。

7月17日 北京市律师协会惩戒委员会与北京市司法局律师工作处召开惩戒工作联席会。会议听取了市区两级惩戒工作信息化办公平台建设，《北京市律师协会会员纪律处分规则实施细则》调研起草工作，近期行业重点案件处理等工作情况的通报。就律师涉嫌发表不当言论，"违规兼职"等重点违规类型案件，实习律师涉嫌违规案件，以及对"承诺制"实施后律师转所引发执业纠纷等工作进行了研究讨论，并对上述工作提出了工作指导意见和建议。

7月21日 受新冠疫情影响，无法开展赴境外培训或集中面授培训项目。北京市律师协会积极拓展培训方式，与中美法律交流基金会共同举办涉外法律培训"扬帆计划"第五期——"法律英语写作在线课程"，并举行线上开班仪式。此次培训班学员共40人。

7月21日 北京市律师协会女律师工作委员会班子成员召开年中工作会议。会议通报了《北京市女律师职业状况调查与分析报告》推进情况，总结了"巾帼维权，送法到家"宣讲团的工作情况，并对2020年上半年工作进行简要总结，部署了下半年工作。

7月24日 北京市律师行业党委召开2020年度第六次（扩大）会议。会议学习并传达了习近平总书记在企业家座谈会上的讲话精神，《中央宣传部、中央组织部关于认真组织学习〈习近平谈治国理政〉第三卷的通知》《司法部办公厅关于在律师队伍中开展违规兼职等行为专项清理活动的通知》，以及北京市副市长亓延军到市司法局调研指导工作时的讲话精神。

7月24日 北京市委依法治市办秘书处到北京市律师协会就涉外法律人才引进培养相关工作进行走访调研。市律协介绍了近年来涉外法律服务业的发展情况；君合所、中伦所、大成所、金杜所及元合所代表分别介绍了各自律所涉外法律服务业务开展情况、境外分支机构发展情况及涉外律师人才培养情况，并就涉外法律人才引进及培养方面遇到的问题提出意见与建议。

7月27日 北京市律师协会律师行业发展研究委员会召开工作会议，

研究推进2020年工作。与会人员还就各自律所疫情冲击下的应对措施和所受影响作了深入的交流和探讨。

7月28日 北京市律师协会宣传联络与表彰工作委员会班子成员召开年中工作会议。会上，学习了司法部部长唐一军在全国司法行政工作推进视频会上的讲话，对2020年上半年市律协重点宣传工作的开展情况及取得的成绩进行全面总结。与会人员结合年度工作计划，就开展下一步工作进行了讨论和交流。

7月30日 北京市律师协会惩戒委员会、会员处分复查专门工作委员会就惩戒办公平台信息化建设工作召开专题会议。会议听取了惩戒办公平台信息化建设初步方案的介绍。与会人员结合惩戒工作实际就系统功能与辅助功能、流程设置与线下衔接，以及档案材料电子化处理与数据共享等方面进行了讨论，并提出了工作需求与建议。

7月30日 北京市律师协会公职与公司律师工作委员会召开班子成员工作会议，研究推进2020年工作。会上，对后续工作进行具体部署，与会人员就两公律师工作现状、建立公司律师与社会律师的良性关系等问题进行了深入交流。

7月30日 北京市律师行业新的社会阶层人士联谊会召开2020年度第三次会长会议，研究部署下半年工作。会议学习了司法部部长唐一军在全国司法行政工作推进视频会上的讲话，传达了中央统战部六局近期座谈会精神，通报了上半年新联会工作情况，并就下半年重点工作进行梳理和部署。

8月（13）

8月3~19日 北京市律师协会会长、监事长及10位副会长等会长班子成员分别来到北京市律师协会公益法律服务中心值班，耐心接听公益法律咨询热线电话，详细记录咨询内容，并为来电市民解答法律咨询。

8月4日 北京市律师协会申请律师执业人员管理考核工作委员会召开主任工作会议。会议对阶段工作进行总结，对面试考官遴选、面试考核题库建设等重点工作进行了研究。

8月4日 北京市律师协会会长高子程赴北京市信访办公室进行调研并座谈。与会人员就疫情后期可能引发的信访工作领域相关法律风险进行了分析研判,并就工商、经济、民商、劳资福利等领域中可能影响社会和谐稳定矛盾纠纷中的重点问题和人群进行了梳理。

8月4日 北京市律师协会党建工作委员会召开工作会议。会议对"党建委"上半年的工作情况进行了总结,对"律师行业党建工作指标体系"的建设进行了深入交流,并对"党建委"下半年的工作进行了研究部署。

8月6~18日 北京市律师协会以"疫情时期首都律师的挑战、应对与机遇"为专题,分别邀请不同类型的35家律师事务所、14家区级律协召开4场研讨会,全面了解首都律师行业在新冠疫情发生后面临的困难、出现的新问题、采取的新举措。与会人员就律所的基本情况、人员构成、2020年上半年业务收入状况、未来预期、应对疫情影响的做法以及对未来的预判、新常态下关于律所生存发展的思考和举措等问题展开充分的交流讨论。

8月7日 中华全国律师协会召开新闻发布会,北京市律师协会会长高子程在会上介绍了北京律师服务"六稳""六保"助力常态化疫情防控和经济社会发展相关情况。北京市律师协会相关工作的成效和特色主要体现在三个方面:(一)党建引领,精准施策,为疫情防控和复工复产提供法治保障;(二)聚焦需求,送法护航,为企业复工达产提供专项服务;(三)深入企业,实处使劲,为企业复工达产加油蓄力。

8月7日 根据北京市2020年对口援疆工作安排,按照团市委2020年"好书伴成长"活动要求,落实市司法局有关通知精神,北京市律师协会举行了为新疆和田地区中小学生捐赠国语图书活动。市律协广大党员干部和职工群众积极响应活动号召,累计捐献了文学、社科等各类图书300余册。

8月11日 北京市律师协会业务拓展与创新工作委员会召开工作会议并赴恒都所走访并调研。"业拓委"成员就2020年工作内容和思路进行了研究讨论。调研座谈会上,恒都所代表介绍了恒都所的历史与现状,在疫情期间业务量和业务收入继续保持增长的措施与经验,以及大客户中心、辅导员制度等创新举措的运行思路、方式和主要特点。

8月22日 在北京市公安局公安交通管理局召开的维护民警执法权威工作大会上，北京市律师协会会长高子程与北京市公安局公安交通管理局党委书记、局长杨雄华共同签署《北京市律师协会为北京市公安局公安交通管理局提供法律服务的协议》。北京市律师协会成立"北京市公安局公安交通管理局律师顾问团"，为交通民警因执法活动或执行职务引发的行政、刑事、民事案件提供法律咨询，对维护民警执法权益工作中的热点和难点问题提供法律建议，为基层交通民警开展法律培训等。

8月23日 北京市律师行业新的社会阶层人士联谊会组织委员到香山双清别墅、来青轩爱国主义教育基地开展党史国史主题教育活动。通过参观学习，"新联会"践行了社会主义核心价值观，增强了凝聚力。

8月24日 北京市律师协会青年律师工作委员会和青年律师联谊会联合召开班子成员工作会议。会议介绍了2020年"青年律师阳光成长计划"培训班工作计划并就人员安排、时间统筹等事项作了部署。同时还介绍了全国律协青年律师领军人才训练营2020年年会活动（贵阳站）的基本情况并就接旗工作作了部署，为2021年筹备青训营北京年会做好准备。

8月27日 北京市律师协会权益保障委员会召开了本年度第一次市区两级权益保障工作联席会。会议对北京市律师协会权益保障委员会上半年的工作完成情况进行了总结，对下半年重点工作作了部署。

8月27日 北京市律师协会行业规则委员会线上召开主任例会。会议进行了阶段性总结，对当前工作中遇到的问题和解决方案交换了意见，并研究部署了下一阶段重点工作。

9月（8）

9月7日 广州市司法局及广州市律师协会到访北京市律师协会。双方就完善优化营商环境、律师行业党建和涉外法律服务等内容进行了深入交流与探讨。会后，与会人员观看了北京律师行业党建工作宣传片——《奋力谱写首都律师行业党建新篇章》。9月7~8日，广州律协一行还分别走访了天同所、金杜所、中伦所和恒都所。

9月9日 上海市司法局到访北京市律师协会，调研律师行业党建和涉外法律服务工作。座谈会上，与会人员围绕进一步做实、做深、做细律师行业党建工作，不断推动涉外法律服务工作全方位、跨越式、高质量发展和促进京沪两地律师往来合作等展开深入交流。

9月15日 北京市律师协会老律师工作委员会和老律师联谊会召开联合工作会议。会议通报了老工委新增委员情况和2020年老律师工作计划内容。与会人员围绕老律师授牌活动和文体活动的多样化开展方式进行了深入讨论并提出建议。

9月20日 第十一届北京市律师协会理事会召开第七次会议，此次会议采取"现场+视频"的形式召开。十一届北京律协59名理事、18名监事及协会副秘书长等参加会议。会上，推选产生了第十次全国律师代表大会北京地区代表23名和理事候选人11名；通报了协会秘书长人选调整情况。

9月21日 北京市律师行业新的社会阶层人士联谊会与西城区律师行业新的社会阶层人士联谊会召开联席会议。与会人员就加快推进首都律师行业新联会建设、发挥新联会职能作用等内容进行了深入交流。

9月28日 北京市律师协会老律师工作委员会和老律师联谊会在中国木偶剧院联合举办老律师观影活动。老律师工作委员会成员和老律师联谊会成员通过观看电影《夺冠》，重温了女排精神，激发了拼搏激情。

9月28日 北京知识产权法院立案庭与北京市律师协会召开调研座谈会。与会人员就知识产权案件电子送达、网上立案、电子证据等工作展开讨论，并就立案工作、诉讼服务工作等发表了意见建议。

9月29日 北京市律师行业新的社会阶层人士联谊会与部分在京执业的港澳籍律师举行中秋茶话会活动。活动增进了北京律师行业的凝聚力，增强了港澳籍律师的归属感。

10月（13）

10月13日 北京市律师协会通过首都律师网及官方微信公众号公布北京市律师协会涉外律师人才库入库名单。6月5日，北京市律师协会面向全市律师事务所及广大律师发布扩充涉外律师人才库的相关通知,经组织申报,集中审核,最终742名律师入库。名单一经公布受到广泛关注,目前,北京市律师协会官方微信公众号该篇推文阅读量达1.6万人次。法制网、中国律师网、全国律协微信公众号等主流媒体予以报道。

10月16日 北京市委统战部副部长严卫群到北京市律师协会调研律师行业统战工作。座谈会上,北京市律师行业新的社会阶层人士联谊会与会人员就律师行业统战工作开展情况,如何加强和改进下一步工作进行了深入沟通交流。严卫群充分肯定了市律师行业统战工作和"新联会"工作,并就进一步做好律师行业统战工作提出六点意见:一是加强调研摸底;二是加强统筹谋划;三是扩大覆盖面;四是加强队伍建设;五是充分发挥职能;六是强化统战意识。

10月20日 北京市律师协会会员事务委员会召开班子成员工作会议。会议总结了2020年组织的各项文体活动及会员福利保障工作,通报了本年度全市律师执业年度考核、会员差旅服务平台上线、律师执业责任保险和人身意外伤害保险续约、律师体检以及律师互助金发放等工作,并讨论了下一年工作思路。

10月21日 北京市律师协会举办"忆往昔,话未来——首都律师行业发展座谈会"。会议邀请往届北京市律师协会班子成员"回家看看",共话行业发展新思路。高子程会长介绍了近年北京市律师协会取得的工作成果。与会人员共同观看了北京律师行业党建工作宣传片——《奋力谱写首都律师行业党建新篇章》,就首都律师行业今后的工作思路和任务重点、行业协会的定位和发展方向等提出富有建设性的意见和建议。

10月22日 北京市律师行业新的社会阶层人士联谊会与海淀区律师行业新的社会阶层人士联谊会召开联席会议。与会人员就律师行业"新联会"的职能定位、组织建设、作用发挥等内容进行了深入交流座谈。联席会后,市律师行业"新联会"召开了2020年度第四次会长会议,就市律师行业"新联会"内部制度建设等问题进行了讨论,对近期工作安排作了部署。

10月22日 根据北京市律师行业党委工作安排,结合全市司法行政系统"以案示警、以案为鉴、以案促改"教育整顿活动，市律师行业党委举办了党委理论学习中心组两阶段学习。

实地见学阶段，由北京市司法局二级巡视员、市律师行业党委书记王群带领理论学习中心组成员，实地参观奇安信科技集团股份有限公司的奇安信集团安全中心、党建活动室和工业互联网安全实验室，并与奇安信集团班子成员就互联网安全与律师事务所管理、网络安全服务律师办案等问题进行了深入交流座谈。

学习研讨阶段，组织与会同志学习了党的十八届三中全会以来中央和习近平总书记对律师工作的要求、批示精神；通报了近年来全市律师行业的四起反面典型案例。党委理论学习中心组成员围绕学习内容，逐一发言，交流学习体会，结合分管工作领域进行专题研讨，提出了意见和建议。

10月23日 北京市律师协会会长高子程、监事长王志强等一行9人赴北京市第三中级人民法院参加"一站式多元解纷和诉讼服务体系建设"调研座谈活动。高子程一行参观了信息中心、安检大厅、诉讼服务大厅、法庭、办公区域等场所，并进行了详细的了解和交流。座谈调研会上，北京市三中院代表介绍了"一站式多元解纷和诉讼服务体系"建设情况与现状，市律协一行提出了建设性的建议。双方决定在现有基础上建立更多的合作模式，共同进步。

10月24日 北京市律师协会"青年律师阳光成长计划"第十六期培训班开班。第一课思想教育课特邀北京市万律泽所律师薛荫棠为学员授课。薛荫棠律师通过曾参加抗美援朝战争的亲身经历，向学员们讲述了老一辈先烈不畏强敌、浴血奋战、保家卫国的英勇事迹。中华全国律师协会秘书长以"与青年律师谈谈心"为题，采用谈话方式，与学员分享了自己对律师职业的理解和感受。

10月27日 北京市律师协会在紫竹院公园举办"秋日律动"老律师摄影外拍活动。活动丰富了广大老律师业余文化生活，增强了律师行业的凝聚力和归属感。

10月29日、30日 北京市律师协会副秘书长（主持工作）徐志锋带

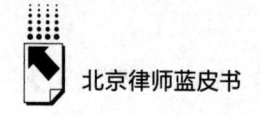

队先后赴西城区、石景山区司法局、区律师协会调研座谈，部署律师专业水平评定试点工作。

10月30日 为表彰老律师对北京律师行业发展的突出贡献，北京市律师协会举办"老律师光荣执业三十年授牌仪式"，共有68名老律师符合条件，被授予光荣执业30年纪念牌。

10月30日 北京市律师协会惩戒委员会就制定《北京市律师协会会员违规行为处分实施细则》（暂定名）召开专题研讨会。会议听取了各规则制定小组就本组负责起草章节的详细说明。与会人员结合本市行业惩戒工作实际情况就实施细则的框架结构、程序设置及具体条文内容进行了讨论。会议根据与会人员提出的修改意见和建议，就下一步工作进行了部署。

10月31日 北京市律师协会应邀参加最高人民检察院第七检察厅（行政检察厅）、北京市检察官协会行政诉讼监督专业分会、中华全国律师协会宪法和行政法专业委员会主办的"行政争议实质性化解与诉源治理"主题研讨会，并与北京市人民检察院、中国人民大学法学院共同签署《北京市人民检察院行政诉讼监督研究基地共建协议》。北京市律师协会行政法与行政诉讼法专业委员会主任陈猛受聘为北京市人民检察院行政诉讼监督研究基地副主任、研究员；副主任韩雪、周容等部分委员受聘为北京市人民检察院行政诉讼监督研究基地研究员。

11月（11）

11月2~6日 北京市律师协会副会长毕文胜带队赴江苏、浙江对律师执业权益保障和行业信息化建设情况开展工作调研。

考察团和北京市公安局监所管理总队一同与江苏省公安厅监管总队及南京市公安局监管支队进行了座谈，并参观了南京市第一看守所；还实地考察了南京律师远程会见中心，并与南京市律师协会进行座谈，双方围绕中心的功能布局、会见流程、网络安全、软硬件设备、建设经费、工作人员配置等内容进行了广泛交流。在与江苏省律师协会的座谈中，与会人员就律师执业权益保障中的调查令相关问题和信息化建设工作等内容交换了意见。

考察团与浙江省律师协会就两地的营商环境法治化、律师执业权益保障和信息化建设工作等进行了深入探讨,对杭州部分地区"非羁码"试点运行情况进行了调研。现场观摩了浙江省高院的"智慧法院"建设成果展示,并就如何利用"首都律师智能工作平台"完成京浙两地"跨域立案"工作做了进一步对接。

11月5日 北京市律师行业党委印发《关于在全市律师行业深入学习宣传贯彻党的十九届五中全会精神的通知》,对学习宣传贯彻党的十九届五中全会精神作出系统部署。

11月9日 北京市律师协会律师事务所管理指导委员会在君合所召开律管委调研周活动第一场——"党建促管理"专题调研座谈会,进一步了解律所内部管理现状,收集意见建议,形成调研报告,为律所健康发展提供参考。

11月10日 为更好地学习宣传贯彻《民法典》,维护和保障老年人的合法权益,北京市律师协会与北京市老龄协会共同召开《民法典》与老年人权益保障交流座谈会。

11月12日、13日 北京市律师协会副会长马慧娟、韩映辉率队参加北京、云南、贵州、四川四省(市)律师协会主办,四川省律师协会承办的第四届京云贵川律师实务研讨会。研讨会设"文化旅游产业发展中的法律问题"主会场以及"民法典背景下的乡村振兴法律服务""后疫情时代下资本市场法律服务"两个分会场,四省(市)共250余名律师参加会议。四省(市)律师协会共同签署了《京云贵川律师实务研讨会乐山宣言》。

11月16日 北京市律师协会公职与公司律师工作委员会召开班子成员工作会议,总结2020年委员会工作内容,研究制订下一年度工作计划。

11月16日 法治日报社在京召开"运用《法治日报》做好首都政法宣传舆论工作总结交流会"。会议对北京市2020年运用《法治日报》做好法治宣传舆论工作表现突出的10家先进单位、20名优秀通讯员,以及运用《法治日报》推动媒体融合创新工作表现突出的5家单位予以通报表扬。北京市律师协会荣获"运用《法治日报》推动媒体融合创新先进单位"称号。

11月18日 北京市律师协会、中央广播电视总台社会与法频道《律师来了》栏目组共同举行《律师来了》栏目出镜律师现场展示选拔活动。150余名报名律师中有39名律师入围现场演讲环节，最终18名律师荣获央视《律师来了》栏目出镜资格，市律协向本次入围律师选手颁发"北京律协新媒体矩阵出镜律师"证书。

11月18日 北京市司法局、北京市律师行业党委举办了党的十九届五中全会精神辅导报告会，市律师行业党委与北控智慧城市党委举行了北京律师"智慧党建系统"上线仪式，签订了《律企党建共建协议》。

11月19日 应北京知识产权法院邀请，北京市律师协会副会长韩映辉率商标法律专业委员会40余名委员参加"北京知识产权法院第五届律师开放日"。本次开放日主题为"法·律之声，共维司法"。会上，北京知识产权法院介绍了2020年北京知识产权法院网上立案、递交电子诉讼材料的细节、驳回复审速审案件的变化等相关情况，就法律共同体的建设、智慧法院的建设等问题进行了深入分析，并强调网上立案、线上庭审、归档电子化以及无纸化办公将是未来审判工作的发展趋势。在互动交流环节，与会律师对北京知识产权法院的改革举措给予高度评价，并与法官进行了充分的沟通和交流。

11月23日 北京市律师协会党建工作委员会召开工作会议，学习贯彻党的十九届五中全会精神与中央全面依法治国工作会议精神，总结2020年工作情况，研究讨论2021年工作计划。

12月（14）

12月1日 北京市律师协会通过首都律师网站和微信公众号正式发布《北京市律师事务所"走出去"调研报告》与《北京市律师协会涉外法律服务优秀案例汇编Ⅰ》。《"走出去"调研报告》采取多维研究方式，对目前北京律所"走出去"的政策环境、现状、机遇、挑战等问题进行深入调研，并提出调研结论和建议；调研项目以对律所发送的在线调研问卷为基础，并从涉外法律服务领域成绩较为突出且在境外设立分支机构的律所中选取了

15家进行深入访谈,对商务部、司法部、国家税务总局、国家外汇管理局等部门的相关政策进行了梳理,特别邀请了相关税务及外汇方面的专家进行专访,并搜集了美国、日本、英国等11个重点国家(地区)律所设立分支机构的实务操作规范,最终形成了调研报告。为全面总结北京律师涉外法律服务经验,加强涉外法律业务交流,北京市律师协会开展了"涉外法律服务优秀案例评选"活动,从全市范围内收集到的200余个涉外法律服务案例中筛选50个优秀案例汇编而成《北京市律师协会涉外法律服务优秀案例汇编Ⅰ》。共有22家律所的涉外法律服务案例入选,案例按类型进行分类,涉及判决和裁决的境外承认与执行、反倾销和反补贴、海外并购、知识产权争议以及海外建筑工程纠纷等10个业务领域;《案例汇编Ⅰ》通过梳理案件代理过程,分析各案的争议焦点,多层次、多角度解读了涉外法律服务项目的难点与亮点。

12月3日 北京市律师协会与中美法律交流基金会共同举办涉外法律培训"扬帆计划"第五期"法律英语写作在线课程",举行了线上结业仪式。40名学员顺利结业。

12月9日 由北京市律师协会申报推荐,经首都精神文明建设委员会办公室集中复审和专家评审等多个环节审核、评选后,北京市律师协会教育与未成年人保护法律专业委员会和朝阳区人民法院合作的"庭审观摩活动"项目,荣获"2020年度首都未成年人思想道德建设创新案例"提名奖。

12月11日 北京市律师协会参政议政促进工作委员会举办参政议政工作总结培训暨"两会"提案议案征集座谈会。与会人员就律师参与重大事件的处置、生态环境立法、公共法律服务体系建设、服务优化营商环境、律师权益保障及律师行业发展的热点难点等问题进行了交流讨论,提出多项意见建议。与会律师代表、委员认真听取了意见建议,并就相关问题进行了探讨。

12月12日 由法治日报社主办、法制网承办的第三届"一带一路"优秀法律服务项目颁奖典礼暨"一带一路"法律服务高端论坛成功举办。北京律师斩获多个奖项,并在圆桌对话环节进行发言。

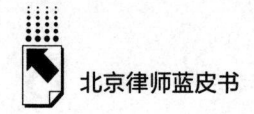

12月12日 "青年律师阳光成长计划"第十六期培训班在天同所结业。自10月24日开班以来,利用连续8个星期六走访安理所、炜衡所、金杜所、君合所、大成所、中银所、天同所等7家律师事务所,34位阳光导师为80名青年律师学员讲授课程40余小时。

12月18日 石景山区律师行业新的社会阶层人士联谊会在石景山区司法局召开成立大会。市司法局二级调研员、市律师协会副秘书长梁文辉,区委统战部副部长彭玉春,区司法局党组书记高维华,区司法局局长倪斐远,区司法局副局长郭金银、师文辉,区律师协会会长余尘,区律师协会监事长邹道明以及全体委员代表出席了会议。

12月22日 北京市律师协会举办2020年律师专业水平考核现场答辩。根据北京市司法局《律师专业水平评价体系和评定机制试点工作实施办法(试行)》、北京市律师协会《律师专业水平考核评审工作程序》,结合疫情防控需求,北京市律师协会组织了建筑房地产、知识产权两个专业的现场答辩会,10名评委、7名参评律师参加答辩。评委向参评律师提出了专业知识、案件办理等方面的问题,参评律师一一作答。经过合议,评委现场宣布了参评律师的答辩成绩,并对参评律师的业务发展方向提出了建议。

12月22日 北京市东城区律师行业新的社会阶层人士联谊会成立大会在东城区律师协会召开。会议通报了区律师行业新的社会阶层人士联谊会筹备情况,宣读了《中共北京市东城区律师行业委员会关于成立北京市东城区律师行业新的社会阶层人士联谊会的决定》和北京市东城区律师行业新的社会阶层人士联谊会班子成员名单。

12月22日 北京市召开市劳动模范、先进工作者和人民满意的公务员表彰大会。帅和所主任沈腾、高通所合伙人马兰、浩天信和所合伙人姜山赫、谦君所合伙人武丽君、盈科所合伙人邬锦梅、北京产权交易所总法律顾问兼风控中心主任魏存蕊被评为"北京市劳动模范",北京市规划和自然资源委员会法制处处长陈少琼、北京市石景山区法律援助中心主任马清明、京都所兼职律师颜九红被评为"北京市先进工作者",北京市朝阳区律师协会被评为"北京市模范集体"。

12月24日 第七届"全国维护职工权益杰出律师"评选完成,北京市总工会法律服务中心公职律师胡芳、北京市华泰律师事务所律师王天任、北京市华伦律师事务所律师金晓莲等三名北京律师获"全国维护职工权益杰出律师入围证书"。第七届"全国维护职工权益杰出律师"评选活动由中华全国总工会、司法部、中华全国律师协会联合举办,全国共计45名律师获"全国维护职工权益杰出律师入围证书"。

12月27日 第十一届北京市律师协会理事会召开第八次会议。十一届北京律协58名理事、19名监事及协会副秘书长等参加会议。北京市司法局二级巡视员、市律师行业党委书记王群结合律师行业工作实际,就贯彻落实党的十九届五中全会精神和中央全面依法治国工作会议精神进行了宣讲。会议审议通过了《关于增补会员处分复查专门工作委员会委员的议案》和《关于北京市律师协会更换公章的议案》。

12月 北京市律师行业党委印发《关于在全市律师行业深入学习宣传贯彻党的十九届五中全会精神的通知》,对学习宣传贯彻五中全会精神作出系统部署。各区律师行业党组织通过主题学习、集中宣讲、专题研讨,学习宣传习近平总书记重要讲话精神。

12月底 北京市律师协会完成《鸿篇巨制·亮点纷呈——首都律师精读民法典》编印工作,并以快递的方式发送至全市律所。文集依据《中华人民共和国民法典》分编体例,分为总则、物权、合同、人格权、婚姻家庭、继承、侵权责任七个章节,最终选定并收录文章114篇,共计85万余字。

北京市律师协会2020年度培训、考核、宣传、公益、维权、惩戒等工作情况

培训工作:

举办线上业务培训79期,参加律师35万余人次;举办小型业务培训16期,参加律师2640人次;专业委员会举办业务研讨会36期,参加委员1627人次。

北京律师学院举办律师业务专题培训班4期,参加律师380人次。

考核工作：

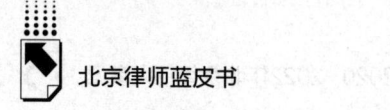

收到《实习律师备案申请表》4818份，为符合申报条件的4385人发放了"实习律师证"。

组织实习律师集中培训7期，4686人次参加，考核合格4646人。

组织实习期满申请律师执业人员面试考核114期，4560人次参加，考核合格4336人。

组织重新申请律师执业人员和异地变更执业机构人员面试考核20期，800人参加，考核合格648人。

宣传工作：

在报纸、杂志、电台、电视台刊发宣传稿件1500余件。

通过北京市律师协会微信公众号发布文章811篇，关注人数64354人，累计阅读量1636174人次；通过官方微博发布文章2080篇；在今日头条、抖音、央视频等新媒体发布宣传稿件666篇。

公益工作：

北京市律师协会组织参与咨询工作志愿律师514人次；累计值班249天，接听市民咨询电话1206次、接待来访193次。

北京市律师协会女律师工作委员会组织女律师16人次参加"巾帼维权·送法到家"女律师以案释法宣讲活动14场（线下2场，线上12场），累计受众约24000人次。

维权工作：

北京市律师协会维权中心协调处理个案维权案件37起，为会员开具外省市会见备案证明159份。

惩戒工作：

接到当事人投诉865件（次），接到各区律协报送的建议给予行业纪律处分案件137件，立案150件，审结61件（含上一年度立案案件），对15家律所、22名律师给予不同程度的行业纪律处分，作出规范执业建议书21件。

召开听证会52次。

受理会员纪律处分复查申请5件，审结7件（含上一年度受理案件）。

其他：

为35名律师发放互助金182万元。

2021年

1月（9）

1月5日 《法治日报》头版以《首都律师涉外服务蓄能蓄势砥砺前行》为题，报道了北京市律师协会在2020年通过深度挖掘涉外法律服务发展现状、经验、潜力、难点，用调研、培训、报告等形式，为律师开展涉外业务提供帮助的情况，为首都律师在疫情防控常态化及全球经济复苏进程中蓄能蓄势，迎接新变化新挑战。

1月8~12日 根据全国律师行业党委工作部署，司法部政治部副主任兼人事警务局局长、全国律师行业党委副书记陈俊生，全国律协常务理事薛济民，全国律协副秘书长张大维等一行，对北京律师行业党建工作进行调研督导并走访慰问律师。

在北京市律师协会，调研督导组一行参观了北京律师博物馆，观看了市律师行业党建工作汇报片，听取了苗林书记关于市司法局党委抓律师行业党建工作情况的汇报，听取了王群同志关于市律师行业党建工作情况的汇报，兰台律师事务所党委、东卫律师事务所党总支、常鸿律师事务所联合党支部负责人参加座谈交流。

调研督导组还走访了安理律师事务所、盈科律师事务所、普贤律师事务所、慧海天合律师事务所、百瑞律师事务所，听取了朝阳区律师行业党委、盈科律师事务所党委、蓝鹏律师事务所联合党支部、丰台区律师行业党委、慧海天合律师事务所党支部、海淀区律师行业党委、百瑞律师事务所党总支、信凯律师事务所联合党支部党建工作情况汇报。调研督导组还向普贤律师事务所患重病的律师发放了慰问金。

1月13日 北京市律师协会会员处分复查专门工作委员会采取线上方式召开工作会议暨年终总结会。会议通报了增补委员的相关情况,对1件复查案件进行了评议,对与会委员进行了培训。

1月14日 北京市律师协会采取"线上+线下"的方式召开申请律师执业人员面试考核考官工作座谈会。会议通报了面试考核考官遴选情况、宣读了面试考核考官名单,新聘任考官代表签订了《履职承诺书》,欧阳继华律师代表全体考官作表态发言,与会领导为新聘任面试考核考官代表颁发了聘书。座谈会后,北京市律师协会对新聘任考官开展了业务培训。

1月19日 北京市律师协会惩戒委员会、会员处分复查专门工作委员会与北京市司法局律师工作处召开惩戒工作联席会。会议上,市司法局律师工作处通报了2020年律师类行政执法工作情况;北京市律师协会通报了2020年律师惩戒工作情况;与会人员就2020年律师行业惩戒工作进行了梳理、总结,并就工作中出现的重点和难点问题,2021年开展的重点工作等提出了意见和建议,研究了近期行业重点、难点案件的处理意见。

1月19日 北京市司法局二级巡视员、市律师行业党委书记王群,北京市律师协会副秘书长李凯实地走访了北京市律师事务所党委党建联盟成员单位——北京市君合律师事务所,调研律所党建工作、涉外业务及律所管理模式等内容。

1月21日 北京市区两级律协权益保障委员会与北京市司法局律师工作处召开线上联席会议。会上详细介绍了2021年北京市律师协会"权保委"重点工作,通报了《最高人民法院司法部关于为律师提供一站式诉讼服务的意见》;与会人员集中学习了《关于健全完善工作机制规范法官和律师职业行为维护司法公正的若干措施(试行)》,研究布置了规范检察官与律师关系的相关调研工作,深入探讨了北京律师远程会见中心的建设方案。

1月30日 北京新的社会阶层人士联谊会第四届第三次会员大会采用视频会议形式召开。北京市委统战部副部长严卫群出席并讲话,新联会领导班子成员及会员参加会议。大会审议通过届中增补有关人选名单。增补北京市律师协会副会长、市律师行业新联会会长高警兵为北京新联会副会长兼秘书长。

1月31日 北京市律师协会律师业务智能工作平台已完成全面升级并已将新功能投入使用。北京市律师协会律师业务智能工作平台的全面升级，是在为全体北京律师量身打造的智能业务辅助平台基础上，进一步满足律师一站式跨域在线立案、知识提升、材料邮寄、诉讼保全的需求，帮助律师快捷高效地完成工作。

2月（3）

2月4日 北京市律师行业党委召开2020年度民主生活会。会议重点围绕学懂弄通做实习近平新时代中国特色社会主义思想等六个方面，深入查找问题，深刻剖析原因，认真开展批评和自我批评，进一步明确努力方向和整改措施。北京市司法局二级巡视员、市律师行业党委书记王群主持会议。北京市委第四督导组到会督导，北京市纪委监委驻司法局纪检监察组、北京市局党建工作处派员到会指导。市律师行业党委成员全员参会。北京市律师协会副秘书长列席会议。

2月8日 为喜迎建党100周年，北京市律师行业党委研究决定在全市律师行业开展征文活动。征文主题是"知党恩，听党话，永远跟党走——庆祝中国共产党成立100周年"。

2月10日 北京市律师协会以"云端贺岁"的形式，回顾认真学习习近平法治思想的扎实成果，送上对行业同人以及社会各界的诚挚问候。

3月（9）

3月2日 北京市律师协会与北京市高级人民法院召开座谈会。会上，北京市律师协会介绍了"北京市律师协会律师业务智能工作平台"主要功能，并希望将其与市高院网上诉讼服务系统进行对接，为北京律师参与诉讼活动提供便利。市高院介绍了"最高人民法院律师服务平台"相关功能。双方就系统对接方式、实现功能及完成路径等方面进行了充分交流，并就优化北京市营商环境的举措进行了探讨。双方同意建立常态化沟通联络机制，共同努力，尽快根据双方达成共识的工作内容制定建设系统对接方案并

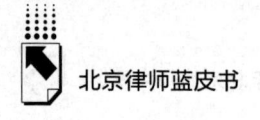

实施。

3月4日 北京市检察院、北京市司法局、北京市律师协会三方召开检律共建座谈会。会上三方围绕如何建立良性、协作、互动的检律关系，更好地发挥律师在全面依法治国、维护社会和谐稳定的积极作用，进一步规范检察官和律师之间的交往，加强各级检察院与律协的联系，完善机制，搭建平台，共同维护律师执业权利等方面进行了深入的交流。

3月6日 北京市律师协会举办《北京市女律师职业状况调查与分析》报告发布会暨"向阳成长，律媛同行"女律师庆"三八"活动。活动通过央视社会与法新媒体平台进行了直播。

3月9日 北京市律师协会财务委召开工作会议。会议就《北京市律师协会会费管理办法（修订稿）》进行了讨论。

3月13日 北京市律师行业党委召开会议，对全市律师行业党史学习教育作出动员部署。北京市律师行业党委坚决落实"看北京首先要从政治上看"的要求，坚持首善标准，认真履行主体责任，统筹推出坚持党的领导的工作，组建坚强有力的工作机构，制定切实可行的实施方案，召开覆盖全市的动员大会，夯实各级主体的工作责任，鼓励体现特色的工作创新，发挥党建联盟的示范带动作用，强化有机结合的工作统筹，强化推动落实督查指导和加强教育成果的交流宣传等十项举措，助推律师行业党史学习教育扎实有效开展。

3月18日 北京市律师协会召开集中清理投诉案件工作会议。会议研究、讨论了集中清理投诉案件的相关方案，并修改确定了《北京市律师协会惩戒委案件审查工作要求》《集中清理投诉案件工作方案》等工作文件。

3月25日 北京市委政法委来北京市律师协会召开"组织发动律师广泛参与社会治理"调研座谈会，就组织律师广泛参与社会治理相关工作进行初步的沟通和交流。

3月28日 第十一届北京市律师协会理事会召开第九次会议。会议审议通过了关于提请律师代表大会审议《北京市律师协会理事会2020年工作报告》《北京市律师协会2020年度会费预算执行情况报告》《北京市律师协会2021年工作计划（草案）》《北京市律师协会2021年度会费预算（草案）》《北京市律师协会会费管理办法（修订草案）》的议案及《关于延期召开北京市第十一届律师代表大会第四次会议的议案》。

3月30日 根据《北京市律师行业突出问题专项治理方案》，北京市律师协会邀请市律协惩戒委员会副主任孙红延律师，以"以案为鉴，规范执业和行为"为主题，开展了面向全市律师、律师事务所的职业道德执业纪律培训。培训通过"京律学苑"网络平台形式举办。截至3月31日，网络平台显示观看量已达1.9万人次。本次培训取得了良好的效果，圆满完成《北京市律师行业突出问题专项治理方案》第一阶段专项治理工作。

4月（11）

4月9日 北京市律师协会与北京市欧美同学会召开北京市国际化法律人才专题调研启动会。与会人员就联合开展北京市国际化法律人才调研的课题背景、调研方式、主要内容、时间安排等有关事宜进行了深入讨论与交流，并迅速组建了工作小组，负责后续工作的组织落实。

4月11日 为及时总结律师行业党史学习教育及突出问题专项治理进展情况，北京市司法局、北京市律师行业党委召开推进会，对党史学习教育及突出问题专项治理工作进行再动员再强调。会上，市司法局二级巡视员、市律师行业党委书记王群同志通报了前期工作进展情况，并就进一步做好党史学习教育及专项治理工作、推进全市律师工作高质量发展提出了意见。

4月11日 北京市律师协会召开第十一届律师代表大会第四次会议。会议高票通过了《北京市律师协会理事会2020年工作报告》《北京市律师协会监事会2020年工作报告》《北京市律师协会2020年度会费预算执行情况报告》《北京市律师协会2021年工作计划（草案）》《北京市律师协会2021年度会费预算（草案）》。

4月14日 北京市律师协会与北京市发改委共同召开"关于法律服务行业国际化高端人才引进座谈会"。与会人员就港澳及外籍律师来京执业问题、律所招聘境外实习生来京工作相关问题、律师个人所得税和律所营业税方面的问题，在京举办国际活动涉及的问题（如境外嘉宾入境、活动审批等），开展涉外业务办理外汇方面的问题，以及其他北京市法律服务业国际化高端化发展及人才引进过程中的问题进行交流探讨。

4月19~20日 环太平洋律师协会（Inter-Pacific Bar Association）第30届年会在上海举行。北京市律师协会作为大会特别支持单位，组派代表团参加会议，并举办了京津冀专场论坛，来自北京、天津的7名优秀涉外律师分别就知识产权、国际经贸、金融、航运、碳排放、国际仲裁以及京津冀协同发展和法律服务等专题发表了主旨演讲。会议期间还设立了展台，全方位宣传展示北京律师行业近年来在涉外法律服务领域取得的成果。

4月21日 北京市律师协会公职与公司律师工作委员会召开2021年度第一次成员工作会议。会议对2021年的具体工作事项作出部署，就两公律师年检、政府机关总法律顾问制度的相关工作进行了沟通交流。

4月22日 北京市律师协会参加服务保障营商环境建设工作座谈会。会议就执行合同和办理破产两个指标中现实存在的问题以及优化的意见和建议进行了深入讨论。

4月22日 北京市人才工作局副局长杨纲带队到北京市律师协会就人才引进政策开展调研。会议就律师事务所在人才引进中的诉求和常见的问题进行了交流。

4月24日 《北京涉外知识产权案件立案签字权证明文件律师指引》在北京市律师协会举办的"4.26"世界知识产权日主题研讨会上以电子方式正式发布。该指引发布前，北京知识产权法院围绕知识产权涉外立案及邮寄立案等重要问题开展了专题讲座。

4月29日 环太平洋律师协会主席李志强等一行三人拜访北京市律师协会。双方就加强相互合作、推动更多北京律师加入环太律协等进行了深入交流与探讨。

4月 为落实北京律师行业党史学习教育十项举措，北京市律师行业党委组建了8个由党委委员任组长，市律协党建工作委员会及有关人员参加的党史学习教育指导工作组。指导工作组采取巡回指导、随机抽查、调研访谈的方式，对各区律师行业开展党史学习教育情况进行督促指导，确保党史学习教育取得预期目标。

5月（12）

5月7~10日 北京市律师协会开展"五四"青年节系列主题活动，组织北京青年律师参观了国家典籍博物馆、首都博物馆党史展，赴军事科学院军事法治研究院开展交流会，观看电影《红海行动》，累计参与活动达到140余人次。

5月11日 北京市律师协会宣传联络与表彰工作委员会召开2021年度班子成员工作会议。会议全面总结了2020年市律协宣传工作的开展情况以及取得的成绩，并对2021年市律协重点宣传工作的开展情况进行介绍，与会班子成员就如何更好地开展下一步工作进行认真的讨论和交流，提出了具有建设性的工作思路和建议。

5月15日 北京市劳动和社会保障法学会会员代表大会暨2021年年会成功举行。北京市律师协会副会长毕文胜出席大会并致辞。在专题讨论环节，时福茂律师和周宁律师作为与谈嘉宾分别参与了"传统劳动关系理论和认定标准的坚守与革新"和"平台经济劳动关系认定与职业伤害保险制度"话题研讨。

5月17~21日 北京市律师协会、贵州省律师协会在北京律师培训基地联合举办"县域律师培训班"。60余名贵州省县域律所主任参加培训，并到北京京师律师事务所参观交流。

5月19日 北京市律师协会召开"律师事务所财务管理和公共法律服务工作培训会"。会议对《北京市律师事务所财务管理指引》的要点进行讲解，对首都律师行业财务方面的政策作了说明。

5月20日 北京市律师协会、北京市破产管理人协会参加了北京市人大常委会监察和司法办公室组织召开的"个人破产立法建议研讨暨政协委员提案办理"调研座谈会。座谈会围绕个人破产制度的建立涉及地方立法权限、适用范围、司法衔接等问题进行了讨论。

5月21日 北京市律师协会外事委员会召开2021年度班组工作会议。会议总结了2020年外事委工作取得的成果，对2021年市律协重点涉外法律服务工作安排进行介绍，与会人员就如何更好地开展下一步工作进行认真探讨和交流，提出了具体的工作思路和建议。

5月21日 北京市律师协会业务拓展与创新工作委员会召开工作会议。会议总结了委员会2020年工作，并对2021年工作作出部署。

5月24~28日 为庆祝中国共产党成立100周年，深入学习贯彻习近平新时代中国特色社会主义思想，北京市律师行业党委、北京市律师协会组织北京律师书画院20余位律师现场创作了15幅书画作品，为庆祝中国共产党成立100周年献礼。

5月26日 北京市律师协会举办"继往开来，青年前行——首都青年律师沙龙"。沙龙活动分四个篇章回顾了近年来律师行业的新发展、新成就，通过嘉宾发言激励广大青年律师勇担时代重任，积极投身"十四五"法治建设新征程。

5月28日 北京市律师行业新的社会阶层人士联谊会召开联络员培训会。会议通报市律师行业新联会工作开展情况，为市律师行业新联会联络员代表颁发证书，市律师行业新联会联络员代表作表态发言，组织联络员学习了《中国共产党统一战线工作条例》。

5月28日 武汉市司法局副局长、市律师行业党委书记聂德宗一行到北京市律师协会座谈交流。双方就行业发展情况、涉外律师的培养和扶持、青年律师人才培养和队伍建设等工作进行了深入的交流。

6月（6）

6月7日 北京市司法局、北京市律师协会组织律师专家组前往普天实业创新园，对园区内的民营企业开展法治体检。专家组组长赵松梅律师为园区企业作"企业法律风险管理与防控"专题讲座。以此活动为标志，北京市"民营企业法治体检"服务周全面启动。

6月16日 北京市律师协会权益保障委员会召开成员工作会议。会议总结了 2021 年上半年工作情况，并对 2021 年下半年工作作出部署。与会人员针对规范检律关系、视频会见以及进一步推进律师调查取证权等问题展开讨论。

6 月 19 日 为庆祝中国共产党成立 100 周年，"永远跟党走，奋进新征程——北京市律师行业庆祝中国共产党成立 100 周年主题报告会"在未来剧院隆重举行。北京市律师行业党委对东城区律师行业党委等 5 个先进区律师行业党组织、北京市大地律师事务所党支部等 45 个先进律师事务所党组织、丁琛等 100 名优秀共产党员、于婧思等 100 名优秀党务工作者、马元颖等 100 名党建之友、"四化"党建工作法等 20 个党建创新项目、北京市天同律师事务所党支部等 18 个党建规范化建设示范点给予通报表扬。

6 月 25 日 第十一届北京市律师协会理事会召开第十一次会议。会议审议通过了《北京市申请律师执业人员实习管理规则实施办法（草案）》。

6 月 26~28 日 新疆生产建设兵团司法局、兵团律师协会联合举办了律师专题业务培训班。培训采取视频会议的形式进行，北京市律师协会讲师团 5 名律师受邀在主会场进行专题授课。

6 月 在北京市高级人民法院的大力支持下，北京市律师协会将律师智能工作平台与北京市法院电子诉讼平台对接，在智能工作平台实现了北京法院在线立案功能，同时还可以查询本人已经提交的案件列表及办理状态。此外，为了提升案件办理效率，智能工作平台新增了律师送达地址信息录入和送达地址确认书签名等功能。

7 月（15）

7 月 3 日 为热烈庆祝中国共产党成立 100 周年，北京市律师协会联合中央广播电视总台推出专题片《情系初心——身边的党员律师》。专题片时长 45 分钟，7 月 3 日 21：00 首播，并重播三次，这是北京律师行业专题片首次登陆中央广播电视总台。

7 月 7 日 北京市律师协会召开会员事务委员会、行业文化建设委员会

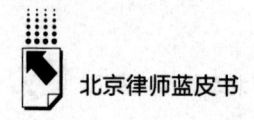

工作联席会。会议重点讨论了2021年下半年准备举行的律师行业体育文化活动的方案和计划。

7月9日 北京市律师协会党建工作委员会召开全体会议，深入学习习近平总书记在庆祝中国共产党成立100周年大会上的重要讲话精神，交流学习体会。会议还总结了2021年以来党建工作委员会各项工作开展情况，交流了党史学习教育情况，并部署了近期重点工作。

7月12日 北京市律师协会组织专题学习唐一军部长在全国司法行政系统深入学习贯彻习近平总书记"七一"重要讲话精神电视电话会议上作的辅导报告。

7月13日 "1+1"中国法律援助志愿者行动2020年度工作总结暨2021年度启动仪式在京举行。第十届全国人大常委会副委员长顾秀莲出席会议并讲话，司法部部长唐一军向志愿者代表授旗。司法部政治部主任、党组成员郭文奇就进一步推进"1+1"志愿者行动提出工作要求。2021年，北京又有18名律师参加了"1+1"中国法律援助志愿者行动，分赴新疆、云南、贵州、陕西、甘肃、海南等地开展为期1年的志愿服务。

7月15日 全国律师行业党委在"红船精神"发源地浙江嘉兴召开律师行业党建工作经验交流会。全国共有98个律师行业先进基层党组织，99名律师行业优秀共产党员获得表彰。其中，北京德恒律师事务所党委、北京市中伦律师事务所党委、北京市安理律师事务所党委、北京市汉坤律师事务所党总支、北京市百瑞律师事务所党总支、北京市慧海天合律师事务所联合党支部等6个律师行业党组织获得全国律师行业先进基层党组织荣誉，万欣、刘新、张砾心、戴月、毕文胜、李苗苗、张雪霞等7名党员律师荣获全国律师行业优秀共产党员称号。

7月21日 北京市律师协会公职与公司律师工作委员会赴北京市政务服务中心调研。市律协副会长高警兵、两公委主任付朝晖和部分委员参加调研。

7月21日 北京市委统战部副部长严卫群到北京市律师协会作党史学习教育专题党课。市委统战部新阶层处全体党员，市律协副会长、市律师行业新联会会长高警兵，市律师行业新联会副会长李超峰、赵健、李大中、田晶鑫、部分委员及联络员，各区律师行业新联会会长等近70人参加了学习。高警兵主持会议。

7月23日　北京市司法局与北京市公安局相关领导为"北京律师远程视频会见海淀分中心"揭牌，"北京律师远程视频会见海淀分中心"正式启用。

7月26日　京津冀律师行业党委在天津共同召开京津冀律师行业党建工作座谈会。京津冀三地律师行业党委签订了《京津冀律师行业党建工作协同推进机制战略合作协议》。

7月28日　北京市律师协会与首都知识产权服务业协会召开座谈会。与会人员围绕行业自律管理、双方交流合作等事项进行了交流与讨论。

7月29日　密云区委副书记、政法委书记、区人大常委会主任朱柏成，区司法局党组书记、局长张连福等一行4人到北京市律师协会调研，并就密云区经济社会发展法律服务保障工作展开座谈。双方将建立工作对接机制，细化工作要求，落实各项任务，确保法律服务团在良性规范的轨道上开展工作，为密云区经济社会发展贡献力量。

7月29日　北京市律师协会涉外法律服务研究会组织的"涉外律师业务培训系列讲座"通过"京律学苑"平台进行线上直播。截至12月底，市律协涉外法律服务研究会共组织"涉外律师业务培训系列讲座"8次，共有8000余人次参加。培训主题包括：涉外律师的思维、文化和理念，英文合同在中国的落地适用，热点合规话题集锦，涉外知识产权业务律师实务，涉外仲裁法律实务，涉外继承法律服务，跨境民商事争议解决实务，涉外刑事业务实务。

7月30日　"闪亮的名字——最美拥军人物发布仪式"在中央广播电视总台播出，北京谦君律师事务所主任武丽君律师被全国"双拥办"评为"最美拥军人物"提名人选，是北京市唯一获此殊荣者。

7月　北京市律师行业党委高度重视，以三项举措推进学习贯彻习近平总书记"七一"重要讲话精神。一是组织班子成员通过视频会议聆听司法部唐一军部长的辅导报告。二是理论中心组专题学习研讨，党委书记作学习辅导。三是配发学习资料，增强学习的针对性。

8月（6）

8月3日 怀柔区司法局局长张卫、怀柔科学城管委会政策法务处处长卢云鹏一行6人来到北京市律师协会就怀柔科学城法律服务保障工作进行座谈。

8月11日 北京市律师协会举办智库刑事合规专家组成立会，会议采用线上视频会议形式举办。会上介绍了民营企业当前面临的刑事法律风险，从企业防控风险及促进市场经济良好发展两个维度说明了刑事合规的重要性及意义。

8月26日 2021年首都律师文化节正式开幕。文化节以"庆建党百年，铸文化自信"为主题，时间从8月26日到12月4日，历时100天。本次文化节共包含四个系列32个项目，所有活动均向全市律师和律师事务所从业人员开放。

8月26日 北京市律师协会与怀柔区司法局在怀柔科学城管委会举行"《服务保障怀柔科学城建设战略合作框架协议》签约仪式"。与会领导为专家组成员代表及服务团成员代表颁发了聘书。

8月27日 北京知识产权法院就商标授权确权案件推进行政诉讼繁简分流试点问题与北京市律师协会举行座谈。与会者围绕调解工作中调解的案件范围、调解的具体程序、调解的期限、调解结果、涉外案件的调解以及一些细节交换了意见。

8月31日 密云区政府与北京市律师协会签署战略合作协议。活动中，双方签订《支持密云高质量发展公益法律服务合作协议》，密云区相关镇人民政府、中关村密云园分别与6家入驻律师事务所签订《生态保护与绿色发展合作框架协议》，宣读了支持密云高质量发展公益法律服务专家团名单，并为律师专家团19名代表颁发聘书。律师专家团由54名北京市律师行业具有竞争力、影响力的律师组成，将在生态环境保护、土地管理、经济合同、工程建设、资产评估、劳动纠纷、依法行政、政府债务、企业改制、科技创新十个方面为密云区经济社会高质量发展提供公益性法律支持。

9月（12）

9月2~7日 2021年中国国际服务贸易交易会在北京举行。本届服贸会首次设立法律服务专题展，北京大成、京师、盈科、中伦、炜衡、观韬中茂、合弘威宇、卓纬等8家律师事务所参展亮相，充分展示我国优秀涉外法律服务机构的良好形象，大力宣传推介我国涉外法律服务。

9月7日 北京市律师协会召开老律师联谊会工作会。会议对近期的重点工作做了部署，对拟增选的联谊会委员名单进行了集中讨论。

9月8日 北京市律师协会党建工作委员会赴朝阳区律师协会走访调研。座谈会上，朝阳区律师协会介绍了朝阳区律师行业党建工作情况及朝阳区律师协会党建工作委员会运行情况和工作开展情况。参会律师事务所党组织负责人先后介绍了本所党建工作情况、存在的困难及工作建议。与会人员围绕中小型律所党建工作存在的困难和薄弱环节，联合党支部如何更好地开展联创联建及党建工作指导员如何更好地发挥作用等问题进行了深入研讨。

9月9日 北京市司法局与北京市律师协会共同主办"人民律师心向党，我为群众办实事——北京市律师协会开放日"活动。律师行业外的人大代表、政协委员、媒体记者、企业代表及高校学生等近70人参加了活动。

9月10日 北京市政协副主席牛青山一行到北京市律师协会走访调研，征求律师政协委员对市政协工作的意见建议。与会律师政协委员围绕更好地提高律师参政议政能力，服务党委、政府中心工作和重点任务提出了意见建议，进行了互动交流。

9月15日 北京市律师协会联合中央广播电视总台《律师来了》栏目录制的《数据安全法亮点解读》十集系列短视频在央视频平台与学习强国平台上推出。北京市律师协会微信公众号陆续推出十集系列短视频。

9月16日 北京市律师协会智库重大复杂案件课题组召开新一辑"刑事二审、再审改判案例"和"民事二审、再审改判案例"研讨会。研讨会就编写新一辑"改判案例"进行了深入研究和讨论，广泛听取了业界内外的建议和意见。

9月17日 北京市人民检察院走访北京市律师协会，征求律师代表对检察队伍教育整顿意见建议，推动全市第二批检察队伍教育整顿走深走实。座谈会向与会人员介绍了2021年以来全市检察机关履职情况和第二批检察队伍教育整顿工作开展情况。与会人员围绕加强新时代检察机关法律监督工作、完善认罪认罚从宽制度、加快检察机关信息化建设、保障律师执业权利、加强检律同堂培训、开展检律良性互动等提出了意见建议。

9月24日 为表彰先进，弘扬正气，激励全国律师事务所和广大律师在新征程上奋勇争先、建功立业，司法部决定，授予北京市君合律师事务所等130家律师事务所"全国优秀律师事务所"称号，授予马兰等289名律师"全国优秀律师"称号。其中，北京8家律师事务所和23名律师榜上有名。

9月27日 第十一届北京市律师协会理事会召开第十二次会议。会议审议通过了关于聘任第十一届北京市律师协会秘书长的议案。

9月27日 上海市司法局党委副书记、一级巡视员、市律师行业党委书记刘卫萍一行到北京市律师协会座谈交流。与会双方就律师行业相关工作进行了深入的探讨和交流。

9月29日 新疆生产建设兵团司法局副局长、兵团律师行业党委书记韩景峰一行到北京市律师协会座谈交流。双方围绕行业党建、会员服务、协会建设、人才培养等内容进行了深入的探讨和交流。此外，新疆生产建设兵团一行还分别走访了北京市金杜律师事务所、北京德恒律师事务所、北京市天同律师事务所和北京市浩天信和律师事务所。

10月（6）

10月11日 北京市委组织部副部长、市委"两新"书记迟行刚一行调研北京律师行业党建工作。北京市司法局二级巡视员、市律师行业党委书记王群陪同调研。市委组织部和市司法局有关处室、市律师行业党委成员、北京市律协党建工作委员会及市律协秘书处负责人参加座谈。

10月13~15日 北京市司法局、北京市律师行业党委在北京市委党校三分校举办了全市律师行业党组织负责人政治轮训示范班。市律师行业党委部分委员，各区律师行业党组织及部分律师事务所党组织负责人、优秀党员律师代表100余人参加政治轮训。轮训班组织学习了郭声琨、唐一军、熊选国等领导同志在大会上的重要讲话精神。

10月13日 北京市律师协会老律师联谊会、老律师工作委员会共同举办了"亲历行业传承和发展"老律师重阳参访活动。老律师联谊会主任肖树伟、副主任郝惠珍，老律师工作委员会主任默立、部分委员及多位老律师、青年律师代表参加了本次活动。

10月21日 北京市律师行业党委向全市下发了《关于认真学习贯彻第十次全国律师代表大会精神的通知》，对全市各级律师行业党组织深入学习贯彻会议精神作出了部署。

10月21日 北京市律师协会召开北京律师行业发展研讨会前期交流座谈会。与会人员结合北京市"两区"建设、北京律师行业关注的热点问题、律所近年来在国际新形势下遇到的难点与困惑，围绕高素质人才的引进与培养、北京律师品牌的打造、行业生态的构建、公共法律服务的发展等方面提出建议，并就北京律师行业如何更好地服务北京经济发展和国家对外开放、服务百姓民生、履行社会责任等与律师行业发展密切相关的关键问题进行了深入的交流与探讨。

10月26日 北京市律师协会与门头沟区司法局在门头沟区石龙经济开发区中关村科技园门头沟园举行《支持中关村科技园门头沟园高质量发展高端法律服务保障战略协作机制框架协议》签约仪式。

11月（10）

11月1日 北京市律师协会涉外律师人才库2021年入库名单公布。经在全市范围内组织申报，市律协就申报人员的资料进行集中审核后，形成了《北京市律师协会涉外律师人才库名单（2021）》，共有263人入库。

11月2日　北京市律师行业党委会深入学习贯彻第十次全国律师代表大会精神，学习传达《最高人民法院　最高人民检察院　司法部印发〈关于建立健全禁止法官、检察官与律师不正当接触交往制度机制的意见〉的通知》《最高人民法院　最高人民检察院　司法部印发〈关于进一步规范法院、检察院离任人员从事律师职业的意见〉的通知》《中华全国律师协会关于禁止违规炒作案件的规则（试行）》。

11月5日　北京市律师协会通过线上直播方式举办公职与公司律师业务培训。本次培训的题目为"企业合规管理体系的建设路径与典型实践"，由中国政法大学法学院企业法务研究中心执行主任叶小忠主讲，约有2300名律师在线收看培训。

11月5日　由北京市法律援助基金会联合北京12家律师事务所共同组织开展的"西部律师研修计划"第四期研修班结班仪式以线上方式举行。来自西部12个省区和新疆生产建设兵团的59名研修律师在京完成了为期一个月的研修。

11月9日　北京证监局联合北京市司法局组织召开部分律师事务所监管通报交流会。北京证监局法律事务处首先通报了专项检查中发现的主要问题。参会的七家律所分别就反馈的情况进行了交流发言。

11月12日　中共中央举行新闻发布会，介绍党的十九届六中全会精神。北京市律师行业迅速组织学习党的十九届六中全会公报，组织收听收看新闻发布会。

11月16日　北京市律师协会参加"尊法守法·携手筑梦"服务农民工公益法律服务行动协调会。会议就开展线上线下法制宣传活动、开展劳动用工"法治体检"活动，推进劳动争议多元预防化解等工作进行交流。

11月18日　北京市律师协会党建工作委员会在线召开全体会议，组织学习党的十九届六中全会精神。会上组织大家学习了《中共中央关于党的百年奋斗重大成就和历史经验的决议》，交流了各自所在律所开展党的十九届六中全会精神的学习情况，并对进一步深入学习贯彻党的十九届六中全会精神、深刻领会决议的内涵精髓进行了讨论。会议还研究了党建委2022年工作安排。

11月23日 北京市律师行业党委召开理论学习中心组学习（扩大）会议，深入学习贯彻党的十九届六中全会精神。会议组织学习了《关于〈中共中央关于党的百年奋斗重大成就和历史经验的决议〉的说明》、党的十九届六中全会公报和《中共中央关于党的百年奋斗重大成就和历史经验的决议》主要精神，观看了十九大党章公开课——《党的领导、党的建设成功经验的总结》视频，印发了《中共北京市律师行业委员会关于全市律师行业深入学习宣传贯彻党的十九届六中全会精神的通知》。

11月 为弘扬正气，表彰先进，经北京市司法局党委研究决定：授予北京市司法局行政复议二处一级主任科员李萌等10名同志第一届"北京榜样·最美法律服务人"标兵称号，授予西城区西长安街街道办事处司法所所长谭秀云等20名同志第一届"北京榜样·最美法律服务人"称号。其中，金杜律师事务所律师戴月、济和律师事务所律师阮巍获评第一届"北京榜样·最美法律服务人"标兵，中同律师事务所执行主任欧阳继华、致知律师事务所主任白海珍、景淳亦弛律师事务所律师孙虎、嘉安律师事务所律师康力泽获评第一届"北京榜样·最美法律服务人"。

12月（14）

12月1日 为宣传宪法，进一步落实中华全国总工会、司法部、中华全国律师协会《关于开展2021年"尊法守法·携手筑梦"服务农民工公益法律服务行动的通知》，北京市总工会、北京市司法局、北京市律师协会推出"聚焦新就业形态劳动者宪法宣传周有奖竞答"活动。

12月2日 北京市律师协会与北京市高级人民法院召开优化首都营商环境提升司法鉴定质效工作交流座谈会。与会律师就如何建立健全委托鉴定规范体系，以严控委托鉴定推进工作规范化运行，组建专业化团队，加强集约管理，提供委托鉴定工作专业化保障，创建智能数字化平台全面提升委托鉴定工作，推进考核评价体系建设，强化对外委托专业机构动态化监管，优化首都营商环境，提升司法鉴定质效举措等方面进行了充分探讨交流。

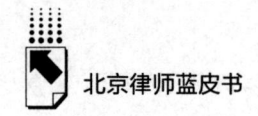

12月7日 北京市律师协会与北京广播电视台科教频道中心、融媒体中心和北京时间联合启动《民法典通解通读》讲师团第一季邀请赛。活动通过网络知识竞答初赛、宣讲视频评选复赛、现场竞选决赛，选出第一批20位《民法典通解通读》讲师团成员。

12月10日 北京市人民检察院与北京市律师行业党代表、人大代表、政协委员召开座谈会。与会人员围绕加强新时代法律监督工作，促进"四大检察"全面充分协调发展，加大企业合规不起诉制度探索，拓宽监督线索渠道，强化律师执业权利保障，推进检律同堂培训，检律互讲互学等方面提出意见建议，并就加强检律良性互动、共同维护司法公正进行了交流。座谈会前，与会人员参观了北京市检察院检察服务中心律师接待窗口和律师接待室，听取了北京检察机关保障律师互联网阅卷工作情况，观看了北京检察管理监督平台演示并听取了北京检察机关业务绩效考评体系介绍，此外，还观看了"四大检察"履职主题宣传片《路》和检察专题汇报片《人民检察为人民》。

12月12日 由北京市律师协会与北京外国语大学法学院合作举办的"扬帆计划"第六期"涉外合规与争议解决"法律实务培训班圆满结束。此次培训于11月27日开班，历时6天，课程设计突出实用性、针对性，内容丰富，师资专业，教学内容紧紧围绕"涉外合规与争议解决"这一主题，并涉及数据合规等热点法律事务开展。此次培训班学员共64人。

12月14日 北京市律师行业党委特邀中央党校教授宋福范以"以史为鉴 开创未来——学习党的十九届六中全会精神的体会"为题作专题辅导报告。会议以"线下+线上"的方式举行。线上通过"京律学苑"平台直播，共约2200人次观看。

12月14日 中华全国妇女联合会在北京发布全国维护妇女儿童权益先进集体、先进个人名单。圣奇律师事务所由莉雅、天驰君泰律师事务所段凤丽、中同律师事务所徐莺莺、济和律师事务所阮巍、致宏律师事务所王志红等五位北京律师被授予"全国维护妇女儿童权益先进个人"称号。

12月19日 青年律师阳光成长计划培训班（第十七期）基础班完成全

部课程。本期培训班于 10 月 24 日开班，培训班共有学员 80 人，邀请讲师 26 名，11 月 14 日起每周日全天在线授课，共计培训 7 天，时长 51 小时。

12 月 21 日 北京市律师行业党委召开 2021 年度第十一次（扩大）会议。会议学习了《中华人民共和国反垄断法》《发挥好党内法规在维护党中央集中统一领导保障党长期执政和国家长治久安方面的重大作用》。

12 月 29 日 北京市律师行业党委召开理论学习会议。会议学习了习近平总书记在党的十九届六中全会、庆祝中国共产党成立 100 周年大会、党史学习教育动员大会、全国脱贫攻坚总结表彰大会等会议上发表的重要讲话精神。学习党章、《关于新形势下党内政治生活的若干准则》、《中国共产党党内监督条例》、《中共中央关于党的百年奋斗重大成就和历史经验的决议》和党中央关于民主生活会的有关要求。会议还开展了谈心谈话及征求意见。

12 月 29 日 第十一届北京市律师协会理事会召开第十三次会议。会议审议通过了《北京市律师协会会员违规行为处分实施细则（试行）（草案）》、《北京市律师协会会费支出管理办法（修订草案）》以及关于修订《北京市申请律师执业人员实习管理规则实施办法》的议案。

12 月 29 日 第十一届北京市律师协会监事会召开全体会议。会议对监事会 2021 年工作进行了总结，就监事会 2021 年工作报告起草及监事会 2022 年工作计划等听取意见建议。

12 月 30 日 《北京市律师协会涉外法律服务优秀案例汇编 II》编印完成，并向全市律师事务所寄送。

12 月 30 日 北京法律服务网上传了《北京市公共法律服务项目（产品）目录（2021 年）》，2021 年入选的项目共 124 个，全部由北京市律师协会报送，分别为 53 家律师事务所申报，编入律师法律项目类，具体包括：政府相关业务法律服务项目 37 个，刑事法律服务项目 3 个，民商法律服务项目 80 个，涉外法律服务项目 4 个。市民可登录北京法律服务网（bj.12348.gov.cn），点击"公共法律服务项目平台（产品目录库）"查询详细内容。

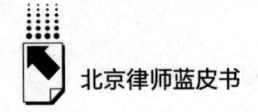

北京市律师协会 2021 年度培训、考核、宣传、公益、维权、惩戒等工作情况

培训工作：

举办"京律学苑"49 期，共 11 万余人次律师参加；举办主题培训 56 期，共 4500 余人次律师参加；举办律师业务研讨会 55 期，共 5200 余名委员、律师参加研讨活动。

北京律师培训基地举办律师业务专题培训班共 21 期，共有 3500 人次律师参加。

考核工作：

收到《实习律师备案申请表》5390 份，为符合申报条件的 5237 人发放了"实习律师证"。

组织实习律师集中培训 7 期，5033 人次参加，考核合格 5031 人。

组织实习期满申请律师执业人员面试考核 131 期，5235 人次参加，考核合格 4872 人。

组织重新申请律师执业人员和异地变更执业机构人员面试考核 23 期，887 人参加，考核合格 784 人。

宣传工作：

在报纸、杂志、电台、电视台刊发宣传稿件 150 余件。

通过北京市律师协会微信公众号发布文章 1106 篇，关注人数 76399 人，累计阅读量 1038801 人次；通过官方微博发布文章 2411 篇；在今日头条、抖音、央视频等新媒体发布宣传稿件 1344 篇。

公益工作：

北京市律师协会组织参与咨询工作志愿律师 248 人，共接听市民咨询电话 1953 次、现场参与调解咨询 6 件。

北京市律师协会女律师工作委员会组织 144 人次女律师参加"巾帼维权·送法到家"女律师以案释法宣讲活动 74 场，累计受众约 10000 人次。

维权工作：

北京市律师协会维权中心协调处理 30 件个案维权案件，为会员开具备案证明 77 份。

惩戒工作：

接到当事人投诉 3937 件（次），接到各区律协报送的建议给予行业纪律处分案件 220 件，立案 251 件，审结 271 件（含上一年度立案案件），对 66 家律所和 84 名律师分别给予不同程度的行业纪律处分，作出规范执业建议书 87 件。

召开听证会 145 次。

受理会员纪律处分复查申请 37 件，审结 26 件（含上一年度受理案件）。

其他：

为 28 名律师发放互助金 156 万元。

2022年

1月（10）

1月7日 北京市律师协会策划制作的《"崇法益众 向善致远" 北京市律师行业投身公益法律服务与承担社会责任报告片》于腾讯视频、优酷视频、搜狐视频、学习强国、北京时间等多家媒体宣传平台同步上线。

1月11日 北京市司法局党委书记苗林在北京市律师协会主持召开律师工作座谈会。苗林通报了市局党委关于领导班子成员分工调整的情况以及市局党委关于郭卫任市律师行业党委书记的决定，并就进一步做好新时代首都律师工作强调了五点意见。市律协会长高子程、监事长王志强、秘书长徐志锋等作表态发言；王群用感谢、珍惜、祝愿三个关键词概括了六年来分管律师工作的感受。郭卫在讲话中表示坚决服从组织安排、坚持首善标准干事创业、齐心协力共谋发展，并代表市律师行业党委对加强班子建设、做好工作提出要求。

1月11日 北京市律师行业党委召开党史学习教育专题民主生活会。会议通报了《北京市律师行业党委 2020 年度民主生活会整改措施落实情况》

《北京市律师行业党委党史学习教育专题民主生活会征求意见建议情况》。郭卫同志代表班子做对照检查，并就巩固拓展党史学习教育成效，认真抓好整改提出了五点要求。党委委员逐一发言，开展批评和自我批评。

1月11日 中华全国总工会、司法部和中华全国律师协会发布2017~2020年"尊法守法·携手筑梦"服务农民工公益法律服务行动成绩突出集体与个人名单。北京市律师协会和朱瑞鹏、李丹、吴来勇、周立军、韩俊等5位律师获得通报表扬。

1月12日 北京市律师协会与北京市检察院召开民事、行政检查监督线索移送工作座谈会。双方就市检察院民事、行政案件监督工作的有关情况和民事、行政检察监督线索移送相关情况进行交流。

1月14日 中央宣传部、司法部、全国普法办下发《关于表彰2016—2020年全国普法工作先进单位、先进个人和依法治理创建活动先进单位的决定》，对"七五"普法中成绩突出的先进单位和个人予以表彰。北京市律师协会荣获"全国普法工作先进单位"称号，孟宪芹、王志红律师荣获"全国普法工作先进个人"称号。

1月18日 首都精神文明建设委员会公布2021年首都学雷锋志愿服务"五个100"先进典型名单，北京市律师行业"慧海普法班车"志愿服务队和"细胖说法"调解室荣获"首都最佳志愿服务组织"称号，左增信律师荣获"首都最美志愿者"称号。

1月26日 法治日报社联合中国政法大学律师学研究中心面向全国评选出"首届律师公益（社会责任）典型案例"。48家北京律所与23名北京律师的公益（社会责任）典型案例榜上有名。

1月 冬奥会公益法律服务团以全面、优质、高效的公益法律服务助力冰雪盛会。2021年底，北京市律师协会、北京仲裁委员会（北京国际仲裁中心）成立冬奥会公益法律服务团。服务团由23名熟悉涉外体育仲裁和争议解决、英语能力较强的专业律师组成。具体工作由市律协和北京仲裁委员会（北京国际仲裁中心）统筹，包括设立公共服务邮箱，统一接受咨询、案件委托等。服务团的服务对象是参加2022年北京冬奥会且需要公益法律服务的各国各地区的运动员等。服务团提供法律咨询、体育争议解决代理服务及其他法律服务。1月17日,服务团管委会召开第一次工作会议,就相关事项安排和培训内容进行研究。1月18日,国际体育仲裁院公布北京冬奥会临时仲裁庭的9名组成人员,其中3名为北京仲裁委员会(北京国际仲裁中心)仲裁员。同时公布了北京冬奥会公益法律服务团的相关情况和联系方式。1月24日、25日、29日,市律协邀请专家学者对服务团、工作小组进行系列培训。服务团、工作小组分工明确,合理安排,有条不紊地推动各项工作落实落细。

1月 北京市律师协会收到最高人民检察院、中华全国律师协会、中国中小商业企业协会、北京市工商联、北京市总工会法律服务中心、海南省琼中黎族苗族自治县司法局与五指山市司法局等单位赠送的锦旗与感谢信。

2月(2)

2月 法治日报社评选的第四届"一带一路"法律服务典型案例名单揭晓,北京市律师行业32个典型案例榜上有名。

2月 由北京市委宣传部(首都文明办)等单位联合组织开展的第八届首都道德模范评选表彰活动揭晓,北京律师行业郑小强律师、张冰律师荣获第八届首都道德模范提名奖。

3月(10)

3月1日 北京市监狱(戒毒)管理局与北京市律师协会举行战略合作签约仪式。市监狱(戒毒)管理局向聘请的32名法律顾问团律师颁发聘书。

3月6日 北京市律师协会举办了"强国她力量,一起向未来"庆三八主题活动。活动共分"公益有我""参政有我""涉外有我""女律师之友""一起向未来"五个篇章。

3月12日 北京市律师行业召开党委扩大会、会长会,传达学习全国两会精神。会议学习了习近平总书记参加内蒙古代表团,看望参加全国政协十三届五次会议的农业界、社会福利和社会保障界委员，出席解放军和武警代表团全体会议时的重要讲话精神。

3月18日 北京市律师协会与北京知识产权法院就知识产权案件网上立案推进工作进行线上交流。

3月18日 第十一届北京市律师协会监事会第七次会议以线上形式召开。会议审议通过了《关于提请律师代表大会审议〈北京市律师协会监事会2021年工作报告〉的议案》。

3月18日 第十一届北京市律师协会理事会第十四次会议以线上形式召开。会议审议通过了关于提请律师代表大会审议《北京市律师协会理事会2021年工作报告》《北京市律师协会2021年度会费预算执行情况报告》《北京市律师协会2022年工作计划（草案）》《北京市律师协会2022年度会费预算（草案）》的议案。

3月26日 第十一届北京市律师协会第五次代表大会以线上形式召开。会议高票通过了《北京市律师协会理事会2021年工作报告》《北京市律师协会监事会2021年工作报告》《北京市律师协会2021年度会费预算执行情况报告》《北京市律师协会2022年工作计划（草案）》《北京市律师协会2022年度会费预算（草案）》。会议还举行了京津冀律协集中培训平台启动仪式。

3月26日 昌平区第四届律师代表大会顺利召开，会议审议通过了《第三届北京市昌平区律师协会理事会工作报告》和《第三届北京市昌平区律师协会监事会工作报告》，表决通过了第三届理事会财务收支情况说明，选举产生了昌平区律协新一届领导班子。

3月30日 北京市律师协会与北京广播电视台联合策划的《民法典通解通读》讲师团第一季邀请赛活动在北京广播电视台成功举行。经过激烈角逐，张楠律师获得冠军，徐春江、焦景收律师获得亚军，郭悦、李晓晖、赵松梅律师获得季军。与会领导为获奖律师颁发奖状，并向20名入围讲师团的律师颁发聘书，向7家律所颁发"律所最佳组织奖"，向5名热心群众颁发"百姓参与奖"。本次活动在新媒体平台观看量突破80万人次。

3月 北京市律师协会抽调君合、尚公、东卫、卓纬和君永等律师事务所的13位律师与行政人员组建市律协志愿者团队,支援社区疫情防控工作。

4月（4）

4月18日 北京冬奥组委法律事务部发来感谢信,对北京市律师协会为冬奥盛会成功举办提供的支持表示感谢。冬奥会举办期间,冬奥会冬残奥会公益法律服务团管委会统一制定工作流程,服务团和工作小组成员24小时轮班值守咨询电话和服务邮箱,为赛事举办提供了坚强的法律服务。在工作小组收到国际体育仲裁中心（CAS）的文件和外籍运动员请求提供法律援助的电子邮件后,服务团律师在极其紧张的时间内梳理案件重要事实,提供法律服务,维护其合法权益,获得了运动员的认可和感谢。服务团还被北京市司法局评为"司法行政系统北京2022年冬奥会冬残奥会安保维稳工作优秀团队"。

4月22~23日 北京市律师协会专利、商标和著作权法律专业委员会召开"创新与未来——京津冀沪粤4·26世界知识产权日研讨会"。研讨会以"线上+线下"的方式举行,5800余名律师在线参与活动,共同探讨新时代知识产权的保护与发展。会上发布了《北京涉外知识产权案件立案签字权证明文件律师指引》的更新版本。

4月28日 北京市总工会发布《关于授予2022年首都劳动奖状、首都劳动奖章和北京市工人先锋号的决定》,北京市金杜律师事务所肖瑾律师与北京东舜律师事务所李晓东律师荣获首都劳动奖章。

4月 共青团北京市委员会、北京市人力资源和社会保障局针对作出突出贡献的团体和个人进行了表彰。北京市朝阳区律师协会团委书记张帅律师荣获"北京市优秀共青团干部"荣誉称号,盈科律师事务所团员杨敏律师荣获"北京市优秀共青团员"荣誉称号。

5月（6）

5月4日 北京市律师协会青年律师公益法律服务团成立。服务团是市

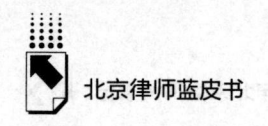

律协根据共青团北京市委员会的工作需要，面向全市律所招募青年律师组建而成，成员共180人。

5月5日 市委"两新"工委公益律师法律服务团在线召开座谈会。会议介绍了法律服务团成立的背景，邀请北京致诚农民工法律援助与研究中心主任佟丽华律师介绍了新业态、新就业群体有关工作，服务团成员作了表态发言。

5月10日 庆祝中国共产主义青年团成立100周年大会在京隆重召开，习近平总书记出席大会并作重要讲话。广大首都青年律师准时收看大会直播，认真学习、记录心声、送上祝福。

5月17日 北京市监察委员会驻北京市司法局纪检监察组组长李京生、市司法局二级巡视员夏涛，采取"四不两直"的方式，到东城、通州的部分律师事务所及北京市律师协会秘书处实地检查和调研指导疫情防控工作，向律师事务所传达了市司法局党委关于疫情防控的要求，查看了律师事务所验码、测温、登记情况，了解了律师事务所疫情防控措施落实情况和人员到岗情况，并就疫情对律师行业的影响、律师行业面临的困难和实际需求与有关人员进行了深入沟通交流。根据市司法局安排，律师工作处会同市律协秘书处采取电话沟通的方式，先后联系了位于海淀区、朝阳区、西城区的部分律师事务所，传达了市司法局党委的疫情防控工作会议精神，详细询问了律所疫情防控工作与居家办公落实情况，对律所组建服务队下沉社区，支援社区疫情防控工作给予肯定并对志愿律师与工作人员表示慰问。

5月 北京市律师协会青年律师公益法律服务团配合共青团北京市委员会开展青少年法治教育系列活动，对中小学生法治知识网络竞赛题库及"青少年保护小课堂"知识讲解文稿共约4万字的资料进行审核，获得团市委好评。

5月 北京市律师协会与朝阳区城市管理指挥中心合作，成立由天霜、普然、达达、诺恒等律师事务所参加的"接诉即办"法律服务志愿团队，为"12345"热线中的涉法诉求提供专业政策解读和法律咨询服务。

6月（6）

6月7日 北京市律师协会发布《新冠疫情防控期复工达产等重点政策汇编》及2022年版《新冠疫情下企业复工复产法律指南》。

6月15日 人力资源和社会保障部、司法部发布"全国司法行政系统先进集体""全国司法行政系统先进工作者""全国司法行政系统劳动模范"表彰名单，其中，北京司法行政系统8个集体和13名个人上榜，杨晨（金诚同达律师事务所主任、管理合伙人）、万欣（天霜律师事务所主任）两位律师荣获"全国司法行政系统劳动模范"称号。

6月23日 北京市律师协会申请面试考核管理系统上线试运行。

6月27日 中国共产党北京市第十三次代表大会隆重开幕，本次大会是在我国开启全面建设社会主义现代化国家新征程，全市人民以实际行动迎接党的二十大的重要时刻召开的一次重要会议。大会的主题是：高举中国特色社会主义伟大旗帜，以习近平新时代中国特色社会主义思想为指导，更加奋发有为推动新时代首都发展，为率先基本实现社会主义现代化而努力奋斗。北京律师行业林悟江律师、武丽君律师光荣当选北京市第十三次党代会代表并参加本次大会。

6月28日 第十一届北京市律师协会理事会通过腾讯会议召开第十五次会议。会议传达了市司法局疫情防控调度会暨六月份工作部署会会议精神，通报了协会上半年重点工作开展情况和下半年重点工作安排。

6月 北京市律师协会劳模律师团依托北京市总工会"12351"职工服务热线开通劳模律师咨询专线，通过接听电话的方式解答职工的法律疑问，助力职工维权工作。参与劳模律师咨询专线值班的律师有全国维护职工权益杰出律师、"全国五一劳动奖章"获得者时福茂、褚军花、曹智勇、董梅律师，北京市劳动模范常卫东、左增信、金晓莲、余尘、武丽君律师。

7月（9）

7月2日 北京市律师行业党委召开2022年度第六次党委会。会议传达学习了《中国共产党北京市第十三次代表大会关于中共北京市第十二届委员会报告的决议》《中国共产党北京市第十三次代表大会关于中共北京市第十二届纪律检查委员会工作报告的决议》和北京市司法局党委（扩大）会精神；市党代表林悟江律师、武丽君律师分别传达了市党代会精神，并分享了参会收获和感悟；党委委员马慧娟、毕文胜、韩映辉就学习体会作重点发言；会议就如何贯彻落实好市党代会精神，为首都经济社会高质量发展提供法律服务保障提出了要求。

7月6日 北京市律师协会检律协作线上移送平台上线试运行。协会会员可以通过首都律师网，登录会员服务系统，在"监督线索平台"板块，按要求提交监督线索。

7月7日 北京市司法局党委书记苗林赴朝阳区调研律师行业党建工作，听取汇祥律师事务所及道可特律师事务所党建工作情况汇报，宣讲北京市第十三次党代会精神。

7月8日 北京市律师行业新联会召开会长（扩大）会。北京市委统战部新阶层处有关同志出席会议。会议学习传达了北京市第十三次党代会精神、首都统一战线学习宣传落实市第十三次党代会精神动员部署会和首都新阶层学习贯彻市第十三次党代会精神通报会精神，学习了《中国共产党政治协商工作条例》。与会人员就充分发挥新联会职能作用，团结引导广大党外律师齐心协力促进行业高质量发展、助力全市复工复产等方面进行了交流。

7月14日 北京市司法局局长崔杨一行到北京市律师协会调研，听取北京律师行业工作汇报，深入了解近期律师工作开展中存在的问题与困难。市司法局副局长、市律师行业党委书记郭卫，市司法局二级巡视员夏涛参加调研。与会人员围绕律师行业重点难点问题、如何进一步推动行业发展进行座谈交流。

7月18日 北京市律师协会公职与公司律师工作委员会赴北京仲裁委员会调研座谈。与会人员结合实际工作针对公职公司律师在仲裁与争议解决中如何更好地发挥作用进行了深入交流。

7月21日 北京市通州区律师行业新的社会阶层人士联谊会成立大会召开。会议通报了新联会筹备情况、宣读了《关于成立北京市通州区律师行业新的社会阶层人士联谊会的决定》和《关于北京市通州区律师行业新的社会阶层人士联谊会组成人员名单的通知》。北京市司法局副局长、北京市律师行业党委书记郭卫，通州区委统战部常务副部长张洪亮为新联会揭牌，与会领导为新联会班子和委员代表颁发了证书。通州区律师行业新联会是北京市区级律师行业成立的第六家新联会。

7月29日 司法部举行推动基本解决全国"无律师县"问题新闻发布会。会上宣布2022年基本解决全国"无律师县"问题的目标已经顺利实现，72名律师将前往西藏、青海、四川、黑龙江、山西、甘肃六个省区的46个"无律师县"的分所执业。其中，9家北京律师事务所分别在西藏9个"无律师县"开设分所，并派驻11名律师开展工作。

7月 北京市律师行业党委印发《北京市律师行业党组织发挥作用责任清单（试行）》，从政治引领、组织建设、推动发展、服务群众等方面对律师行业党组织发挥作用列出了具体工作任务，明确了市区两级律师行业党组织、不同类型律师事务所党组织发挥作用的职责边界。

8月（15）

8月2日 北京市司法局、北京市律师协会与北京市公安局相关领导实地走访了市公安局反电信网络诈骗犯罪中心和西城区公安分局执法办案管理中心，并就深化警律协作进行交流座谈。市公安局法制总队副总队长刘彦向与会人员通报了律师会见工作和同堂培训工作的相关情况；市公安局监管总队、海淀看守所、朝阳看守所代表分别介绍了当前律师会见的实际情况和新的工作措施。与会人员观摩了"反诈中心"涉诈犯罪涉案账户处置、监测研判反制、预警劝阻等工作机制运行情况，查看了"办案中心"一站式办案、智能化管理及全流程监督工作流程，了解了律师执业权利保障情况，以及公安依法规范文明办案取得的成效。

8月4日 北京市律师协会联合北京市人民检察院以民事、行政、知产金融检察工作职能及监督线索移送机制为主题举办线上直播培训。市检察院民事、行政、知产金融检察部门的负责同志及检察官分别介绍《中共中央关于加强新时代检察机关法律监督工作的意见》和北京市委实施意见的工作要求、全市检察机关贯彻落实的具体举措和成效、特色检察品牌建设情况，并就检律协作平台移送监督线索的工作机制运行情况及存在的问题进行讲解，对在深化检察机关法律监督背景下加强检律协作提出建议。

8月4日 北京市委统战部副部长祁金利到北京市律师协会作专题讲座，传达了中央统战工作会议精神和市第十三次党代会精神，系统梳理了中国共产党与党外人士和衷共济的光辉历史，阐述了新时代统一战线工作在党和国家事业中的地位作用。

8月4日 北京市律师协会与北京市残疾人服务示范中心签署战略合作协议。

8月4日 共青团北京市委员会、北京市第三中级人民法院、北京市律师协会召开社区青少年法治教育主题座谈会。市律协、社区青年汇社工、新兴青年代表及社区青年代表参与座谈并围绕社区青少年法治教育工作进行讨论。

8月16日 北京市律师行业新联会召开新时代律师职责定位研讨会。会议传达学习了中央统战工作会议精神和习近平总书记在中央统战工作会议上的讲话精神，学习了全国律师行业党委《关于进一步推进"做党和人民满意的好律师"主题活动的通知》。

8月16日 石景山区第四届律师代表大会召开。会议审议通过了《第三届北京市石景山区律师协会理事会工作报告》《第三届北京市石景山区律师协会理事会财务报告》《第三届北京市石景山区律师协会监事会工作报告》，选举产生了第四届石景山区律师协会领导班子。余尘当选新一届石景山区律师协会会长，于晶珠、尹昌友、汪旭、陈洪忠当选副会长，邹道明当选监事长。

8月18日 北京市律师协会公职与公司律师工作委员会赴北京市食品检验研究院调研。与会人员参观了北京市食品检验研究院，了解了研究院主要工作职能和现状。与会人员围绕公职律师如何更好发挥职能作用进行座谈交流，为公职律师工作如何进一步开展建言献策。

8月18~20日　京津冀第二十三届劳动人事争议案例研讨会在北京成功举办。本次会议由北京市劳动和社会保障法学会主办，北京市律师协会、北京市高级人民法院民一庭、北京市劳动人事争议仲裁委员会协办。研讨会分为"主题报告""专题访谈""分组讨论"三个业务交流环节。

8月21日　房山区第四次律师代表大会召开。会议审议通过了《第三届北京市房山区律师协会理事会工作报告》《第三届北京市房山区律师协会监事会工作报告》，表决通过了《第三届北京市房山区律师协会市律协拨付经费收支情况报告》，选举产生了新一届房山区律师协会领导班子成员。大会选举黄科为第四届房山区律协会长，王文山、李艳为副会长，徐凤明为监事长。第四届房山区律师协会理事会聘任王恩存为协会秘书长。

8月24日　密云区司法局组织召开北京市公益法律服务专家顾问团成员走进密云答疑解惑座谈会。双方就棚改征收拆迁项目中存在的行政职权、合同纠纷、强制措施等问题进行了研讨。市公益法律服务专家顾问团结合最新修订的《土地管理法》及实施条例，从落实集体土地征收相关规定及实操等角度进行了指导。

8月27日　怀柔区第二届律师协会律师代表大会召开。会议审议通过了《怀柔区第一届律师协会理事会工作报告》《怀柔区第一届律师协会经费收支情况报告》《怀柔区第一届律师协会监事会工作报告》，选举产生了怀柔区第二届律师协会领导班子。于景光当选新一届协会会长，李柏罂琪、孙芳芳当选副会长，王晓楠当选监事长。怀柔区第二届律师协会理事会聘任怀柔区司法局四级调研员袁明为协会秘书长。

8月27日　平谷区第二届全体律师大会召开。会议审议通过了《平谷区律师协会第二届全体律师大会理事、会长、副会长、监事、监事长选举办法》《平谷区律师协会第一届理事会工作报告》《平谷区律师协会第一届监事会工作报告》，选举产生了新一届平谷区律师协会领导班子成员。

8月31日　北京市律师协会参加北京市第三中级人民法院"为群众办实事示范法院"创建活动"问需于民、问计于民"征求意见座谈会。

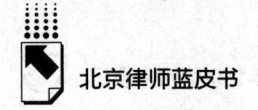

8月 北京市律师协会开通"一证通"一站式办理专属通道。每周五（国家法定假日除外）在市律协办公楼一层增设"一证通"一站式办理窗口，办理人持相应材料一次即可完成"一证通"购买—录入—开通—绑定的全部流程。

9月（11）

9月3日 由北京市司法局主办，北京市律师协会、北京仲裁委员会（北京国际仲裁中心）共同承办的"第二届中国国际服务贸易法律论坛"举办。本次论坛系中国国际服务贸易交易会（2022）系列论坛之一，以"促合作 迎未来：涉外法律服务新发展"为主题，从律师、仲裁、公证和审判的不同角度，就涉外法律服务新发展阶段下的机遇与挑战，交流研讨相关热点、重点问题，总结分享法律服务国际化向广度拓展、向深度推进的经验。会上播放了《立足新时代 展现新作为 奋力续写涉外法律服务新篇章》主题宣传片；市司法局、市律协和"一带一路"律师联盟共同签署了合作备忘录；市司法局局长崔杨发布了《北京市涉外法律服务发展现状》；与谈环节嘉宾围绕"打造国际一流律师事务所""新能源项目境内外法律风险管理与争议解决""数据合规及相关司法保护""跨境公证与证据保全"四个方面进行了交流。论坛在新华财经、律汇通、市司法局和市律协微信视频号等多个线上平台进行了中英文双语全球直播，500余万人次在线观看。

9月8日 首届律师公益（社会责任）典型案例发布会举行，北京律师行业32家律所、31位律师现场领取荣誉证书、发表获奖感言。

9月13日 北京市律师协会宣传联络与表彰工作委员会召开班子成员工作会议。会上全面总结了2022年市律协宣传工作已经取得的成果，简要介绍了重点宣传工作，并就宣联委下一步重点工作进行了部署。与会班子成员围绕如何更好地履行宣联委职能作用，就开展北京律师行业先进典型选树、加强与外单位沟通联络、配合协会重点宣传任务等具体工作进行了交流。

9月14日 北京市律师协会发布《律师办理刑民交叉法律业务操作指引》电子书。该指引共四章46条，约1.8万字，是市律协第一部关于刑民交叉法律业务的指引。

9月20日 中华骨髓库志愿捐献者、北京律师张世伟，在解放军总医院第五医学中心成功捐献了造血干细胞，成为北京市第525位造血干细胞捐献者。

9月22日 北京市律师协会老律师联谊会和老律师工作委员会联合召开工作会议。与会人员对联合举办本年度重阳节活动方案和下一阶段重点工作进行了部署，就深入老律师群体走访调研、加强与青年律师群体沟通交流、关爱老律师身心健康等方面进行了讨论。

9月23日 中国国际服务贸易交易会执委会会展活动组发来感谢信，对北京市律师协会作为2022年服贸会的办会机构，举办"第二届中国国际服务贸易法律论坛"并取得良好成效，为2022年服贸会的成功举办作出积极贡献表示感谢。

9月27日 第十一届北京市律师协会监事会采取线上形式召开第八次会议。全体监事对《北京市律师协会申请律师执业人员面试考核考官管理办法（修订草案）》《北京市申请律师执业人员实习考核细则（草案）》进行了讨论。

9月28日 第十一届北京市律师协会理事会以线上形式召开第十六次会议。会议审议通过了《北京市律师协会申请律师执业人员面试考核考官管理办法（修订草案）》《北京市申请律师执业人员实习考核细则（草案）》及调整2022年度会费预算科目的议案。

9月30日 北京市律师协会推出《喜迎二十大 共祝祖国好》国庆献礼微晚会。微晚会除通过市律协微信公众号、微信视频号与优酷、搜狐等主流视频网站上线外，首次登录百度希壤元宇宙平台。微晚会在百度希壤播放两次，覆盖人数16.24万。

9月 在司法部法律援助中心组织开展的2021~2022年度公益法律服务之星评比活动中，北京市王姣姣（北京雍文律师事务所）、刘仁午（北京雍文律师事务所）、刘静（北京德和衡律师事务所）、熊超（北京市京师律师事务所）、赵春艳（北京德和衡律师事务所）5名律师入选。

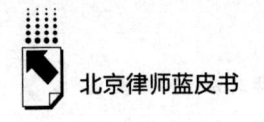

10月（12）

10月13日 北京市律师行业党委举办"做党和人民满意的好律师"主题座谈会。会议围绕中国特色社会主义法治工作者定位和人民律师属性，深入探讨新时代律师职责定位的深刻内涵和实践要求。

10月13日 北京市律师协会与百度公司签署战略合作协议。双方就战略合作进行了深入交流，参观了百度文化展厅、百度智能应用展厅，体验了百度智能驾驶技术。

10月16日 中国共产党第二十次全国代表大会在北京隆重召开。习近平总书记代表第十九届中央委员会向大会作了题为《高举中国特色社会主义伟大旗帜 为全面建设社会主义现代化国家而团结奋斗》的报告。为了抓好大会精神，特别是开幕会内容的学习，市律师行业党委提前下发通知，号召全市律师行业各级党组织发挥示范引领、领学促学作用，积极组织收听收看开幕会。市律协微信公众号开设"感悟盛会"专栏，下设"理事说""监事说""党建委委员说""律师行业人大代表政协委员说""北京青年律师说""北京老律师说""劳模律师说"等子栏目，系统展示北京律师学习党的二十大精神的心得体会，带领行业共同学深学实。

10月19日 北京市律师协会通过微信公众号发布《企业合规管理与律师实务操作指引》，供律师办理相关业务时参考。

10月19日 北京市律师协会女律师工作委员会和女律师联谊会班子成员召开工作会议。与会人员学习了中国共产党第二十次全国代表大会报告的相关内容，就"坚持全面依法治国，推进法治中国建设"部分进行了深入学习，并对"新时代新征程中国共产党的使命任务"等部分展开学习。会议还研究了下一阶段重点工作。

10月23日 北京市律师行业党委会、会长会深入学习贯彻党的二十大会议精神。会议要求，全市各级律师行业党组织要带领广大首都律师忠诚拥护"两个确立"，坚决做到"两个维护"，切实用党的二十大精神统一思想、统一意志、统一行动，把党的二十大报告提出的新思想、新观点、新使命、新任务贯彻落实到律师工作全过程、各环节中，坚持服务保障大局、持续更新思想观念、持续规范执业行为、持续深化改革创新、持续提高队伍素质，以高度的政治自觉、思想自觉、行动自觉、法治自觉坚定信心、埋头苦干，同心同德、奋勇前进，在践行党的二十大精神中争做党和人民满意的好律师，把学习成效转化为推动首都律师工作高质量发展的强大动力，在服务保障社会经济发展中显担当、作贡献、开新局。

10月27日 北京市律师协会参政议政促进工作委员会召开学习党的二十大精神座谈会，并就《律师话政》编印工作进行研究。

10月27日 北京市律师行业新联会召开"学习二十大精神、奋进新征程，做党和人民满意的好律师"座谈会。会议传达学习了首都统一战线、司法部党组、市律师行业党委会、会长会学习宣传贯彻党的二十大精神的会议指示和要求，与会人员分别结合各自学习领会和实践工作情况发言。

10月28日 北京市律师协会组织部分专门工作委员会、专业委员会（研究会）以线上、线下相结合的形式召开学习党的二十大报告暨来年工作研讨会。参会人员结合工作阐述了党的二十大报告学习心得体会，并就2022年工作总结和2023年重点工作计划进行了讨论，提出在培训、调研、宣传、团建等方面的意见建议。

10月29日 劳动与社会保障法律专业委员会以线上的形式召开榜样的力量"学习党的二十大报告 做人民满意的劳动法律师"学习报告暨经验分享会。

10月30日 北京市海淀区第四次律师代表大会召开。大会听取了第三届海淀区律师协会理事会工作报告、监事会工作报告和财务报告，授予王志强、张小炜、毕文胜、丁琛、黄乐平、赵红革、左世民、穆惠荣、刘晨等9名律师"海淀区律师行业突出贡献奖"，选举产生了第四届区律协理事、监事。随后召开的第四届区律协理事会第一次会议、监事会第一次会议和会长会第一次会议，选举产生了区律协新一届会长、监事长、副会长、副监事长，任命了秘书长。

10~12月 北京市律师协会举办"奋进新征程 建功新时代——做党和

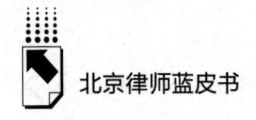

人民满意的好律师"主题书画摄影展,用书法、绘画、摄影作品宣传新思想、唱响新时代、展示新成就。

11月(13)

11月1日 北京市律师协会青年律师工作委员会和青年律师联谊会召开"学习二十大 奋进新征程"专题会议。与会人员集中学习了党的二十大报告,进行学习心得分享与交流,并研究了下一阶段重点工作。

11月3日 北京市律师行业党委举办座谈会,就律师行业的中小型律所党建工作进行交流。

11月3日 第三届门头沟区第一次律师代表大会召开。大会审议通过了第二届门头沟区律师协会理事会工作报告、监事会工作报告和财务报告。会上选举产生了第三届门头沟区律师协会理事、监事以及会长、副会长、监事长,其中理事11名、监事3名,乾同所王汉民律师当选协会会长,亚太所杨练兵、承光所赵祥宇、盈渊所李永、京典所王世梅律师当选副会长,茂竹所赵强律师当选监事长。

11月3日 依法治市法律服务研究会在线上召开全体工作会议,将研究会工作与党的二十大报告相结合,确定研究方向、拟订工作计划、落实具体工作。

11月4日 北京市律师协会破产与清算法律专业委员会组织深入学习贯彻党的二十大精神。

11月5日至12月18日 北京市律师协会举办"青年律师阳光成长计划"第十八期培训班。培训班共有学员100人,邀请讲师27名,每周末在线授课1天,共计培训7天,总时长47小时,全程均采用线上视频会议形式进行。

11月6日 北京律师戏曲社应邀参加第六届"中国戏曲文化周"戏曲社团展演活动,表演了《四郎探母·坐宫》《二进宫》两折剧目。

11月10日 北京市律师协会权益保障委员会召开线上工作会。会议传达了党的二十大精神,对全年工作情况作出总结,并对下一阶段工作作出部署。会上还就市律协权保委处理的维权个案进行了研究。

11月10日 北京市律师协会保险法律专业委员会以线上与线下结合的形式召开了学习党的二十大报告的全体委员会议。会上对党的二十大报告进行了系统学习，研讨了《中华人民共和国保险法》修订的动态，就实践中存在的难点问题、热点问题进行了讨论。

11月18日 北京市律师协会银行金融法律专业委员会在线召开"学习宣传贯彻党的二十大精神，为法治中国建设贡献法律人智慧"座谈交流会。

11月24日 北京市律师协会私募基金与股权投资法律事务专业委员会在线召开"学习贯彻党的二十大精神"座谈交流会。会上学习了党的二十大报告15个部分的主要内容，总结了本届私募委主要工作。

11月25日 北京市律师协会法律风险与合规管理法律事务专业委员会以线上方式召开工作会议，学习党的二十大精神，总结2022年工作并拟订2023年工作计划。

11月26日至12月11日 北京市律师协会举办"扬帆计划"第七期"提升涉外法律服务能力 应对经贸摩擦"培训班。本次培训周六、日全天上课，整体培训时间共计6天，全程线上教学，中英双语授课。共70名学员参加培训。

12月（14）

12月3日 司法部法律援助中心与北京市律师协会联合举办"如何办理死刑复核案件——法律援助律师系列培训"。本次培训通过市律协"京律学苑"平台直播，全国两万余名律师参加。

12月8日 北京市律师协会发布《律师办理合同起草与审查业务操作指引》，供律师办理相关业务时参考。

12月9日 北京市律师协会发布《北京律师行业近期居家康复、防疫指引》，供北京律师参考使用。

12月9日 北京市律师协会土地与房地产法律专业委员会召开线上工作会议，学习党的二十大精神，总结2022年工作，并对2023年工作进行

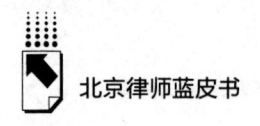

展望。

12月10日 北京市律师行业举行党的二十大精神宣讲报告会,市司法局副局长、市律师行业党委书记郭卫以"深入学习贯彻党的二十大精神,奋力开创首都律师工作新局面"为题,为全市律师行业作了宣讲报告。报告会采取线上加线下视频会议方式进行。全市律师行业各级党组织负责人、党员律师近千人同步收听收看。

12月12日 北京市律师协会公司法专业委员会以线上形式召开了党的二十大精神学习交流研讨会暨2022年工作总结会议。

12月14日 北京市律师协会发布《律师办理死刑复核法律援助案件办案指引》。

12月15日 北京市律师协会建设工程法律专业委员会以线上形式召开了学习党的二十大精神座谈暨《建设工程律师实务》文集发布会。

12月17日 北京市律师协会发布《疫情下劳动用工合规与劳动关系法律问答（2022）》。

12月24日 北京市律师协会婚姻与家庭法律专业委员会以线上、线下相结合的形式召开了"学习党的二十大精神,传婚家律师情怀"暨2022年工作总结会。

12月27日 北京市律师协会不良资产处置法律事务专委会以线上形式召开学习党的二十大精神暨2022年工作总结会议。

12月30日 由共青团北京市委员会联合首都文明办、北京市委网信办、北京市公安局、北京市体育局、北京市青年联合会、北京市学生联合会、北京市志愿服务联合会共同举办的"学习二十大 永远跟党走 奋进新征程"北京共青团青春宣讲会暨2022年北京青年榜样发布典礼播出。其中,北京市盈科律师事务所赵春雨律师荣获2022年"北京青年榜样"年度人物荣誉称号。

12月31日 北京市通州区第四届律师代表大会召开。大会审议了第三届通州区律师协会理事会工作报告、监事会工作报告,选举产生了第四届区律协理事、监事和会长、副会长。第四届区律协监事会第一次会议选举产生了区律协新一届监事长,理事会第一次会议上聘请了秘书长。

12 月　北京市律师协会与百度联合开展"普法安全月"活动,在百度 App、百度知道、希壤及市律协微信公众号、微信视频等平台,为广大网民进行反电信诈骗宣传及涉青少年法律宣讲。

北京市律师协会 2022 年度培训、考核、宣传、公益、维权、惩戒等工作情况

培训工作:

举办"京律学苑"54 期,共 8 万余人次律师参加;举办主题培训 6 期,共 1100 余人次律师参加;举办律师业务研讨会 50 期,共 5000 余名委员、律师参加研讨活动。

北京律师培训基地举办律师业务专题培训班共 3 期,共有 300 人次律师参加。

考核工作:

收到《实习律师备案申请表》5213 份,为符合申报条件的 5145 人发放了"实习律师证"。

组织实习律师集中培训,7015 人次参加,5733 人完成培训。

组织实习期满申请律师执业人员面试考核 127 期,5048 人次参加,考核合格 4692 人。

组织重新申请律师执业人员和异地变更执业机构人员面试考核 46 期,1390 人参加,考核合格 1199 人。

宣传工作:

在报纸、杂志、电台、电视台刊发宣传稿件 150 余件。

通过北京市律师协会微信公众号发布文章 800 余篇,关注人数 9 万余人,累计阅读量 132 万余人次;通过官方微博发布文章 2220 余篇;在今日头条、抖音、央视频等新媒体发布宣传稿件 1850 余篇。

公益工作:

组织 204 名律师参与公益法律咨询中心平台值班、咨询、调解工作,受理咨询电话 1189 通。

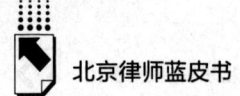

北京市律师协会女律师工作委员会组织198人次女律师参加"巾帼维权·送法到家"女律师以案释法宣讲活动99场，累计受众约10000人次。

维权工作：

北京市律师协会维权中心协调处理28件个案维权案件。

惩戒工作：

接到当事人投诉2241件（次），立案282件，其中各区律协报送的建议给予行业纪律处分案件266件，审结184件（含上一年度立案案件），对46家律所和56名律师分别给予不同程度的行业纪律处分，作出规范执业建议书52件。

召开听证会150次。

受理会员纪律处分复查申请18件，结案15件（含上一年度受理案件）。

其他：

为34名律师发放互助金188万元。

权威报告·连续出版·独家资源

皮书数据库
ANNUAL REPORT(YEARBOOK) DATABASE

分析解读当下中国发展变迁的高端智库平台

所获荣誉

- 2020年，入选全国新闻出版深度融合发展创新案例
- 2019年，入选国家新闻出版署数字出版精品遴选推荐计划
- 2016年，入选"十三五"国家重点电子出版物出版规划骨干工程
- 2013年，荣获"中国出版政府奖·网络出版物奖"提名奖
- 连续多年荣获中国数字出版博览会"数字出版·优秀品牌"奖

皮书数据库　　"社科数托邦"微信公众号

成为用户

登录网址www.pishu.com.cn访问皮书数据库网站或下载皮书数据库APP，通过手机号码验证或邮箱验证即可成为皮书数据库用户。

用户福利

- 已注册用户购书后可免费获赠100元皮书数据库充值卡。刮开充值卡涂层获取充值密码，登录并进入"会员中心"—"在线充值"—"充值卡充值"，充值成功即可购买和查看数据库内容。
- 用户福利最终解释权归社会科学文献出版社所有。

数据库服务热线：400-008-6695
数据库服务QQ：2475522410
数据库服务邮箱：database@ssap.cn
图书销售热线：010-59367070/7028
图书服务QQ：1265056568
图书服务邮箱：duzhe@ssap.cn

社会科学文献出版社　皮书系列
卡号：548167273591
密码：

S 基本子库
SUB DATABASE

中国社会发展数据库（下设12个专题子库）

紧扣人口、政治、外交、法律、教育、医疗卫生、资源环境等12个社会发展领域的前沿和热点，全面整合专业著作、智库报告、学术资讯、调研数据等类型资源，帮助用户追踪中国社会发展动态、研究社会发展战略与政策、了解社会热点问题、分析社会发展趋势。

中国经济发展数据库（下设12专题子库）

内容涵盖宏观经济、产业经济、工业经济、农业经济、财政金融、房地产经济、城市经济、商业贸易等12个重点经济领域，为把握经济运行态势、洞察经济发展规律、研判经济发展趋势、进行经济调控决策提供参考和依据。

中国行业发展数据库（下设17个专题子库）

以中国国民经济行业分类为依据，覆盖金融业、旅游业、交通运输业、能源矿产业、制造业等100多个行业，跟踪分析国民经济相关行业市场运行状况和政策导向，汇集行业发展前沿资讯，为投资、从业及各种经济决策提供理论支撑和实践指导。

中国区域发展数据库（下设4个专题子库）

对中国特定区域内的经济、社会、文化等领域现状与发展情况进行深度分析和预测，涉及省级行政区、城市群、城市、农村等不同维度，研究层级至县及县以下行政区，为学者研究地方经济社会宏观态势、经验模式、发展案例提供支撑，为地方政府决策提供参考。

中国文化传媒数据库（下设18个专题子库）

内容覆盖文化产业、新闻传播、电影娱乐、文学艺术、群众文化、图书情报等18个重点研究领域，聚焦文化传媒领域发展前沿、热点话题、行业实践，服务用户的教学科研、文化投资、企业规划等需要。

世界经济与国际关系数据库（下设6个专题子库）

整合世界经济、国际政治、世界文化与科技、全球性问题、国际组织与国际法、区域研究6大领域研究成果，对世界经济形势、国际形势进行连续性深度分析，对年度热点问题进行专题解读，为研判全球发展趋势提供事实和数据支持。

法律声明

"皮书系列"（含蓝皮书、绿皮书、黄皮书）之品牌由社会科学文献出版社最早使用并持续至今，现已被中国图书行业所熟知。"皮书系列"的相关商标已在国家商标管理部门商标局注册，包括但不限于LOGO（ ）、皮书、Pishu、经济蓝皮书、社会蓝皮书等。"皮书系列"图书的注册商标专用权及封面设计、版式设计的著作权均为社会科学文献出版社所有。未经社会科学文献出版社书面授权许可，任何使用与"皮书系列"图书注册商标、封面设计、版式设计相同或者近似的文字、图形或其组合的行为均系侵权行为。

经作者授权，本书的专有出版权及信息网络传播权等为社会科学文献出版社享有。未经社会科学文献出版社书面授权许可，任何就本书内容的复制、发行或以数字形式进行网络传播的行为均系侵权行为。

社会科学文献出版社将通过法律途径追究上述侵权行为的法律责任，维护自身合法权益。

欢迎社会各界人士对侵犯社会科学文献出版社上述权利的侵权行为进行举报。电话：010-59367121，电子邮箱：fawubu@ssap.cn。

社会科学文献出版社